京隐述作集
（二）

史以明道

彭树智 ◎ 著

中国社会科学出版社

图一 近照

图二　2011 年 7 月留影

图三　陕西三原高中三九级
　　　时照片（1949年）

图四　北京大学亚洲史研究生学习
　　　时留影（1954年7月）

图五　西北大学历史系教师
(1959年10月)

图六　在美国考察高等文科
教育时摄于华盛顿国会山前
(1984年2月)

图七　同考察团团长戴逸合影于旧金山金门大桥旁（1984年2月）

图八　为吴于廑先生贺80寿辰及世界史教材讨论会时，在武汉大学合影。照片为《世界史》编委会，左起：马克垚、彭树智、朱寰、齐世荣、吴于廑、刘家和、王敦书、廖学盛（1993年6月）

图九　在西北大学悠得斋书房撰写《文明交往论》时工作照（2001 年）

图十　与学生王铁铮（左）和黄民兴（右）教授（2001 年）

图十一　为大学生讲授"治学与文明自觉"（2008年）

图十二　同来访的以色列学者进行学术交流（2008年）

图十三　1989 年，在西安西北大学新村 22 楼 401 家中

图十四　1998 年于陕西三原城隍庙

卷首叙诗

仰望苍穹，
参透云卷复云舒。
俯察大地，
省悟花开花又去。
深省人事，
洞察世代更替再更替。

万物皆有史，
物始物终史伴随。
诸家皆书史，
静可明鉴，动如大潮水。
读史意何如？
"三味书屋"① 品多味。

---

① "三味书屋"为鲁迅的老师寿镜吾书房名。"三味"为："读经味如稻粱，读史味如肴馔，读诸子百家味如醯醢。"

卷 首 语

史道贵真，自觉则明

一

文学，是我的兴趣爱好所在，愈老弥浓。愁乐交趣，于是乃有《京隐述作集·文以载道》言人文精神诗意治学之书，是为第一集。

史学，乃我专业职守所致，老而益勤，手写脑思，遂有《京隐述作集·史以明道》述人类文明交往历史观念之作，是为第二集。

文史之学，分工不分家[①]，而且都离不开历史记忆，可以说，都是历史记忆所凝结的文明成果。我在84岁时，在中国社会科学出版社出版的《老学日历》第六编《历史记忆》编前叙意中，对此有初步思考："历史记忆是人类文明的巨大传承力、传播力所创造的智慧宝库。""历史记忆是明智的老师，它记录着人类文明的过去，也启迪着现实和未来的发展，从而有助于文明交往自觉性的提升。"历史就是加强记忆、忠实记载，就是要人类记住，别忘记反思历史。记住史道贵真，自觉则明。

现在，继《文以载道》之后，展现在大家面前的《史以明道》一书，就是《老学日历·历史记忆》的续编。

[①] 《孟子·离娄》有"其文则史"的名言，即把记载的文字叫作历史。汉文字的发明者仓颉被《史记》称为黄帝的史官。王充在《论衡·量知》中则称修饰文字的人"能雕琢文字，谓之'史匠'"。许多大史学家都是大文学家、大文学家也是大史学家，司马迁就是一例。史家整理文字记忆，如杜甫《八哀诗·故司徒李公光弼》所言："直笔在史臣，将来洗箱箧。"史家整理文字遗存，文字记载着历史记忆。

二

欲知大道，必先知史。欲通天人古今中外之理，必须学步于人类文明交往自觉之大道。万物皆有史，而史道贵真，自觉则明。历史记忆为史道基础。人类文明交往的自觉，最根本的是从回归历史记忆中获得知物、知人、自知之明。记忆力是人类赖以生活生存的本性，所以也称之为人的"记性"。此种记忆力不仅仅是记住不忘，而是要从中记取历史智慧，而不是缺乏心得、没有真知，专门为记诵诗书、以应对为政事的"记问"之学。历史记忆对史道而言，还有更深层意义就是其真实性。且不说记录古今事件常因社会政治利害因素干扰而不实者无法避免，即便人类生理年龄也限制着记忆事实的准确性。诚如唐代诗人郑谷在《蜀中夏日自贻》中所说："道阻归期晚，年加记性销。"反倒是儿童时的记忆比老年记忆更可靠，即所谓"勿谓小儿无记性，所历事情皆不忘"（《二程语录》），也就是俗话讲的"三岁小，记到老"。老年人要有自知之明，糊涂老，老糊涂，人生老年糊涂死，这是常规。对老年失忆期的一些回忆录，只能持分析取舍态度，不可全信。

年轻人，记性总比忘性多；老年人，忘性常比记性多。人类的记性强化功夫，是要苦练的，甚至于要"侯以明之，挞以记之"（《尚书·益稷》）。为了明白而不糊涂，甚至要靠笞挞不是者，使其记住自己的过失，或者学到教训。过去蒙学私塾先生的戒尺，就是文明中的野蛮之物。许多老学人都不会忘记自己在私塾上学手掌受痛时的滋味。然而，美好的记忆却是快乐的。法国学者阿尔贝·加缪在《世界美如斯》的诗中，就是这样咏唱的：

> 我没有时间孤独，
> 我只有欢乐的时间。
> 回忆迭替着回忆，
> 一个比一个美好乐观。

他以回忆往事为人生乐趣。此类美好、乐观的人生是一种乐于本业、好学乐道的诗意回忆述作之道，其中蕴蓄着仁者乐山、智者乐水和有朋自远方来不亦乐乎的交往文明化之道：乐趣。在这里，我可以回应加缪一句中国诗：

　　浮生有规云中雁，
　　大道乐行座右铭。

的确，座右铭就是为"乐行大道"而存在的。谈到乐趣，实在是治学生活的动力。按照我《诗意治学·芭蕉篇五趣》组诗，"乐趣"从"芭蕉不展丁香结，同向春风各自愁"的"愁趣"开始，而到"栖而不息挥不尽，乐在手脑互动间"的得于脑、应于手的"史趣"而结束。这里的"史趣"，就是史道真善美整体融合的"一以贯之"史趣。

治史必具素质有四：史实、史论、史观、史趣。史实为治史之基，史论为治史之脉，史观为治史之魂，史趣为治史之境。史趣是境界，是人生境界在史家身心上的具体化。达观的史家像文学家汪曾祺所讲的，应该是"哭着来，笑着去"的生死观。这也是我的诗意治学方面"愁趣""藏趣""心趣""情趣""乐趣"这五趣交集的人生境界。学人一生不必追求这个奖、那个名、某个位，只要尽己之责，能在人类文明史的定位上有所贡献，就应当是死而无大憾、问心无大愧的人。

三

历史的"史"字，是什么意思？

记得我在西北大学历史系读书时，陈登原老师给我们讲《史料学》专业课，在课堂上关于"史"字的解读，给我留下了深刻印象。他出版过《中国文化史》《中国田赋史》等史书，尤其是最后出版的《国史旧闻》这部代表作，都表明他是一位造诣深厚的史学大家，是一位对"史"字有体悟的大学者。他给我们上课后，在黑板上用工笔体写下了以下几个字："史者，从'又'持'中'之谓也。"接着先讲"从又"的"又"字，指出"又"是象形的"手"字，而且是一般人通常用右手书写的那只右手。这是因为"又"字，同"右"字。至于右手所秉持上面的那个"中"字，是治史者公正、真实、严谨、不偏不倚"中节"精神的象征。于是他现身说法，伸出自己的右手大拇指、食指和中指内侧，让我们看看自己的右手食指、中指和大拇指内侧，让我们看看他那层厚厚的老茧子。这一下子吸引了同学们的注意，一位长年累月笔耕于史学园地的老学人的形象，至今犹历历在目。"从'又'"原来就是用右手勤奋笔耕而留下的疤痕，真如唐代大诗人李商隐《韩碑》诗中所描绘的"愿书万本诵万遍，口角流沫右手胝"。后来，我才知道，陈老师的手抄卡片是用几个大书柜装着，共计三万多张，分门别类，如中药房的药柜一样。啊！这真是"右手胝"治学的感人的活标本。没有勤奋笔耕，怎能有这么多丰硕成果！

"史者，从'又'持'中'之谓也。"陈老师用浙江余姚口音讲这句话时那种音容笑貌和手势，给我留下了难忘的印象。我敬佩的"伯因"先生①，就是这样的"从'又'持'中'"的史学家！就在同一次讲课中，他还引用了《史记·仲尼弟子传》中"誉者或过其实，毁者或损其真"这句史家大忌的话。陈先生强调"持中"的本质是"中节"或者"中道"。这就是说，历史学中的"贵真"是和"公正"相联系的，如王充在《论衡·艺增》中所说："誉人不增其美，毁人不益其恶。"史学家司马光对王安石的评价："人言安石奸邪，则毁之太过，但不晓事，又执拗耳，此其实也。"这是公正的。这给我刚踏进史学专业大门的学生，留下了更深刻的印象。然而，当时并不真正理解其中的意义，也不知史家秉持"中节"之道的困难。

---

① 在西北大学学习时，老师之间都不直呼其名，系主任林冠一在介绍老师时，称：陈登原老师，字伯因；冉昭德老师，字晋叔；陈直老师，字进宜，等等。我们也常用"伯因先生"来尊称陈登原老师。

实际上，所谓"中节"即"中庸"之道，是儒家万物和谐的理想境界，又是现实生活中的发展积极因素。《礼记·中庸》是把"中"与"和"连贯起来加以解释的："喜怒哀乐之未发谓之中，发而皆中节谓之和。"又说："致中和，天地位焉，万物育焉。"这里，是用"中和"的平衡状态来节制"过"和"无不及"的两个极端。一个"节"字，确立了"中"的定位与作用，也体现了它的既不偏激又不保守的平衡本质。《易·同人》把"中"同人类文明交往与"通天下"联系起来说："文明以健，中正而应，君子正也。唯君子为能通天下之志。"文明的自觉者是依靠理性认识而居"守中持正"之历史本位，以此而"应"极左极右之两端，用交往文明化来贯通人与自然、人与社会、人与自我身心之间的平和状态。

史道贵真，贵在真实。许慎在《说文解字》中认为：史，"记事者也"，而史者"从又持中"，又把"记事"具体化了。史圣司马迁的《史记》为千古一记的"太史公书"，却被以"谤书"作为别称。用《后汉书·蔡邕传》引王充的话说："昔武帝不杀司马迁，使作谤书，流于后世。"注曰："凡史官记事，善恶必书，谓迁所著《史记》，但是汉家不善之事，皆为谤也。"谤有两义，一为指责别人的过失，《国语·周语》："厉王虐，国人谤王。"二为诽谤，毁谤，即恶意攻击别人。司马迁指责汉家不善之事，都是真实的，属于前者，为史家职责，尤其是身受奇耻大辱，仍负重尽责，不愧"史圣"之称。看来，谤，不是指责一般人的过失，而是批评国王、皇帝，《国语》中说，周厉王暴虐、残暴，国人指责其过，这里用了一个"谤"字。司马迁著《史记》，善恶必书，涉及汉武帝，触怒皇帝，虽处酷刑，但未判极刑，"使作谤书，流于后世"。对唯权为上的汉武帝来说，这也算宽宏大量了。在历代帝王中，汉武帝有罪己之雅量和自知之明，又容忍司马迁作"谤书"，已经难能可贵了。

陈老师关于"从'又'持'中'"[①]的史道讲解，不由使我联想

[①] 关于"持中"的思考，"适度""极端"与人性关系，参看我的《信仰中道》（《两斋文明自觉论随笔》第2卷，第646—647页）。

起自己在《京隐述作集·第一集·文以载道》书前叙诗中那句"乐在手脑互动间"的"乐趣"体悟；也使我想起了我的未刊稿《掌文日书》书前《自题小诗》："米寿得笺册，斗室书掌文。老茧右手胝，岁月留瘢痕。常怀笔耕乐，暮年不忘勤。"[①] 此时此刻，陈老师那只右手笔耕留下的老茧和昔日的音容笑貌，再一次浮现在我的脑际。我马上进入八十八岁"米寿"之年，长期笔耕生涯已在右手指头上也留下了老茧。我那首《芭蕉组诗》和《掌文日书》前的《自题小诗》，成为诗意治学的历史性记录。诗意治学的深处就是乐趣。动大脑又动右手的笔耕，人勤地不懒，日积月累，创史论之成果，又养成手脑互动劳作习惯和健康身心思维方式，实在是不负此生的乐趣所在。"不怕慢，单怕站"，不懈怠勤奋劳作，实为学一大乐趣。我原以此乐趣为动力，以科研成果为人类文明做些许贡献，能活到八十岁就很满足了。白居易在《喜老自嘲》诗中说："行开第八秩，可谓尽天年。"我已将年届九秩，虽有时头晕，但稍有清醒，仍面东窗，坐斗室，动右手，一支笔，一张纸，一杯茶，一以贯之书写大脑之所思，享受着手脑互动交往和谐乐趣。这种我始料未及之事，比起同辈许多早逝的亲友来，实在是一种幸运。

四

"史以明道"的主旨在"士志于道"，是在珍惜史道中的时间观念，细品人生中的美好，记住历史中的经验，特别是用许多生命换来的教训，从中获得诗意栖息大地的劳作交明交往自觉。

现在正值 2019 年暮春时节，光阴荏苒，时不待人，学人虽老，仍应好学乐道。元代黄庚《月居漫萍·暮春》诗："百年身世成何事？回首西山又落晖。"史道者蔽天人古今与自我存在，乐道者常赋

[①] 《自题小诗》为六行五言体，用以序书稿《掌文日书》。该书稿以手掌大的短文、每日书写一篇，坚持一年，共 365 篇，故名《掌文日书》。此书稿是《松榆斋随笔——文明交往散论》（西北大学出版社 2003 年版）的继续，是我写作方式通俗化的又一次尝试。

予时间的有限性中以厚度与深度，从而乐此不疲以求真知和提高自知之明的自觉。宋代徐经孙在《矩山存稿·九月十一日进讲》中写道："盖聪明之德光于天下，不惟事几潜伏民瘼隐微，皆有以真知灼见，而天下贤愚不肖之分，亦皆如日月之明而容光照焉，如水鉴之静而须眉烛焉。"日月之明，静水之鉴，都可以用聪明即智慧之德光照于天下，从而获得真知。《诗·周南·关雎序》已经看到史以明道之理："国史明乎得失，伤人伦之废，哀刑政之苛。"史道贵真，真知即真理，灼见即明于真理之见解。史以明道所明的大智慧就是知物之明、知人之明，尤其是自知之明。①

"道"为何物？道即道理，事理。《庄子·天下》："是故慎到弃知去己，而缘不得已，冷汰于物，以为道理。"《孟子·尽心》："故士穷不失义，达不离道。"当代老翻译家许渊冲把"道"译为"真理"。他译老子《道德经》中的"道可道，非常道"为"Truth can be know, but it may not be well-known Truth"。他认为："道即真理，这是西方文明应向中华文明学习的道理。"最正确的道理就是真理。从历史的观点看，真实的史实，是求得真知灼见的基础，"实事"方能"求是"。"史以明道"的"道"，是实事求是的历史科学真理。史圣司马迁用他书写《史记》的实践，把"史明道"的"道"具化概括为"究天人之际，通古今之变，成一家之言"。王充在《论衡》中讲"知古不知今"，谓之"陆沉"。所谓"陆沉"，即无水而沉，也讲的是这个"史道"。不但要力求纵通古今、横贯中外，还要宏观上看人类和自然，微观上察更多的微末细节。史道不仅博大，而且精深，精到深处，是追事物发展的客观规律性和人的主观能动性之间内外联系，从而得出有过之而无不及的真理。追

---

① 自知之明是知道自己智能的限度。对史而论，晋代潘安认为："古往今来，邈矣悠哉！"（《西征赋》）唐代陈子昂较为悲观："前不见古人，后不见来者。念天地之悠悠，独怆然而涕下。"（《登幽州台歌》）。诗人白居易更为疑惑："朝真暮伪何人辨，古往今来底事无。"[《放言（其一）》]"周公恐惧流言日，王莽恭谦未篡时。向使当年身便死，一生真伪有谁知。"[《放言（三）》]然而，追求新知，以求明白，此为追知历史真实的兴趣所在，也是治史之道。

求史道，不曲阿奉迎，如韩愈所说的"不阿曲以事人者，灼灼明矣"。正直不阿，持中则正，贵真求是，明而后智，这是历史使人学而明智的自觉之理。

　　追寻"史以明道"就是探求历史自觉之道。历史自觉是人类文明自觉的根本自觉，这种自觉是思索人类从何方来、到何处去以及明白群体、个体在文明交往中处于何种定位的问题。为研究此问题，我在《两斋文明自觉论随笔》第3卷第9集中，专门有《历史明智》一编，共计30则。在那里，我从马克思、恩格斯关于人类史与自然史相联系大历史科学观和全世界历史理论两方面开始，讨论到司马迁的天人古今的中华文明通史论断。在这一编中所说的"历史明智"自然有西方哲学家培根的思想，但从历史哲学方面我把着力史实、史论、史观、史趣视为既有区别又互相联系的统一整体，而且强调史论和史观的引领和创新作用。

　　正是从这个角度上，我在那里讨论了"古今历史四句谚"问题。据说，马克思女儿燕妮曾请教德国历史学家维克特：如何把古今历史编成一本简明的小册子，供人们提高历史智慧？维克特的回答是简练而意味深长的："不必。只用下列四句谚语即可以概括古今历史：①当上帝要灭亡某人时，往往使他有炙人的权势；②时间是筛子，最终将淘汰一切陈渣；③蜜蜂盗花，结果使花开得更旺；④夜暗透了，便会望见清楚星光。"

　　"人事有代谢，往来成古今。"唐代诗人孟浩然《与诸子登岘首》中的名句，道出了人类古今历史交往中变化不已的辩证发展。对照维克特所讲四句谚语，同样令人产生许多遐思。第一句有人说应当是"上帝要使某人死亡，必先使其疯狂。"唐代诗人崔颢《霍将军篇》也有"莫言炙手可热，须臾火尽灰亦灭。"那位"炙手可热者"不是别人，正是身居高位而心不思危者自己。他忘记不慎言行、放任自己贪欲、无视历史教训而使自己灭亡。那是声言历史经验值得注意，却我行我素，利令智昏的愚昧人物。第二句，时间是历史的筛子，它始终如大浪淘沙，大浪淘尽千古风流人物，也淘尽反复泛起的陈渣。第三句，蜂与花互动互用，犹如人与人、人与物交往，亦如不同文明互鉴，推动着历史发展。第四句，"夜暗透了，便会望见清楚星光"，更使人想起孙中山说的话："否极泰来，物极必反。亚洲衰弱，走到了这个极端，便发生一个转机，那个转机就是亚洲复兴的起点。"我在《东方民族主义思潮》一书中，引用了他这个观点。在孙中山看来，近代亚洲落后是文明交往中的不平等条约所致，在孙中山看来，应当完全废除这些条约，从而树立起"要做亚洲主人翁"的独立自主意识。这也是一种历史自觉。

燕妮的要求是合理的，一部简明的世界史是非常需要的。英国史学家阿克顿在《历史研究讲演录》中说过："只要历史的写作是严谨的，具有简洁性和洞见，就可以得到每一位有善意的人的首肯，并使他们接受。"然而，燕妮不必请教维克特。在历史科学研究方面，她的父亲马克思及其挚友恩格斯比维克特洞察历史更高深远见。他们把历史作为宏观科学的认识是一贯的，当然这中间经过了逐步的深化过程。从他们合著的《德意志意识形态》自述"仅仅知道一门唯一的科学，即历史科学"开始，到恩格斯《在马克思墓前的讲演》中，把马克思科学研究的"全部成就"概括为"历史科学"，都说明了这一点。虽然第一段话后来被删掉了，那是因为他们的思路在同一著作中重点转移到"世界历史"的形成与发展问题上了，但对历史科学的宏观性观点并未改变。这是因为历史向世界史转变，对历史科学更具有现实的重大意义。世界史是一个宏观的视野，用马克思的话来说，"作为世界史的历史是结果"，用这种将"现在"视为历史结果，来追溯、审视、定位地区史、国别史的演变，是更现实、更具体的历史观念。人类在这一时期文明交往普遍化了，人类形成了彼此密切联系、互相依存与互相矛盾的整体。对于人类文明交往中各个相互影响活动范围的日益扩大，用马克思和恩格斯的话说："历史也就越是成为世界史。"

马克思、恩格斯之所以重视"历史科学"，固然与他们自然科学和人文社科都要从历史中获得自觉，更重要的是和他们关注全人类解放和共产主义思想密切相关的。他们所关注的是"每一个单个人的解放程度是与历史完全变为世界历史的程度一致的"。他们所设想未来社会是"自由人联合体",作为哲学上的"自由"概念,意味着人们对自己的生产和交往、生活和发展,可以自觉控制与支配。历史交往自觉性代替了自发性,必然性提升到自由,最终走向全人类的解放,这是共产主义发展的历史趋势,也是社会主义由空想变为科学的"历史科学"的科学性质所在。"历史完全变为世界历史"这一根本性的转变,是人类文明交往过程中各民族国家融合加深和全球化历史发展的结果。

把"文明"和"交往"联系起来,在马克思和恩格斯晚年的世界历史视野中越来越重要了。他们从人类学家摩尔根以及许多人的历史研究成果中得到了启发。例如,马克思在《摩尔根〈古代社会〉的摘要》中,摘引了摩尔根的"美国人的文明以及同美国人的交往,冲击了印第安人的制度,从而使他们的民族文化生活正处于逐步崩溃之中"。这个摘引与他以前在论述英国与印度文明交往中,对"半野蛮半文明"印度公社的破坏论述思路一致。他还在世界历史研究中,总结了"野蛮的征服者总是被那些被他们所征服的民族的较高文明所征服,这是一条永恒的历史规律"。这是从历史科学研究中一个高度的、从规律层面的概括,而维克特显然只接触某些特点,并未由边缘进入核心。总之,马克思和恩格斯晚年致力于世界文明史,尤其是东方文明史的研究笔记,开阔了"世界历史"意识的转变。这个文明交往转变的进程,应该说有三个阶段:①农业时代的半孤立、大分散、联系不密切的"民族"或"邦国"意识;②工业时代的经贸、政治、军事交往频繁的西方"民族国家"的历史意识;③全球化时代人类文明交往的"世界历史"意识。这个发展是人类史,也是自然史"大历史"即宏观历史科学的重大转变。虽然,它仅仅是一个开始,却从人类社会进步前途角度进行思考东西方发展,提供了全球文明交往历史命运走向的前景。

五

我无从得知燕妮是否就编简明世界史问题请教过马克思和恩格

斯，但我的确查阅到了马克思给他另一个女儿劳拉关于历史哲学的信件。那是1882年4月13—14日星期四马克思在阿尔及利亚养病时写的。鉴于西欧社会存在着对阿拉伯文明的某些偏见，马克思在信中首先讲了一个阿拉伯的"明哲小寓言"，然后从历史的高度来认识阿拉伯文明和看待阿拉伯民族。

马克思给女儿劳拉讲的故事是这样的：

有一个船夫准备好在激流的河水中驾驶小船，上面坐着一个想渡到对岸去的哲学家。于是发生了下面的对话：

哲学家："船夫，你懂得历史吗？"

船夫："不懂！"

哲学家："那你就失去了一半的生命！"

哲学家又问："你研究过数学吗？"

船夫："没有！"

哲学家："那你就失去了一半以上的生命！"

哲学家刚刚说完这句话，风就将小船吹翻了，哲学家和船夫都落入水中，于是船夫喊道："你会游泳吗？"

哲学家："不会！"

船夫："那你就失去了你的全部生命！"

这个故事是一则寓言，其嘲讽哲学家的无自知之明的程度，不亚于希腊文明中女仆嘲笑哲学家泰勒斯思考天空宇宙而忘记足下，以致落入水井的故事。两相比较，这自然有助于劳拉对阿拉伯文明史的理解，进而消除对阿拉伯民族的误解。于是，马克思接着在信中告诉劳拉：

这个寓言会使你对阿拉伯人产生某些好感。

我们要把自己放在稍高一点的历史观点上。和我们同时代的游牧的阿拉伯人（应当说，在许多地方他们都衰落了，但是他们为了生存而进行的斗争使他们也传承下许多优良品质）记得，以前他们中间产生过一些伟大的哲学家和学者等等,也知道欧洲人也因此嘲笑他们现在的愚昧无知。①

马克思在这里首先要劳拉从历史科学观点的高度,去看待阿拉伯民族的现在和过去:第一,如实承认同时代游牧的阿拉伯人"在许多地方他们都衰落了"。用"衰落"说明现状,这是表面现象,于是马克思笔锋一转写道:"但是他们为了生存而进行的斗争使他们传承下许多优良品质。"这一点很重要,这是阿拉伯文明衰落之后复兴时期的力量所在。一个伟大的文明,在生存的道路上,总有盛衰荣辱经历,但一个有希望和有生命力的民族,不仅有生成、兴起、繁荣、衰落时期,而且在衰落之后,还有复兴时期。阿拉伯民族应该是这样的民族。这除了他们传承下来的许多优良品质,而且还有马克思谈到的一个"记得"(即历史记忆的光荣传统)和一个"知道"(即欧洲人对他们落后的嘲弄欺侮)。这一"记"一"知",斗争交往传承下来的优秀文明基因,推动着他们创造新的文明。正如马克思在给劳拉信中最后所说的,这是一则"很能说明问题的短小、明智的哲学家与船夫对话的阿拉伯寓言"。

谈到阿拉伯历史,不能不提到马克思对"近代埃及之父"穆罕默德·阿里的评价。穆罕默德·阿里1769年生于马其顿,早年失去双亲,30岁被征入伍并被派往埃及。由于军功卓著,不久升为指挥官,后在1805年5月开罗起义胜利后为埃及执政者,从此开始了该家族对埃及的长期统治(1805—1952)。我在2002年高等教育出版社出版的研究生教学用书《阿拉伯国家史》中有如下表述:"他利用同西方接触的机遇,在同西方文明交往中,燃起了智力的火花,在伊斯兰世界的一块古老土地——埃及,开了改革之先河。因此,马克思高度评价了穆罕默德·阿里的改革活动。他曾称穆罕默德·阿里为奥斯曼帝国中**唯一**能用真正头脑代替'讲究的头巾'的人",并说穆罕默德·

---

① 《马克思致劳拉·拉法格》(1882年4月13—14日),《马克思恩格斯全集》第35卷,第297—304页。

阿里统治下的埃及是"当时奥斯曼帝国的**唯一**有生命力部分"。马克思在这里用了两个"唯一",而且都为了强调它用了黑体字,可见他对这位改革家在阿拉伯文明史上的崇高定位。

人类文明交往史最能体现实事求是的历史科学精神。自然史、人类史是宏观历史科学的大视野,从近代以来它发展世界历史的文明交往新阶段,进入了全世界、全球化的人类同呼吸、共命运时代。史道之高深处谓之人文精神,即人之耳目清、视觉达、大脑善思考谓之史以明道。一个人没有人文精神直不起腰,一个民族没有人文精神站不起来,历史深处有此文明交往之理在焉。崇真实、求真理,记住历史,回归历史,才能获得文明自觉。记得有位哲学史家说过,胡塞尔哲学很玄奥,但追求的大道是:"回到事物本身。"正是这个简朴道理,使他的学生海德格尔受用一生。"回到事物本身",就是回到事物的过去、现在和未来发展的本身。马克思在《路易·波拿巴的雾月十八日》这部历史著作中说,人们在创造历史,而这"并不是他们选定的条件下创造,而是在直接碰到的、既定的、从过去继承下来的条件下创造"。这三个客观条件是创造历史的前提,是客观存在的事实,尤其是"从过去继承下来"这一文化传承性历史条件,对于提高历史自觉性至关重要。读史使人明智,关键就在明辨力、判断力,从人类文明交往的复杂过程中作清醒而明智的抉择。语云:"利令智昏",干扰明智的是各种利益,尤其是权力。参加事变中的人,利害差异比智慧差异更大。误读历史的人,常常也喊历史经验值得注意而最终免不了成为重蹈历史覆辙者,不在少数。所谓"当局者迷,旁观者清",他们在历史重大关头,或迷于权势,或热衷于功利,往往爱憎迎拒,就不那么明智。历史是最好的教科书和清醒剂,作为"从'又'持'中'"的历史学者,理应超越此种利害藩篱,秉持深思公正的理性态度,力求使自己有更高历史的文明自觉,进而自觉觉人,引导人们明智,实现历史使大众明智的职责和使命。

时值暮春首夏之交,松榆斋槐林初现绿色。走笔至此,想起了三国时曹丕《槐赋》有"天清和而温润,气恬淡以安治"名句。这就是史道贵真自觉则明之理。此刻,我虽蛰居北京松榆南路,老如松榆古槐，却神志清静明朗。南朝刘宋顾恺之《定命论》提出："怀虚以涵育，凝明以洞照。"他解释说："惟虚也，故无往而不通；惟明也故无来而不烛。"这很符合文明交往自觉精神。人要获得自觉，少不了回归历史观念，少不了哲学思维，也少不了生老病死过程中的医学知识。人生其实就是学习这三门学问的一生。让我们用宋代华镇在《用韵赠陈县丞》的下述诗句以结束"史道贵真，自觉则明"这个"史以明道"的《卷首语》：

明明真理与时分，曾把清心仔细论。

目　　录

第一编　史道：人类文明交往探源 …………………………（1）
　一　人类文明交往的历史观念 ………………………………（1）
　二　人类文明交往史
　　　——论大历史科学 …………………………………（3）
　三　人类文明交往的历史大视野 ……………………………（5）
　四　自然史与人类史的大历史思维方式 ……………………（8）
　五　历史路标与历史评论 ……………………………………（12）
　六　历史幽径和皱褶 …………………………………………（15）
　七　追思威廉·H.麦克尼尔 …………………………………（16）
　八　冰心翻译的世界史著作 …………………………………（21）
　九　身体史（人体史） ………………………………………（24）
　十　史、文与人文之道 ………………………………………（26）
　十一　历史交往中的耻感怯懦心态 …………………………（29）
　十二　爱奇心、好奇心、乐奇心 ……………………………（33）
　十三　历史交往中的公道欣赏 ………………………………（37）
　十四　历史的人文精神 ………………………………………（38）
　十五　文通史道 ………………………………………………（40）
　十六　历史是什么？ …………………………………………（41）

第二编　史道：明人类文明交往"自觉化"之道 ……………（45）
　一　从人类历史尺度与价值尺度审视文化文明问题 ………（45）

二　知物之明的历史视野 ……………………………… (48)
三　文明程度的视角 …………………………………… (52)
四　文化文明四家言 …………………………………… (53)
五　李约瑟的《文明的滴定》 ………………………… (65)
六　阿富汗古文明的"二城""二丘"文物遗存 ……… (67)
七　古人类学中的诗意治学 …………………………… (71)
八　1983—2009 年斯里兰卡内战 …………………… (72)
九　"人类文明交往自觉观念"的自我解读 ………… (77)
十　文明交往自觉与人类希望 ………………………… (79)
十一　王国维的"中西学交往互动论" ……………… (80)
十二　大历史观念与大文学观念 ……………………… (80)
十三　读晚清女诗人张印的咏史诗 …………………… (81)

第三编　史道：明"学林老树"人生之道（上） ………… (84)
一　由"雜家"到"杂寿" …………………………… (84)
二　从"八秩"至"八百彭寿" ……………………… (85)
三　百岁学人小志 ……………………………………… (88)
四　寿极学界老人周有光的世界历史眼光 …………… (92)
五　"茶寿"老人杨敬年 ……………………………… (94)
六　乐而忘忧不忘勤的郑孝燮 ………………………… (96)
七　吴良镛的文化自觉 ………………………………… (97)
八　朱践耳的曲史深处是孤独 ………………………… (98)
九　"90 后"诗人叶嘉莹的大雁情 …………………… (101)
十　有感于徐怀中 89 岁所作《牵风记》 …………… (103)
十一　望到九十的语言学大师赵元任 ………………… (104)
十二　白寿彝九秩压岁巨著《中国通史》 …………… (106)
十三　九秩学人，启我"九思" ……………………… (107)
十四　"百岁"后老学人申泮文的行为人范 ………… (109)

十五　"九五"寿星南怀瑾 …………………………………（110）
十六　历尽天年的养生讲座
　　　——再记"九五"寿星南怀瑾………………………（111）
十七　望过九秩的红学家冯其庸 ……………………………（114）
十八　"坐八望九"的朴学守望老人吴林伯 …………………（115）
十九　"三不老"学人夏书章 …………………………………（116）

第四编　史道：明"学林老树"的人生之道（下）…………（119）
一　田野白桦静悄悄，京隐松榆思沉沉
　　——读白桦文学作品笔记 ……………………………（119）
二　公木的诗意治学与为人之道 ……………………………（122）
三　漂泊诗人洛夫 ……………………………………………（123）
四　列夫·托尔斯泰对死亡问题的思索 ……………………（124）
五　倒看人生的作家伊尔莎·艾兴格 ………………………（127）
六　翁贝托·艾柯："80后"辞世的意大利作家 ……………（128）
七　歌德三吟《浪游者的夜歌》………………………………（129）
八　君特·格拉斯生前的警告 ………………………………（130）
九　关注人类文明交往的季塔连科 …………………………（131）
十　自杀的文人三例 …………………………………………（132）
十一　费特的唯美主义死亡观 ………………………………（135）
十二　由《散步的人》之歌所想起的 …………………………（140）
十三　从"人走路不稳就要摔跤"的控制系统稳定性
　　　比喻谈起 ………………………………………………（144）
十四　人老更应把人生看透 …………………………………（145）
十五　老而乐天和老而进学之道
　　　——补《我的学习观》…………………………………（146）
十六　月中有桂则明 …………………………………………（148）
十七　三岁之翁，百岁之童 ……………………………………（150）

十八　良师良言，"四得"养生度余年 …………… (151)
　　十九　选择的人生 …………………………………… (154)
　　二十　诗意 …………………………………………… (155)

第五编　关中学人治学之道 ………………………………… (156)
　　一　得天独厚、得地独宜的关中文明史脉 ………… (156)
　　二　关中泾阳王徵：学贯中西的通儒 ……………… (158)
　　三　泾阳先贤郭蒙泉的学道诗 ……………………… (169)
　　四　冯从吾的《关学编》及其语录 ………………… (171)
　　五　三原学派创始人王恕 …………………………… (173)
　　六　关西夫子杨爵 …………………………………… (174)
　　七　李柏的诗意治学 ………………………………… (176)
　　八　关学名家马理罹难于关中大地震 ……………… (179)
　　九　省过、求知、自养的朝邑大家李元春 ………… (180)
　　十　爱国的关学名家牛兆濂 ………………………… (182)

第六编　史道：一以贯多与多以养一的交往互动之道 …… (184)
　　一　议史一文：弘扬中华民族伟大的抗战精神 …… (184)
　　二　松榆斋一记：《文明交往散论·史记编》 …… (189)
　　三　中东史林一大问：中东研究的"九何"之问 … (196)
　　四　忆史一瓢：孟郊的落第与民选 ………………… (203)
　　五　陶庵一梦：文史学人张岱之梦 ………………… (205)
　　六　波斯—伊斯兰文明一书：昂苏尔·玛阿里的
　　　　《卡布斯书》 ……………………………………… (208)
　　七　《掌文日书》一言：用历史说明宗教 ………… (215)
　　八　人生一悟：面向太阳的审美自觉 ……………… (216)
　　九　未寄信函一封：送别研究生王军 ……………… (219)

附录 史道即述作传承创新之道 …………………………（221）

一 彭树智与世界史研究 …………… 孟庆顺 王铁铮（221）

二 跟随彭先生探索未知的世界 …………… 黄民兴（235）

三 勤奋犹如美酒
　　——记著名历史学家彭树智教授 …………… 延艺云（248）

四 "三"的智慧　诗的才情
　　——感悟彭树智先生 …………… 梅晓云（261）

五 文明交往语境下中东史学术体系的构建
　　——《中东国家通史》读后 …………… 张倩红（265）

六 全球化背景下伊斯兰文明与中华文明的交往
　　——以彭树智先生"文明交往论"为思路 …………………
　　………………………………………………… 马明良（285）

卷终跋语 …………………………………………………（296）

《京隐述作集》第一、第二集后记 …………………………（297）

第一编　史道：人类文明交往探源

一　人类文明交往的历史观念

　　人类文明交往是人类跨入文明门槛后就开始并将一直持续下去的社会基本实践活动。回顾自己探索人类文明交往历史的学术历程，许多时候又回归到"何谓历史"这个史学原问上来，尤其是回归到马克思和恩格斯的大历史观上来。他们在《德意志意识形态》中指出："我们仅仅知道一门唯一的科学，即历史科学。历史可以从两方面来考察，可以把它划分为自然史和人类史。但这两方面是不可分割的；只要有人存在，自然史和人类史就彼此相互制约。"作为历史科学分工而不可分割的自然史和人类史，实际上就是自然和人类彼此制约、互动交往的宏观历史科学的两大组成部分。此种宏观历史科学的核心理论思维是唯物史观。它继承和发展了人类社会文明的优秀成果，以史实为基础，以史论为中心线索，以历史观念为指引，以史趣为动力，推动历史科学的发展。我关于人类文明交往的历史观念，正是源于此种人类史与自然史相互交织的大历史观，然后又在研究世界史特别是中东史过程中逐步形成。

　　人类文明交往是一个历史哲学命题，需要认识"文明"与"交往"之间的有机联系。这种有机联系是人的社会性，是"个人的自主活动"与物质、精神生产的文明交往方式交织而形成历史的社会结构形态。人类文明交往的历史观念，可以这样表述这种联系：文明的生命在交往，交往的价值在文明，文明交往的真谛在于它自身所包含的人文精神实质。文明交往的生命力、价值和人文精神，集中表现在它广泛而强大的六种交往力：精神觉醒力、思想启蒙力、信仰穿透力、经贸沟通力、政治权制力和科技推动力。这些交往力彼此作用、形成合力，并且通过文明的内在传承和外在传播渠道，纵横交织地汇成浩浩荡荡的历史发展潮流。

人类文明交往又是一个不断趋于自觉的过程，其历史主题是人与自然、人与社会、人的自我身心的交往，其交往运行方式呈三角形路线图。三角形的底边是人与自然的交往，三角形的两条斜边分别是人与社会、人的自我身心的交往。三者的交往互动在不同时间、不同空间和不同人间这"三间"联系中，以不同的具体内容与形式相互依存、相互影响。人类文明交往的自觉性主题是：对自然认知上有"知物之明"，对社会认知上有"知人之明"，对自我认知上有"自知之明"。综合来说，便是"知物之明，知人之明，自知之明，交往自觉，全球文明"。知物之明、知人之明、自知之明的核心，是要在实践中弄明白自然和人类社会发展规律，是通过明白发展规律而获得自觉。有了这种自觉，才能对自然不掠夺，对别的文明不霸道，对自己的文明不糊涂，从而防止文明交往过程中的"交而恶"，引导文明交往走向"交而通"的光明前途。

人类文明交往还是一种文明交往史观。人类历史可以说经历了文明前史、文明史和世界历史三个时期。今天，世界面临重重危机，安全、贫穷、愚昧、野蛮、战争、恐怖主义、瘟疫、旱涝、饥荒等天灾人祸困扰着人类。人类文明交往的自觉是人类走出危机的重要力量，尤其是文明之间重要的和平交往形式——文明对话、互助合作，在当今时代具有重大现实意义。要对话不要对抗，要平等不要霸道，要和平不要战争，应成为国际关系中文明交往的主流趋势。为了促进这一历史进程，我们需要新的文明史观。尽管当今世界战乱不断，但人们越来越意识到人类总要在一个地球上生活，各种不同文明总要和平交往对话，这就需要有公认的文明交往秩序和道德伦理。

总之，人类历史是人类文明交往从自发走向自觉的历史。人类文明交往的历史观念反映着不同文明之间和同一文明内部的交往，反映着物质、精神、制度、生态等文明的交往关系，反映着人类对真、善、美良知本性的弘扬；它强调"联系"反对"隔绝"，关注"变化"反对"僵化"，主张"整体""和谐"，并把这些哲学概念化为"交往""互动"，从而形成了人类文明交往的历史哲学观念。这一历史哲学观念的核心思想是人文精神，是人的主观能动性和客观规律性的有机统一。正如《易·贲》所讲："文明以止，人文也。观乎天文，以察时变；观乎人文，以化成天下。"这是中华文明的大文明交往史观。也正如司马迁所言："究天人之际，通古今之变，成一家之言。"这是他关于天人、古今和自我关系的大历史观。探究人类文明交往的历史观念，是一个需要长期深入思考的问题。只有不断完善它，把握其内在规律，才能促进人类互相尊重、和谐相处。

说明：此文原载《人民日报》2015年6月11日理论版《大家手笔》栏。事有巧合，在此前的1957年5月11日，我的《印度人民起义的历史意义》一文也是发表于《人民日报》，时隔58年，都是11日。本书第二编第九节，有《"人类文明交往自觉观念"的自我解读》，供读者对此文参考。

二 人类文明交往史
——论大历史科学

历史分类有许多不同的分法。就大者而言之，无非是自然史和人类史。自然史是自然科技，人类史是人文社科，二者都是科学，综合起来，如前一节中马克思恩格斯所说，是他们知道的"唯一一门科学"。恩格斯后来《在马克思墓前的讲演》中，把马克思科学研究成就归结为"历史科学"，并且指出，马克思的逝世是"历史科学"的损失。这里所说的就是大历史科学。

大历史科学之所以"大"，在于自然科技和人文社科两大科学的综合体。这种综合体的契合点是文化，其整体结构是文明，其联系链条是内外交往，其主体是人类，其本质是人文化了的科学精神。这种大历史是人类物质、精神、制度、生态综合为一个整体的人类文明史，其运转的中枢线是人类相同文明之内和不同文明之间的交往自觉活动。

　　自然科技与人文社科之间的彼此交往和互相制约，综合成大历史的文化文明历史巨轮。两大文明巨轮共同驱动的"大历史"发展，从而成为"历史科学"。自然生态、人类生态，这两大生态和谐至关重要。正是这自然科技和人文社科的滚滚双轮，推动着人类社会的发展。这个科学双轮之间，既有各自发展的独特学科对象、方法、路径，但是，又不能忽视二者的相互影响、交叉、跨越和合作。人类文明交往在这方面也受着互动规律的制约。我在写作《老学日历》① 一书时，深感这个问题的重要意义，于是用了《自然人类》的专章，来协调二者内在的联系。在那里，我用这两种科学的一些代表人物的杰出贡献以及他们的判断力、批判力来表现。科学是强大的创新力量，它首先是求真务实的科学精神。真，为科学的本质要求，它虽是人们世上最难一贯做到的事，但真正的科学家必须做到，否则就不能自认为是科学家。真，朴实而有分量，平凡而伟大，厚实而有光芒，它蕴含着善和美，洋溢着智和爱，充满着勇气和献身精神。真，需要理性的光芒照射，需要勤奋、严谨、求实、创新、协作的学风吹拂，需要冷静、寂寞、沉下心来的一以贯之、源远流长的生命活力来推动。真，是实践者艰苦探索出来的本真良知，是永不懈怠的、言行一致的结果，实践者必须是求真学问、认真治学、做真诚的大写的人。

　　科学精神贯穿于文明大历史之中，它是历史记忆产生出来的思想和智慧。中华文明有"学贵自得"的原创自得的科学精神，如《孟子·离娄下》有"君子深造之以道，欲其自得之也"的话，此种"自得"是一种"史以明道"的进而创造创新之道。亚里士多德认为科学诞生有三个条件：第一，惊奇（人爱生存土地之美、之灵的本性）；第二，闲暇（以充实之心期待发现，以无法言传之愉悦状态发现世界）；第三，自由（思维开阔，突破固有解释世界范式，用自己发展的思维理解世界）。这是一种爱自然、充实大美之心和开阔的人类文明生存状态。大自然和人类社会存在着天然互为制约、彼此互动

---

① 《老学日历》第十编《自然人类》，中国社会科学出版社2015年版，第539—596页。

的关系。历史是时间、空间、人间这三间关系围绕事件而交往互动的产物；过去、现在、未来的时间发展变化，是它特有的历史思路和历史感。立足现在、反思过去、展望未来，是历史成为"究天人之际，通古今之变，成一家之言"的历史智慧之源。

人类文明史之所以成为大历史科学，在于它的生命和价值是文明交往的自觉，人类和自然事实即历史，回归中国、西方和整体世界历史。川流不息历史长河滋润的理论是长青的。人类文明交往的广大世界的普遍化、全球化发展，需要普遍的理论，这就是历史普遍性自觉之道。所以，黑格尔有"回归历史，获得自觉"的历史悟言。我在这里用我的《题史》箴言以结束此短文：

爱自然，为人类。自然育人，人化自然。人类史，自然史，科学双轮互动，弘扬人文精神，在文明交往大道上，共同追求真善美。

三 人类文明交往的历史大视野

文化作为文明的核心，有其特殊意义，历来为历史研究者所重视。广义的文化，包括精神和物质方面，也与政治、经济、科技、自然方面相关，当然也同制度、生态方面相联系。然而，严格地区分，文化主要是指精神方面，社会思想和心理，以及价值观念等人类命运、生存精神状态所蕴含的人文情怀境界。人是具有高级思维的动物，文化不仅包括知识，而且包括具有对各种经历、经验的思考和升华，使之成为文明的结晶和成果。这就使文化成为文明的核心部分，也变成人类创造、创新定位的基点和思维活动中最值得开掘的价值所在。

文明包括文化，它的整体形态应该是精神、物质、制度和生态四个方面的统一整体。制度是文明的根本属性，它包括社会、政治文明，也体现着生产方式和所有制，同时还表现着人类生存、生活的时代风貌。生态文明更是人类文明不可或缺的方面，其所蕴藏的人与自然的密切交往关系，日益凸显和加深。

　　精神、物质、制度、生态这四大方面的关系，是人类文明交往的主要方面。人类文明的生命在交往，而交往是环绕着这四个方面展开的。人类文明交往的价值在文明，缺乏文明价值的交往，对社会进步只能起负面作用。物质文明是基础，精神文明是灵魂，制度文明是根本，生态文明是人类文明与大自然历史的发展方向。我们所关注的重点不是文明与文化的异同，而是文明交往这个人类前途与命运的问题。没有交往的文明化，就没有人类社会的进步。我理解的发展，就是人类交往的文明化，即人的现代化，这就是人类史与自然史发展的主轴。人类文明交往是在冲突与和解，即在斗争与和解中发展的。"斗"与"和"都是文明交往中所表现的历史智慧。从历史的辩证法看，"斗"是不可避免的，因为矛盾是普遍存在的。但"斗"并非目的。斗则进，进到何处？进到和解，才是目的。人类文明史上，人与自然、人与人、人的自我身心之间的三大交往，都是如此。人类文明史，不仅是人与自然、人与人、人的自我身心之间的斗争史，更是以共同发展、和谐共进的文明史。所谓"文明"，就是在这三大交往活动中，不断提高知物之明、知人之明和自知之明的文明交往自觉之明。显然，这"三知之明"不仅仅表现在文明之间的交往，而更重要的是内在的、每个文明之内的交往。当然，这种人类文明内外交往是互动的、互相作用的，这是世界历史普遍联系的辩证规律。认识和把握这种规律，关键在实践中寻找历史选择的相融点，把矛盾对立与统一规律中的一与多、同与异、常与变、作用与反作用的互变运动，导向平衡状态方向运行。这就是"人而文之"的"文化"和"文而明之"的"文明"的人文精神真谛所在。

　　文明交往的历史大视野，是史以明"天人古今"之道。大史学家司马迁早就指出："究天人之际，通古今之变，成一家之言。""究天人之际"的"际"，即事物之间的关系。司马迁还说过："明天人分隔，通古今之义"（《史记·儒林传》），即是说，事物间交往有合适的界限和联系。司马迁在这里已经明白讲了人与自然之间的交际关系要深入研究，古往今来的变化要贯通联系，个人研究要首创。这其实就是对知物之明、知人之明和自知之明的文明交往研究上自觉性的定位。学者的科学研究要关注这个定位，对人类文明交往史的贡献，应当是人们探求真善美的真正目的，而不是一味追求国内外各种奖项。当然，奖项是对研究成果的肯定，但决不是研究者追求的唯一定位。陈其泰教授在中国古代史学史的研究中，提出了"从文化视角研究历史"的观点，认为评价优秀的史著价值应当结合当时社会生活、民族心理、文化思潮、价值观念等，从而揭示出其价值。这一从学术史理路上对"史学"与"文化"之间作互动参考，将研究成果定位于人类文明史上，也是跨学科的人类文明交往历史大视野的见解。

在中国史学史上，梁启超1902年在《新史学》中说：西方引进的学科中，"为中国所固有者，惟史学。史学者，学问之最博大而最切要者也，国民之明镜也，爱国心之源泉也。"这里以"最博大而最切要"来概括史学是对的，不足之处是详政事而略于文化。如果加上文化视角，那就更全面了。钱穆在《中国文化史导论》中，则肯定了历史对文化的意义："中国文化，表现在中国以往全部历史过程中，除却历史，无从谈文化。"历史的特质是联系中的贯通性，首先是时间上的过去、现在和未来的贯通性，其次是空间上地缘的贯通性，更重要的是人间社会生活交往的变通性。此种变通性正是司马迁所说的"通古今之变"。变化是史学时代性的大道，而人与自然、人与人和人的自我身心之间的交往互变正是历史科学所"明"之大道。

唐代大诗人白居易在《与元九书》中对这种大道有所体悟。他说："自登朝来，年龄渐长，阅历渐多。每与人言，多言时务；每读书史，多求理道。始知文章合为时而著，诗歌合为事而作。"这里的"每读书史，多求理道"的"理道"，正是"史以明道"的"道"。这也就是清代大学者龚自珍所留下的治学名言："欲知大道，必先明史。"文以载道，史以明道，正是诗文为时为事而著作，不为单纯地为文史而著作。白居易在他那个时代，他自己把其中要旨表述得很清楚，即"五为"与"一不为"："为君、为臣、为民、为物、为事而作，不为文而作也。"他观察人世，他的作品，"篇无定论，句无定字；系于意，不系于文"。这就是他的历史经验中的闪光之点："每与人言，多询时务"，即对时代发问的问题意识；"每读书史，多求理道"，即在学习历史中寻觅规律性之大道。实际上，唯物史观的"史"，本身就包括了用辩证的思维方式观察世界的历史观念。

众所周知，德国大哲学家黑格尔有"回归历史，获得自觉"的名言。他从哲学史角度讲，哲学回归历史，才能真正获得自觉。黑格尔还有句名言："哲学史是哲学的总结，哲学是哲学史的展开。"哲学史和哲学这种辩证互动交往关系，我将在《京隐述作集·哲以论道》中详谈。这里只是要说明历史科学的自觉是人类根本的自觉这个哲理。人类文明交往的大视野，正是我们观察自然、人类和人的自我身心三者交往联系性与贯通性的广阔视野。这也就是恩格斯为什么《在马克思墓前的讲演》中说马克思逝世是"历史科学"损失的原因所在。马克思对人类的伟大贡献，正是唯物而又辩证的历史观。这种历史观对黑格尔的"回归历史获得自觉"的人类交往文明化自觉，是一个创造性的发展。它让我对历史自觉是人类根本的文明自觉观念，有了进一步的理解。

四　自然史与人类史的大历史思维方式

人类文明交往的历史自觉，源于大的历史思维方式的引导。

人类文明交往的广阔领域是时间、空间和人间，人始终是交往活动的主体。时间是历史的轨迹，空间是历史的坐标，人间是历史主体。人间的根基是物质的生产、再生产活动及其存在的社会关系。人类处于自然界和人类社会的存在环境之中，其思维方式是对自然界和人类社会认知的思维路径，其特征思考的大问题是普遍存在的客观规律，而不是个别事物的个别现象。

这个历史思维方式就是大历史思维方式。这里的所谓"大"，是宏观的，它不但表现在时间上的过去、现在与未来，也不仅仅表现在自然界和人类社会总的发展，而且还表现在时间、空间和人间这三者之间的互动交往活动过程之中。这里所说的"历史思维"同时也体现在辩证思维、创造思维、发展思维和互动思维等方面。这种思维就是唯物史观，其实质就是历史的、辩证的唯物主义，其核心就是对立统一的规律。

我在人类文明交往的九条纲要中的第一条"人类文明交往的辩证互动规律"所说的"一个中轴线"，就是指文明交往的大历史思维方式是围绕着这个中轴线运行的。当然，这个大历史思维方式的运行路线是复杂的、曲折的，如列宁在《谈谈辩证法问题》中讲的："人的认识不是直线的（也就是说，不是沿着直线进行），而是无限地近似于一串圆圈、近似于螺旋的曲线。"辩证规律，就在于矛盾的统一性、斗争性以及统一和斗争之间的交往关系中发展的。辩证发展，就是这种相互联系既彼此依存，又相互排斥而经过分、斗、和、合达成对立统一的辩证运动的结果。这种交往互动本身就是矛盾与统一的辩证运动的结果。这种交往互动本身就是矛盾与统一的辩证运动进程，"是文明交往互动中两种思维方式的统一"①。

历史思维的特点是：①贯通古今中外纵横交织的思维能力；②言必有据的求真求实品质；③具有穿透力和厚重性的科学创造创新精神。自然科技和人文社科都有自身的历史，历史只有在积累沉淀中发展。任何科学思维都产生于其基本历史进程，历史思维就是辩证思想和哲学理论的思维。此种方式决定了研究工作的高度和深度。

人类史与自然史这种大的历史思维方式，在中外哲学史上都有表述。《老子》的"道生一，一生二，二生三，三生万物"，是表现"道"的生命力思维方式，反映一与多、道与物的辩证互动关系。在后期宋明理学家那里，把关学大师张载《西铭》思想核心归结为"理一分殊"，即认为存在的事物，是"理一"的有机统一整体，又是"分殊"的不同的具体表现，归根结底是"理一分殊"共同体。在"理一分殊"这个思维方式上，对"天"的解释，理解为虚拟的自然界，使系统完整观念变得不完整。② 历史思维之所以成为"大历

---

① 拙著：《我的文明观》，西北大学出版社2013年版，第7页。
② "天人之际"即自然界与人之间的关系，在司马迁撰写《史记》时，已作为史观首要问题提出。人之初也有对"天"的提问。朱熹幼年时，对父亲提出"天之上何物？之问。陆九渊在儿童时也有"天地何所际"之问。实际上，人之初到人之终，不仅有天人关系，而且在思维方式上都关系着判断力、思考方法和为人处世的态度。

史思维方式",就在于它的辩证性表现为系统思维、创新思维,因而在研究和处理问题上能站在大自然与全人类和谐和解放的理论思维高度来思考文明史。理论思维对一个民族、一个国家处于文明发展的前列,实在是太重要了。把认识大自然置于全人类宏大视野交往之中,形成一个民族、一个国家中人们的思维习惯,那将是文明交往自觉化之福。

  文明史中包括自然史。上述对"天"的理解侧重社会而忽视自然的倾向,至今仍多有遗存。一个明显的例子,是"哲学社会科学"的提法。哲学难道只和社会科学有关吗?前几年评全国社会科学优秀成果奖时,教育系统有人提出用"人文社会科学"来取代"哲学社会科学",结果不了了之。此事就说明了这种思维方式侧重于社会而忽视自然的倾向。人们不禁发问:难道自然技术不需要哲学吗?否则,人们怎么没有发现"哲学自然科学"的提法呢?实际上,文史哲的人文科学加上社会类的各种科学,称之为"人文社会科学",既有文科的基础学科,又有文科的应用学科,是比之"哲学社会科学"更切合实际一些。尤其与"自然技术工程科学"相对应,更显得合理。人们常简称为"人文社科""自然科技",与人类史和自然史两大科学相提并论,更可显示出大历史科学思维方式的科学性质。

  事实上,许多西方的自然科学家本身就是哲学家。他们的哲学思想整体倾向于自然,可以称之为自然哲学家。以亚里士多德的《物理学》为代表,直到笛卡儿的《哲学原理》、牛顿的《自然哲学之数学原理》,在总体上都是倾向于自然的哲学。这些著作的思想性、哲理性,至今仍被人们视为自然资源,其突出的特点是工具理性而与人文理性相互裨益、相得益彰。自然哲学的优点是分析的实验性和实证性,对人类文明的发展,起着巨大作用,其局限性自然是伴随成就而来的。关于哲学与人类文明的关系问题,在《京隐述作集·哲以论道》中再深入探讨。这里仅就有关自然史和人类史的大历史思维方式方面,谈谈自然和人类的相互联系、相互制约关系,说明二者在文明交往过程中的历史辩证性质。

  实际上不仅西方的自然科学家具有大历史的科学思维方式,只要思考自然科技的科学家,都会或多或少,或深或浅有这方面体会。中国地质大学（武汉）地球科学学院地球生物系教授、生物地质与国家重点实验室主任童金男是古生物领域学者，他指出："我的研究专业也是历史学。不过，我只研究人类出现之前的亿万年地球的历史。"他这个"历史视角"所观察的是地球和生物的演变史。由此历史出发，他最关注生态环境问题。他深有体会地说："我要从历史的角度来考虑问题，发展必须建立在可持续的基础上。"这就是站在全球、全人类，即从自然和人类交往的互动关系看问题，即从辩证唯物的关系上来看待文明交往问题。历史具有唯物性和辩证性的双重性质。源于黑格尔和费尔巴哈哲学的马克思主义，既关注自然科技，又关注人文社科，兼有自然和人类的互动与平衡联系，创立了唯物而又辩证的大历史观。科学社会主义的创始者马克思和恩格斯把自然史和人类史相统一为"唯一"科学"大历史"观念，是对自然科技和人文社科这两大科学的综合概括，其本身就是历史的、辩证的、综合的创新思维方式。马克思和恩格斯在其最初形成此种思想的《德意志意识形态》中，首提自然史与人类史关系问题，后在出版时又删去这一段话，但这一大思路一直在进行。他们不只是伟大的哲学家，他们的理论改变了世界历史，改变了人类社会历史的发展进程，他们为人类文明贡献了历史科学的宏观视野。马克思的《资本论》就是在以自然界为存在的基础上，分析人类社会中的资本主义阶段历史的。恩格斯在《自然辩证法》等著作中，关于"自然的人化"和"人化的自然"的历史唯物论名言，也出自以自然史和人类史为存在根据而得出。列宁称恩格斯的《反杜林论》中"分析了哲学、自然科学和社会科学中最重大的问题"，也反映了自然科学与社会科学是大科学的两个方面。我在前面说过，恩格斯在马克思墓前的讲话中，所说的马克思逝世是"历史科学"的损失，也说明了这一点。如果再仔细研究马克思晚年关于历史学的各种笔记，其思考的仍是大历史科学理论思维方式问题。他们的科学研究历程就是从哲学出发，最后又回归历史，就是从大历史思维方式中获得自觉。

大哲学家培根说得对："学史使人明智。"大科学家海森堡说得也正确："在人类思想发展中，历史转折点几乎总是发生在两种不同思想方式的交会处。""这种交会处"正是不同文明交往转折之地。他又说:"如果它们之间至少关联到这种程度,那么我们可以预期到将来继之以新颖有趣的发展。"这种相互关联的自然与人类的交往密切关系,在物质、精神、制度和生态文明交往中必然会产生创新性的文明成果。"历史统一于多样,事物万变归常恒。分、斗、合、和均智慧,人文良知大化成。人类关注生产力,交往自觉共文明。"我在《老学日历·西东谣》中这三句可以作为本文结语。

五 历史路标与历史评论

马克思在总结《资本论》的写作体验时,特别重视对经济思想的"历史评论"。他认为,只有通过"历史评论",才能把握"政治经济学规律最先以怎样的历史路标形式被揭示出来并得到进一步发展"。这也是他"完全埋头于政治经济学批判和政治经济史"这两方面研究相互补充工作中的体会。批判必须有历史观点,研究政治经济学必须有历史观念,这是因为它的规律就是以"历史路标"形式在发展中体现的。

"历史路标"是通过"历史评论"的批判和自我批判的自我反思意识自觉总结中展开的。"历史评论"是自我反省的基点,进一步思考研究方向、理论、方法、缺点、难点等历史发展总趋势,都与此密切相关。"历史评论"对马克思来说,有着厚重的知识与学术思想的准备。他的研究从哲学领域出发,同时又特别关注历史和重视社会经济与政治思想领域的进程。尤其是他有关注全人类命运的广阔远大视野,早在中学时代的作文中已显示出"为人类"的最初理想志向。在"历史评论"中,他有深刻的批判意识,在政治经济学批判方面更是重视。当恩格斯批判杜林的哲学、经济学和社会主义观点而撰写《反杜林论》的时候,马克思专门为该书撰写了"政治经济学编"中的《批判史》论述一章。这本身就是一篇"批判"与"历史"合成的史论结合"历史评论"。高质量的"历史评论"会发现前进的创造创新的"历史路标"。《资本论》就是一个大"历史路标"。

"历史评论"在经济学研究中特别重要，它引导人们在总揽前人和当代学人研究的路径和轨迹中，发现问题、趋势和走向。"历史评论"在批判与自我批判中，使研究者走向自觉和获得自觉。大学者熊彼得在《经济分析史》中，以经济学研究为例，认为在研究工作中，历史观念占第一位，其次才是统计和理论。他把历史事实的掌握、历史感或历史经验的具备，视为经济学研究的基础。他说："经济学的内容，实质上是历史长河中的一个独特过程。如果一个人不掌握历史事实，不具备适当的历史感，或者所说的历史经验，他就不可能指望理解任何时代的经济现象。"

实际上，历史的通贯评论，不仅仅在经济学，也不仅仅在社会科学，当然是人类史和自然史共同要关注的事情。历史学本身更是重要的事。司马迁和司马光这两位通史大家，前者首创千年的中国通史体《史记》，后者有《资治通鉴》，都是贯通古今典范。刘知几的《史通》、章学诚的《文史通义》，也都重视批判意识和理论评说。任何一门学科，都有自己的学术史，都有必要从本学科的学术史评论中学习，方能走向自觉的创新。这就是恩格斯所讲的从哲学史中学习哲学的道理所在。路易斯·阿尔都塞看出了历史对马克思的重要性，认为历史之于马克思，犹如泰勒斯之于数学、伽利略之于物理学和弗洛伊德之于心理学一样重要。和历史对话，进行历史评论，开展批判和自我批判，以提高历史自觉，实在是人类文明交往自觉意识提升所必须做的事情。

从"历史评论"的批判与自我批判，都要有问题意识的导引。提出问题的"疑义相与析"、共同交流，为提升学术价值、推动学科进步，准备了源源不断的动力。围绕问题的对话，首先要有批判意识。由此出发，提出问题比回答问题更重要。没有问题意识，就不会产生科学的好奇心，探索真理的兴趣也不会存在。一个科学研究者失去了问题意识，他的科学生命也就结束了。23岁的马克思，在其博士学位论文《德谟克利特的自然哲学与伊壁鸠鲁的自然哲学之区别》，在求异路径上探索自然哲学，不但是从自然哲学走向社会哲学的开始，也是从问题意识出发，以批判精神思考哲学问题，从思想对话中倾听到了古圣贤哲的声音。这是马克思从"历史评论"中发现了哲学规律所出现的第一个"历史路标"。

和古今圣者、贤者、智者的对话，必须有科学史的问题意识。下面两段对话对学者在形成独特原创的科学思想成果方面，具有启发性意义：

第一，善问。马克思在《哲学的贫困》中指出："每个原理都有其出现的世纪"，为了"顾全原理和历史"必然要"自问"："为什么该原理会出现在11世纪或者18世纪，而不出现在其他某一个世纪？"他为了回答这个"世纪之问"，认为还应"再追问"：①11世纪的人们是怎样的，18世纪的人们是怎样的；②他们各自的需要、他们的生产力、生产方式以及生产中使用的原料是怎样的；③"由这一切生存条件所产生的人与人之间的关系是怎样的。"这是一个由"原理和历史"之问到"世纪"的时间段之问，又由时间段到人类生产、生存状况之问，这都是人类文明交往中人与物、人与人之间的关系即交往之问，都是定位于人类文明交往中创造创新所做贡献的唯物史观之问。

第二，善答。马克思和恩格斯在《共产党宣言》中有一问："思想史的历史除了证明精神生产随着物质生产的改造而改造，还证明了什么呢？"这是唯物史观中的"以问代答"的反问方式，答案就在问题之中。实际的答案就包括以下几个方面：①思想产生的根源、社会发展的历史过程，是思想史生成与发展的社会物质基础和前提；②思想是社会经济文化发展在意识形态上的反映，是思想史研究的基本要素和根本内涵；③思想史是社会思想历史的组成部分；④思想史与人类文明史是整体与部分关系，其交往是相互的。

这里，马克思和恩格斯在思想史评论中所谈的"思想的历史"问题，对中国思想史学科创始人侯外庐有指引启示作用。他把中国思想史放在中国社会史背景下研究。他的"马克思主义中国化"这一研究路径，一定是受《共产党宣言》中这一论述影响的。他在西北大学曾说过，他的中国古代社会论著，是摩尔根《古代社会》的"东方版"。在研究中，他也是从"历史评论"中寻找"历史路标"的。

"历史路标"与"历史评论"联系密切。研究历史必须有理论与方法论的创新。大学者托马斯·库恩说："历史如果不被我们看成是轶事或年表堆砌的话，那么，它就能对我们现在所深信不疑的科学形象产生一个决定性的转变。"历史轶事是有趣的，历史年表是时间、空间、人间的记事，但二者还不是历史科学。历史研究者必须有人类文明史的根本自觉。这样，历史才可能变为科学。

六　历史幽径和皱褶

历史幽径多，需要人的科学思维、理念去探研。历史常隐藏于文明的皱褶之处，需要人的明察、洞悉和鉴别。《晋书·戴若思传》引陆机《苦思书》名言："思理足以研幽，才鉴足以辩物。"此种潜伏、沉积于记忆深处的皱褶等待着人们理顺、发掘、回味和唤醒。那是一个个逝去生命的唤醒，再现其生机的可以检视个人与历史、思想与实践、社会与自然之间的复杂交往，审度人性的微妙、繁杂或诡谲。

历史特殊性与普遍性统一于多样之中，现实往往是理解历史的钥匙。细察世界那些挥舞铁拳的风云人物，究其内心深处的人性奥秘，可以帮助理解古人往事的某些奥秘。有时候，特殊年代的特殊行为，其苦难一角也可反映出美国作家海明威如同"冰山原理"中对人性的摧残图景，虽然这只是沧海之一粟。

历史上权力之争斗中，强权理论十分吊诡，这或许是历史自身的不幸。"竞争"中显现的"弱肉强食、适者生存"的丛林原则，疯狂工作，向对手笑脸相迎，无法使灵魂重返正常生活轨道。现代性不尽是美好的，它所追求的生命理念和引发的生命困境之间的悖论，令人触目惊心，其穿透力直指灵魂深处。历史学者应重视生命的精神内涵，用理论思维、审美和叙事力、兴趣、好奇心审视历史，对历史温度要把握住，善于在现代性冲击下坚守本真。

《论语·八佾》："子谓《韶》'尽美矣，又尽善也'；谓《武》'尽美矣，未尽善也'。"美为何物？美与善有何关系？《孟子·尽心》有这样的回应："浩生不害问曰：乐正子，何人也？孟子曰：'善人也，信人也。''何谓善？何谓信？'曰：'可欲之谓善，有诸己之谓信。充实之谓美，充实而有光辉之谓大，大而化之之谓圣，圣而不可知之之谓神。'"

现代性有其花言巧语、矫揉造作的一面，它会用造作的文史势力组成新时尚虚空之美，把事物变成梦呓而失去本真。这是人类文明在转型时代、变革时代的悲剧。马克思在《〈政治经济学批判〉导言》中讲："任何神话都是用想象和借助想象以征服自然力，支配自然力，把自然加以形象化；因而，随着这些自然力之实际上被支配，神话也就消失了。""阿喀琉斯（古希腊神祇之一）能够与火药与铅弹并存吗？或者，《伊利亚特》能够同活字盘甚至印刷机并存吗？随着印刷的出现，歌谣、传说和诗神缪斯岂不是必然要绝迹。"

然而，历史的镜子是明亮的，历史写作是一件真善美之事。苏轼说："能者创世，智者述焉。"述什么？真善真美之后是诚信，所述者，立诚信为智者。现在有些重演马克思时代大不列颠的历史悲剧。史学家必须求真、扬善而爱美，只有诚信方能达到充实之良知。

七　追思威廉·H. 麦克尼尔

我现在书案上放有三件东西：①98岁高龄去世的美国历史学家威廉·H. 麦克尼尔的新闻报道，去世时间为2016年7月8日；②他的《世界史》中译本（施诚、赵婧译），由中信出版社2013年出版，58.5万字；③我的《老学日记》第九编第228节《麦克尼尔的文明观念》，该书为中国社会科学出版社2015年版。

这三件东西放在一起，特别是这位已经是"坐九望百"的老学人的去世，引起了我对许多往事的追思。他是位"文明互动"论的倡导者。早在2012年10月13日，我研究他的文明观念时，关注他的两本著作：《瘟疫与人》和他与儿子约翰·R. 麦克尼尔合著的《人类之网：鸟瞰世界历史》。值得注意的是，他把瘟疫与人类之间的关系写入了历史。尤其是父子二人合著的《人类之网：鸟瞰世界历史》一书，"把各种相互交往的网络"问题，放在人类历史的中心位置，进行研究，这和我的"文明交往自觉"思考不谋而合。这使我产生了同道者之间那种亲切感。刘勰《文心雕龙·知音篇》开篇即叹道："知音其难哉！"我正是怀着知音的心情写这篇追思短文。

早在2012年1月，我在3卷本《两斋文明自觉论随笔》一书中，提出了人类文明交往的"六条交往网络"：精神觉醒力、思想启蒙力、信仰穿透力、经贸沟通力、政治权制力和科技推动力。我在《文明交往自觉论纲》中谈道：人类文明发展有两种动力，即生产力和交往力，而且生产的前提是交往，交往力是广义的生产力。我认为："这六条交往力网络所形成的交往的合力，比机械网络更复杂、更多变、更生动和更有力。因此形成的文明交往史更具有壮丽风采和恢宏气象。"①

在2012年10月13日这篇《老学日历》中的《麦克尼尔的文明观念》短文中，我记下了两个联想：关于人类文明交往研究的三个层面（思想情感、文化理性、文明自觉）；人类文明交往的平衡点与契合点问题。当时，我并未读到他的代表著作《世界史》。现在我看到的是第四版的中译本。这是一本有影响力的教材，其特点是把人类历史作为一部文明发展的整体历史。它视野广阔、文笔简洁，尤其是以人类不同文明之间的交往为线索，此一理论创新引人注目，令我感到特别亲切。

威廉·H.麦克尼尔生于加拿大温哥华，20岁迁居美国芝加哥，21岁和22岁分别获芝加哥大学学士和硕士学位，30岁获康奈尔大学博士学位。他长期任教于芝加哥大学历史系。他和世界史学者斯塔夫里阿诺斯都在研究世界史和写世界史教材，而后者任教的芝加哥西北大学历史系，也是与他互相交流、争论的不同历史学派。我记得已故的首都师范大学齐世荣教授曾同我多次谈过此事，他认为除了他自己为总主编的《世界史》教材之外，中国也应有不同观点的，并应有个人写成的《世界史》教材。他也曾建议我以人类文明交往为线索、以简洁生动文笔写成另一部中国风格的《世界史》。他甚至还自荐为此书写一篇长序，以显示中国世界史领域内的百花齐

---

① 拙著：《两斋文明自觉论随笔》，中国社会科学出版社2012年版，第5页。

放特色。遗憾的是,我一来能力、水平不够;二来当时正在主编13卷本《中东国家通史》和1卷本《中东史》,无暇他顾,所以有负厚望,欠下了一笔无法偿还的友情之债,至今思之,心存遗憾,无法面对他的在天之灵。

的确,世界历史教学之本是世界史教材。世界史教材的质量是研究成果的积累与综合,是有自己学术特色和风格,并且寓论于史,同时文字流畅易懂。威廉·H.麦克尼尔的《世界史》有其积累的基础,这就是他之前的一系列论文和专著,尤其是《西方的兴起》这部被称为"人类共体史"的著作。历史分期是他书写《世界史》的线索路径,具体提纲是:①远古时代至公元前500年为"旧大陆四大文明"(中东、印度、中国、希腊的犹太教、佛教、儒学思想体系的形成);②中世纪的文明平衡时代(四大文明向周边地区扩张,程度上势均力敌又各自独立发展;夹杂有希腊化、伊斯兰扩张、蒙古扩张);③1500—1789年西方文明支配时期(西方的海外扩张);④1789年至今,全球走向一体。这是一个有自己见解的独特体系。

约翰·R.麦克尼尔称,他父亲把1967年初版的《世界史》作为《西方的兴起》的"教材版",其特点是"短小",而《人类之网:鸟瞰世界历史》(2003年版)的"篇幅要大得多"。据他的观察,写世界史是他父亲一生的志向。这正如《世界史》第四版序言(1978年6月)开篇所讲,《世界史》教材的生命力在于:①从"人类文明"这个简单的视角出发,对于世界历史以整体的叙述,容易理解;②"清晰简洁的文风"。这是值得称道的风格。

在时间观念上,写世界史是从远古一直到当今发生的大事件。据此原则,新版增加了第30章,其目的是关注"基础的、根本性的变化",以少纠缠细节而努力延长"保质期"。写通史要通到当今,这个观点我很赞同。我在高等教育出版社2001年版的《二十世纪中东史》这部研究生教材中,就是写到付印前中东发生的重大事件。我是用"写实的方法",处理当代史这一敏感问题。

人类社会有过而且不断有各种各样的、大量的"因生活方式"不同而产生的差异,但人类"文明"所指的是"大型社会"。这是对的。因为文明总是社会文明,尤其主要的是制度性的社会文明。此种"大型社会"文明包括:①把千百万人组合在一种松散但清晰的生活方式之中;②地域覆盖数百乃至数千公里;③时间跨度,相比个人的寿命,是一个非常漫长的过程。他认为,人类社会第一次达到"文明的复杂程度及其规模的时代开始算起",旧大陆主要文明传统只有四个,新大陆出现的不同文明不超过三个。这个重点也对。

何谓"西方文明史"?美国教材已经达致共同认识;而何谓"世界史",却无一致标准。威廉·H.麦克尼尔认为,他的世界史是"整体世界史观"的简明世界史,其"优点是一以贯之、清晰明了,能够被掌握、被记住,过后可以回味",这四个优点,尤其是第四个"过后可以回味"很有意义。这里,他的历史观的文明结构理念是:①"在任何一个时代,世界各文化之间的平衡都容易被打破,推动可能来自一个或多个文化中心,那里的人们成功地创造了非凡的或强大有力的文明。"②或多文化中心的"邻居,抑或邻居的邻居,被诱惑或被迫使去改变自己传统的生活方式,有时候是直接移植一些技术或观念,但更多的情况,是加以调整和改变,以便为顺利适应当地的环境"。③对不同时代的不同的主要文明中心,"首先研究最初的一个或几个抵抗中心,然后考察对文化创造的主要中心所产生的革新,世界上其他民族在(经过直接、往往是间接渠道)认识或体验之后,做出反应或反抗,进而我们就有可能对世界历史的各阶段进行概括。"④"从这一视角看,地理环境,以及不同文明之间的交通路线,就变得非常重要了。有关古代的交往关系,现存的文献记载有时会模糊不清,但考古学和科学技术和艺术史为我们提供了重要的线索。"

威廉·H.麦克尼尔的历史观念中的古今观,集中在对"个人判断力"的一种锻炼培养上。他认为,古代史的判断力有"史学研究的悠久传统可以指引我们通往久远历史的路径。与此相反,我们自己却因为年代太近,难以达成共识。因此,历史学家在处理近期事件的时候,有很大的自由度"。因此,他客观冷静地对待1998年4月新写的第30章《1945年以来的全球竞争和世界主义》:"因此,新写的第

30章是否成功地刻画了这个世界,这个我们与许多民族和文化的共同分享——尽管不是那么舒心如意——的世界,就有待其他人的判断了。"

对此书的"指导原则",他的儿子约翰·R.麦克尼尔在《世界史》中译本序言中写道:"文明之间一直是相互联系的,这些联系常常是社会变化的通衢。"他回忆说,当他父亲在20世纪50年代开始写世界史的时候,就清楚地认识到:"汤因比强调世界文明的隔离是错误的。"[1] 可见,"联系"是麦克尼尔父子历史观念的关键词和哲学概念,而具体到文明观上,应该就是我理解的"人类文明观"中的内外互动"交往"。我的文明观与其他文明观主要不同之处,就在于它是"人类文明交往自觉的观念",而不是一般的"人类文明观念"。这一历史观念,指导了我主编的13卷《中东国家通史》,特别是我主编的一卷本《中东史》,多年来已是研究生的推荐教材。这一点与威廉·H.麦克尼尔的《世界史》、斯塔夫里阿诺斯的《全球通史》的历史观念相近而又不同。我们西北大学中东研究所科研群体,从人类文明交往互动自觉的历史观念的理论视角,在史论结合上贡献出了自己的智慧和力量。

大科学家爱因斯坦说过一句话:"对真理的追求,要比对真理的占有更为可贵。"我在追求人类文明交往自觉的道路上,威廉·H.麦克尼尔的历史著作和思想,给我的启发是很可贵的。理解一位学者,读懂他的著作,需要机缘,也需要心灵相通。观察问题,需要有广阔的世界眼光,是学习世界史不可少的。研究问题,需要有深远的人类

---

[1] 威廉·麦克尼尔对阿诺德·汤因比及其《历史研究》作了详细考证和全面研究,并作了客观评价。他认为,汤因比对人类文明的研究是全面的、系统的、宏观性的,而且是以文明为单位进行分析的独特贡献。他指出,《历史研究》是一部历史哲学著作,更是一部历史类比与相似性研究的汇编。他并不讳言《历史研究》第7—10卷否定了前六卷中有价值的内容,不仅杂乱,而且具有许多宗教性观念。威廉·麦克尼尔通过对汤因比的家庭不幸遭遇的深入考察,认为他是一位受到此种变故而在学术上有所反应的诗人。在他看来,史学写作永远具有诗性,但汤因比的诗性超出了书斋性史学著作规范而造成了不幸。可见,诗意治学只有在人类文明交往自觉条件下,才会做到"史以明道"。参见威廉·麦克尼尔《阿诺德·汤因比传》,吕厚量译,上海人民出版社2020年版。

文明交往自觉视角，学习人类史也是必需的。如何研究世界史、人类史，如何在高处站、往深处思，又如何以厚实的历史感为基础、又合乎时代精神，从而得出称得起有新意的原创性思维成果，我从追思威廉·H.麦克尼尔的从史前到21世纪全球文明互动的路径中，遇到了知音。这有点像他与斯塔夫里阿诺斯在美国芝加哥西北大学相遇一样，我在中国西安西北大学也唱出人类文明交往互动之歌："知物之明，知人之明，自知之明，交往自觉，全球文明。"

在追思威廉·H.麦克尼尔逝世悼文的最后，我想要说的是，他是一位有很强烈的社会责任感的历史学家。他认为："在改变人们思想和大众公共行动提供依据方面，历史学家能发挥作用。'历史学'是一个很高贵的名称。根据我们的阅读和反思，告诉其他人，世界上将要发生的重大事件，这是一种荣誉。"他是一位有自己独立思想的学者，在人类文明互动问题上有实质性建树，他通过自己的著作，在世界史学术领域中建立一座丰碑。我们不能要求他成为一位有系统文明交往理论的思想家，然而如果他再向此方向努力一步，将会有更卓越的成就。他又是一位谦虚而严谨的学者，他自信而又自知，并不希望把自己的著作看成定论，他一生都在深化、细化自己的学术思路，不断完善自己的著作。在人类史、自然史世界中寻觅，我想这都是在世界史、在人类文明史的学术坐标上给予他应有的地位。

八 冰心翻译的世界史著作

我在《两斋文明交往自觉论随笔》中，提到水利科学家李仪祉的胞妹、陕西仪祉农业技术学校校长李翥仪老师写有世界历史著作的事。她是早期世界史学史上的一位重要女学者。我当时并不知道她有世界史著作。只是在她1946年因车祸去世后的追悼会上，于右任先生提到她不但是教育家，而且是历史学家，我不由心怀敬意。后来在西北大学历史系读书时，在图书馆见到了那本封面发黄的著作：李翥仪著《西洋史》，1905年湖北法政编辑社印行。它和其他几本译著的世界史放在一个书架上。

想起李蒵仪女校长治史，不禁联系到女文学大家冰心译史的事。过去，我只知道冰心翻译过外国诗文小说，如印度文学家泰戈尔的《吉檀迦利》《园丁集》，以及黎巴嫩诗人纪伯伦的《先知》《沙与沫》等译著。读《光明日报》王炳银的《冰心：才情之外有学问》之后，才知道她曾经参加了几部世界史的翻译工作，世界史学史上应该记上一笔。

冰心参加翻译的都是世界史学史上的名著。

第一本是美国史学家海斯·穆恩、韦兰合著的《世界史》。这本书我太熟悉了。在西北大学一年级学习时，给我们讲"世界通史"课的楼公凯先生，就指令读此书的英文本。他说，此书文字通畅，最好清晨在校园朗读，能背诵最好。当时，英语老师霍自庭先生，也推荐此书，说在文风上此书有"莎士比亚风格"，如能熟记在心，会受用终身。今天看来，这是一本用人类文明史观写成的教科书；主要写政治交往，文化部分也不少，尤其是在人类初始时的自然环境、物种变化写得生动有趣，引人入胜。它从人类文明演进一直写到第二次世界大战，可谓当时的世界通史。我进大学时，四年级学兄刘念先就把他的英文原版书赠给我。这是他认真读过的书，上面有多处红笔圈点，还有中英文批语，对我帮助极大，可以说是我学世界史的入门之书。他那些圈点、惊叹号和问号以及封面题的"海斯·蒙史学风格"秀劲笔书，给我留下了极其深刻的印象。我在念先学兄的手批语句后面写下了"我简直是他们的崇拜者了"。很可惜，这本书在"文革"中被红卫兵用"火"革掉了。但该书开头的"石头的故事"，至今仍在我脑海中萦绕不已。2011年3月，世界地图出版社出版的《世界史》译者的署名是：冰心、吴文藻和费孝通等译，反映了当时译者阵营的大家手笔，其中冰心是第一译者。第二本是威尔斯的《世界史纲》。《世界史纲》也是一本权威性的世界史著作，其学术性更强。我记得楼公凯老师在第一次上课时，用粉笔认真地写了该书的英文和中文书名，并将它指定为必读书。当时西北大学文史阅览室只有两本，只供阅读，不能出借。将此书译成中文，是冰心的一大功劳。第三本是有史料价值的《六次危机》，那是冰心从湖北潜江"五七"干校回北京后的一项重大翻译项目，由中央民族学院的吴文藻（也就是她的丈夫）主持的。实际的主译是冰心。她认为自己译此书"最费力气的"。尤其是最后全书的文字润色、校阅、订正，都由冰心负责。吴文藻参加了修改工作。这是一本由许多名家参加的译作，最后的译者顺序由费孝通确定：吴文藻、谢冰心、费孝通、邝平章、李文瑾、陈观胜、李培荣、徐先玮。《六次危机》虽非世界当代史，但它有回忆录的史料价值，对当时中国人了解美国社会具有现实意义。

总之，这三本世界史方面的译著就冰心在文化交流工作中的贡献是不能忘却的。这不禁让人想起"冰心体"的"白话文言化，中文西方化"的译文风格。她翻译的泰戈尔诗歌和纪伯伦散文，令人沉醉，文采飞扬，能渗入自己的心灵而又与原作者精神会通，其独创与细腻笔法，与原著顺畅通达。在这三本世界史方面的译著中，也有再创作的同样功力，其可贵之处有二：一是文史相通，融文学意念于史学的翻译之中。她忠于原著，但不是机械地"硬译"，无西化生硬晦涩难懂之处；二是有世界历史的眼力和功底。这一点在文明交往工作中最为重要。正因为如此，她的"中文西方化"风格已融入文明交往的文学艺术"白话文言化"诗意美感的境界之中。

冰心早在1921年《小话月报》的《文艺丛谈》栏目中，就曾经呼唤道："文学家！你要创造'真'的文字吗？请努力发挥个性，表现自己。"她在自己的诗歌、散文中已做到了这一点；她在自己的儿童文学园地上，独树起令人难忘的独创旗帜。她那本《寄小读者》影响了几代人，至今读起来还是那样动人。同样，她在三本世界史著作的翻译实践中，也显露了她自己的个性和风格。她的论述总是简练明白，要言不烦，例如，谈新诗时，说到新诗既然是诗，总要有韵。无韵只是有诗意的散文，而不能称之为诗。这个平凡的真理，今日对一些诗人仍然是一个提醒。

冰心翻译世界史名著史料，在忠实原著的同时，于严谨之中有通贯原意中的文采美。这是难能可贵的。历史本身是生动的。治史者需要三种素质的培养和提升：①史实的求真；②史论的向善；③史趣的审美。史实是治史的基础，史论是治史的灵魂，史趣是治史的人文情怀。史趣是治史中的诗意治学，是需要通历史的人——如冰心这样的大家来帮助的。读她的世界史译著也要和她的诗文著作贯通起来，才会体会到治史的诗意美趣境界。诗意美趣是文字美趣和诗意美趣相融为一体的。我在《京隐述作集第一集·书前叙诗》中，把这种诗意治学境界概括为"愁趣""藏趣""心趣""情趣"和"乐趣"，并用咏"芭蕉"体组诗集成诗意美趣境界，其意也在此处。

比起李蓥仪老师来说，冰心并未直接谈诗意治史。李老师是历史学家。她在《西洋史》第 2 页上，提出了一个重要世界史命题："世界史名目应包东西洋而言，不宜隶属于西洋史一部分。"这个命题很值得思考。冰心翻译的《世界史》《世界史纲》都有欧洲中心论的影子，不是完整意义上的世界史。[①] 世界是全世界的历史，也应该是全人类的历史，是人类认识自然和自身的文明史。同一文明之内和不同文明之间的交往良性互动，是文明发展的原动力。真善美是人类交往文明化的核心。史以明道即明全人类文明交往的世界历史观念之大道。

九　身体史（人体史）

英国史学家罗宾·奥斯邦在 2011 年出版的《古典希腊身体的历史书写》（*History written on the classical Greek body*），是一本将文献资料和人体图像相结合起来研究的古希腊史著作。严格地说，身体应译为"人体"，是人体图像的历史研究。作者的研究历史方法是把文献的历史书写与人体的图像史书写互相结合的写作路径。这很类似我国王国维"二重证据"法的研究路径，不同的只是把此种方法细化到人体历史上。这与希腊的艺术特征有关。各古国史中，都有人体艺术，但古希腊特别发达，反映了古希腊文明的特点。正因为如此，古希腊史、艺术史和考古史中的人身史，是建立在可视资料

[①] 参看拙著《两斋文明自觉论随笔》第三卷第九集《历史明智》篇，中国社会科学出版社 2012 年版，第 809—821 页。

基础上生动的历史书写。

在罗宾·奥斯邦看来，历史中的文字图像元素，与文字语言并不相同，它是与文字图像的符号结构以不同方式构建起来的。完整的历史，必须建立在这两种不同方式认知的基础上，方能全面把握。他强调人体史应纳入历史写作的范畴之中。从西方史学史的发展看来，在20世纪50年代前后，从社会史新史学到70年代后期的社会文化新史学转变的趋势来看，人体史是以社会文化考察为研究对象的学派。尤其是古典人体史就成为它的重要组成部分之一。文化史中的妇女史研究，也追溯到古希腊罗马这个历史源头上。这是文化、文明史研究的必然回归，因为，人始终是历史——尤其是文化、文明史——核心，是文化、文明史的主体，是人类史、自然史互动文明交往的最积极、主动和积极创造性要素。

身体为人的外形组合、总称为人体。另有一说称：身体为人头以外躯干，即颈以下、大腿以上的部分；也有广义的、包括头脚在内的躯体；当然，还有身心之说，把身体与心灵相对应。屈原《九歌·国殇》有"身既死兮神以灵，子魂魄兮为鬼雄"之句，把身与神灵魂魄鬼雄联系在一起。人的身心是人类文明交往的深层部分，骨肉与心灵是身心感知交往过程。坦荡的心胸与常戚的情绪，物我虽殊异理本相同。人与自然、人与人都要通过人的自我身心去体味、去体验、去力行，方能致用。中华文明中，儒家讲"修身"、持家、治国、平天下，道家讲"修之身""修之家""修之天下"，都强调处理好身心和谐交往的意义。这里有几则关于身躯问题的说法，存以备考：①《孟子·尽心》："其为人也小有才，未闻君子之大道也，则足以杀其身躯而已矣。"②《晋书·刘曜载记·陇上歌》："陇上壮士有陈安，身躯虽小腹中宽。"③杜甫：《送韦十六》诗："子虽躯干小，老气横九州。"

值得注意的是，20世纪60—80年代，文明与人类身心关系引起学术界关注。法国思想家米歇尔·福柯有《疯癫与文明》《性史》等著作，分析了身体与权力之间的交往关系。权力对身体的控制、规训、塑造作用，进入了思考分析范围。这对古典时代西方身体史的深入研究，起了推动作用。在这种思潮中，社会性别、文化特征，跨学科、多方法，以及语言、文学、医学、艺术、考古方面的成果，也促进了身体史的研究。

由此，我想到中国古典身体美学与英美身体美学的区别。在中国，人们的农耕体验实质上是身体的体验。这一体验特色是把顺应身体作为最高的智慧。《道德经》把身体作为哲学思考的起点："吾所以有大患者，为吾有身，及吾无身，吾有何患？"儒家也把修身作为治国平天下的起点。《尔雅·释诂》则把身视作"我"的代词："身，我也。"由身体出发，又回归身体，人的视、听、嗅、味、触这"五觉"进入了从物象、情象、意象、意境进入境界身心交往过程。列夫·托尔斯泰说过，历史是人类和国家的传记，其中包括着人类自我身心交往这基础性的文明关系。文字记录和图像表述，这两条人类历史写作路径理应相通互补，也是人类自然史中研究的两翼，其深层关系是人的身心交往互动关系。身心交往是人类文明交往的复杂深奥问题，自知之明在这里显示着自己的局限性。

由此，我又想起英国另一位科学家比尔·布莱森写的《人体简史》。了解人体科学，让我们体悟人生的历史哲学。对人体的认知历史，最终都会回归到自我。比尔·布莱森在《人体简史》中解答了"制造一个人需要花多少钱"的问题。根据2013年剑桥科学节上皇家化学学会的计算，构建演员本尼迪克特·康伯巴奇（他有着人类的典型体格）必需的所有元素需要96546.79英镑。但是没有谁能用元素造出一个人来。元素有价，人的生命是无价的。据《人体简史》统计，普通墓地的拜祭时间为15年，此后就从他人记忆中消失了。人活着要把命运掌握在自己手中，要珍惜活着的每一天。身心健康，"充实地活着的时候，一切挺好，不是吗？"比尔·布莱森这句话真是正确，因为死去是迅速的、永远的。知人体历史，增人生智慧，信哉！

十　史、文与人文之道

研究文化史或文明史的人，都熟悉陈寅恪的一句名言："凡解释一字即是作一部文化史。"可见文字与史的关系之间联系的紧密程度。

有人以"美"字为例，说明文字与人文的关系，他们认为，"美"字源于人类的味觉之美的体验。此言有据，即见于汉代许慎的"美也，从羊从大。"宋代学者徐铉有言："羊大则美，故从大。"可为旁证的是"鲜"字，鱼与羊肉均为美味之鲜者。也有的学者从视觉解释"美"字，认为它取象于图腾巫术扮演仪式。还有学者认为"美"字为人头戴羽饰和取象于用羽饰装饰起来的"人"。无论是味觉或视觉，都是人对美的感觉所致。"美"字在文学理论方面，成为中国文艺理论的独特概念，也是真、善、美这种人文精神的表达。

汉字有这样的独特力量。它可以从象形会意之中表达中国文化史的象征。传统的文字学、音韵学和训诂学在中国语言学研究上被称为"小学"。这是中华文明与西方文明在语文上图像性汉字与拼音文字的不同之根，值得做深入的比较研究。东西方文学理论的生成土壤区别之根也在这里。前引陈寅恪名言，也讲的是这个问题。南朝学者刘勰的文学理论名著《文心雕龙》第一篇《原道》、第三篇《宗经》等部分，都把文学理论与中国历史紧密结合，体现了文、史与人文之道的结合。无怪乎它受到了许多西方学者的重视。从人类文明交往的深度比较，似乎印证了当代文学家钱锺书的见解："东海西海，心理攸同；南学北学，道术未裂。""心理""道术"，其根源在人文精神之理、之道。道理在这里是相同的、相通的。史以明道，就是要明科学是历史辩证的，它在特有的体系之下与其他学科相通，在相通中保持自己的独特道术。同异分合之间，在相交融中都要走人文精神的"自知之明"境界。

人文精神是人类文明交往的真谛所在，此种精神也随着历史的变迁而变化。从人类文明交往角度观察人文精神，必须有人类文明史的历史视角。在这方面，以色列青年历史学者尤瓦尔·赫拉利在《未来简史》中的观点可作参考。他认为：人文主义是传统农业社会里发展出来的以人为中心的思想类型，它有三个方面：①正统的（自由的）人文主义；②社会进化的人文主义；③未来社会出现的"科技人文主义"，此种人文主义与"数据"一道共同构成科技宗教。

《未来简史》关注未来的历史，以悲观眼光担心科技人文主义让人类的身体与大脑升级，反而让人们失去"心智"。它将"算法"作为自然科技活动共有的哲学普遍性思维方式。掌握此种算法的少数精英成为创造历史的英雄，这种"算法指的是进行计算、解决问题、做出决定的一套有条理的步骤"。这是一种数据主义的广义算法，动物的猎食、人的交往，甚至植物的生长，都可以转变为动机、目标与结果的逻辑顺序的"算法"。一旦数据主义全面接管了人类事务，把一切交给了"算法"之后，"人文主义"将被淘汰。他对人类未来前景持悲观主义态度："一旦互联网开始运作，人类就有可能从设计者降级为芯片，再降为数据，最后在数据的洪流中溶解分散，如同滚滚洪流中的一块泥土。"他最担心的是人类将来不能控制网络，造成自身的"异化"倾向，这倒是一个值得思考的问题。

　　《未来简史》最后提出三项信条：①科技正在逐渐聚合于一个无所不包的教条（所有生物都是算法，生命也进行数据处理）；②智能正与意识脱钩；③无意识高智能的"算法"，可能比我们更了解我们自己。该书又提出三个问题：①生物真的只是算法，而生命也只是"数据处理"吗？②智能和意识，究竟哪一个才更有价值？③等到无意识但具备高智能的算法，比我们更了解我们自己时，社会、政治、日常生活将会有什么变化？这些问题意识是来自大数据对人类文明过去、现在和未来的历史反思，印证了文明交往自觉中历史学对人类命运的深厚人文情怀与历史理性的重大意义。

　　重视自然科技和重视人文社科两大科学的互动交融，是人类文明交往进程中的必然趋势。历史成为世界史以后，各种文明的联系即交往成为普遍性，地球成为"地球村"。在这种情况下，赫拉利所命名的"科技人文主义"实际是没有人文精神的"算法"。这里特别需要大历史科学合作的自觉。唯新生者才有未来。未来的历史是他们的创造性事业。以色列这位青年史学敏锐反思中应着重看人类社会的社会性、制度建构性以及道德和人的理性力量。人既然制造了机器，就有能力管好它，使之不越过文明的红线。如果越线那就不是文明了。真、善、美这些人文概念如果仅从生物学、生理机制的单向思维思考人文概念，那就走向真正的历史虚无主义。人类是理性的社会性的人，未来的历史也是走向新的历史自觉的人。人们常说，文学是"人学"，史学也是"人学"，哲学还是"人学"，其实一切人文社会科学都是人学。我认为，从根本意义上说，一切科学都是人进行研究和为人服务的科学。科学研究缺人文精神就不成其为科学。知物之明、知人之明、自知之明的人类文明，必然会在历史进程中获得人文精神的新自觉。对人类未来不必悲观，自然科技和人文社科两大科学车轮，合作互动，会迎来光辉的明天。

十一 历史交往中的耻感怯懦心态

人类文明交往自觉，从根本上说，是对人类文明交往史的自觉。说到底，是历史的自觉。黑格尔在《哲学史讲义》中所讲的"回归历史，获得自觉"；恩格斯所说的学哲学只有从哲学史中去学，才是学习的路径，都是讲的这个道理。其实，不仅仅限于哲学，人类史和自然史，一切科学都是如此。没有此种对人类文明交往的历史自觉，便不能正确对待文明交往，也就是不能正确对待国内和国际交往。

以日本为例，距战败投降到现在已经七十多年，但在战争责任问题上，依然缺乏历史自觉，主要是不能正视历史、正视现实，没有深刻反省历史，没有真诚谢罪。不仅如此，日本数任首相甚至公然参拜祭奠第二次世界大战中甲级战犯的靖国神社，日本政府还肆意篡改历史教科书，企图推卸战争责任。此类美化侵略、歪曲历史之风，弥漫朝野，甚嚣尘上，严重伤害亚洲被侵略国家的人民感情。这更加令人意识到历史自觉的重要性。

日本侵略战争交往的恶果，对一些日本人来说，不是"罪感"之果，而是"耻感"之果，即不认"罪"、否认"善恶"界限的"性非善非恶"历史观念。美国文化人类学家鲁思·本尼迪克特（1887—1948）在《菊与刀》中说："日本人所划分的生活'世界'是不包括'恶的世界'的。这并不是说日本人不承认有坏的行为，而是他们不把人生看成善恶力量进行斗争的舞台。"日本学者中村雄二郎在《日本文化中的恶与罪》一书中写道:"在耻感文化中,即使自己所做的恶劣行为,只要不为'他人所知',就没有任何担心害怕的必要。因此在耻感文化中,并没有忏悔的习惯,对神明也是如此。"此种"非善非恶"的"耻感文化"是真正不知耻的历史观念,其思想深处是不服罪、不认错的缺乏自身道德反省而导致社会内部缺乏对罪恶惩罚的机制。其无自知之明的程度,可以说是"背着牛头不认赃",心态极不正常。这里最重要,也最欠缺的是"自知之明"这一条人类文明交往的历史自觉格言。

日本在第二次世界大战中战败后,面对追究战争责任的国内外舆论压力,当时的日本首相用"一亿总忏悔"遁词,偷换了"战争责任"与"战败责任"概念。他为天皇开脱责任,以国民道义颓废为借口,把责任转嫁到老百姓身上。这是"不认罪、不反省"混淆视听的谬论。"一亿总忏悔"事实上成为"一亿人不忏悔"。事实上,这种把罪责推给群体而逃脱惩罚的辩解,也只是一种遁词。从历史观上,竹内靖雄在《日本人的行动文法》一书中认为,日本人认为历史如江河中的流水,流过即逝,对过去的历史,只需忘记就可以了。有人把此种论点称之为"江河流水史观"。这实际上妄图割断历史。"以刀断水水复流",历史能割断吗?能忘记吗?人们忘记了历史,让历史从记忆中消失,那种"历史失忆症"是多么可怕的病症啊!但这正是今日那些日本政客们用来"应付局面"的推脱责任的手法。他们口口声声说,那是历史上过去的事了,没有必要为祖先的罪过负责。战争罪责是客观存在的事实,是无法逃避的,真正出自内心的真诚反省与责任承担才是正道。史以明道,正是明于此道。

回顾日本某些社会势力不明此理,有其深厚的经济基础。战后日本右翼经济势力的变相存在,左右了政治走向。靖国神社、日本遗族与自民党之间那种内在的、割不断的政治经济利益与思想纽带,导致日本历任首相及其阁僚们、议员们的参拜狂热不减。从交往的内外关系看,日本因内有经济政治思想基础,外有美国庇护,从而肆无忌惮。美国是"二战"后国际社会中唯一对日本有约束力的国家,然而美国的纵容使得日本在战争责任问题上越走越远。这对日本、对美国不是福而是祸。在人类文明交往史上，历史自觉之所以重要，是关乎文明与野蛮的走向。史以明道，首先是不能忘记人类历史经验教训，不能忘记本国历史经验教训，也就是知人之明和自知之明。忘记历史，会使人愚昧、野蛮，甚至变得自欺欺人。日本在第二次世界大战这场文明与野蛮的战争中所带给亚洲人民的伤害，绝不会被人们忘记，日本战争的罪责永远不会被人们饶恕。史以明道，其次是明于人类文明交往之道，是要告诉人们，在国际交往中，只有正视历史，尊重其他国家的民族感情，才会赢得他国的尊重和信任。那种应付、推脱，以及恃强凌弱的心态，都是不可取的。《日本书记》《古事记》中都有通过祓禊仪式用水清洗罪过的传统。让清洁之水冲洗掉这野蛮交往，面对历史和未来而走向人类文明交往的正道吧！

提起日本一些人缺乏历史自觉的帝国心态，不由让人想起英国《政要》（*Politics First*）杂志主编马克斯·帕帕多普洛斯对英国国防大臣威廉姆森帝国心态的分析文章。这是他为《光明日报》撰写的文章，题目十分醒目：《国防大臣的对华心态还停留在鸦片战争时代》，刊登在该报2019年2月20日的国际新闻上。针对威廉姆森在英国皇家三军联合研究讲演中关于将派"伊丽莎白女王号"航空母舰向中国展示"硬实力"的叫嚣，马克斯·帕帕多普洛斯在文章一开头就指出："英国已经失去了自己的帝国版图，但却还保留着自己的帝国心态。国防大臣威廉姆森最近的涉华表态正是这一事实的真实写照。"由此点题，他谈了以下见解：

（1）这是对中国发出的"威胁"，是"一种极具侵犯性和缺乏理智的表现"，也是"他对英国历史黑暗的殖民篇章视而不见的体现"。

（2）这个耻辱柱是"世界史上灾难性的篇章，被称为'鸦片战争'"。这也是"中国遭受屈辱的历史时期"。"大英帝国使用粗暴武力，对中国实施'炮舰外交'，打开中国大门，倾销鸦片，毒害不计其数的中国人。"

（3）"对此，英国从未向中国和中国人民道歉或表示遗憾。而如今，英国官员居然仍然可以随意地打着民主和人权等旗号，以带有威胁的方式对待中国。"

（4）"威廉姆森要把皇家海军派往太平洋地区，其中一个重要目的就是为美国提供政治和'道义'支持。在国际舞台上，英国是美国最亲密的伙伴和盟友。实际上，在很多时候，英国给人一种美国'附庸国'的感觉……尽管'伊丽莎白女王号'的战斗力决定了其无力对中国国家安全造成实质性威胁，但是英国这一举动将增加美国在南海地区加强军事存在和活动的胆量，而这却是对中国的极大威胁……历史上，美国已经习惯于向英国寻求这种支持。"

（5）"威廉姆森所说的'全球化英国'，是英国充满幻想的口号。在英国的部长们看来，宣称英国能在脱欧后扮演更重要的全球化角色，有助于提高英国工业和民众的信心，让他们相信英国在脱欧后将迎来'黄金未来'。"

（6）文章最后说："伦敦的这一决定，将清楚表明英国不愿对鸦片战争中犯下的错误做出忏悔，英国将为美国在亚太地区遏制和削弱中国提供帮助。""英国国内现在还持有殖民心态的人必须清楚，欺侮、敲诈、征服中国的年代，已经成为历史。""在与伦敦的较量中，北京已经占了上风。"

此文以历史言帝国心态为开篇，以历史时代变化为线索，说明时代已变，旧思想犹存，旨在提醒思想落后于时代的人们不要忘记历史。过去传统死缠着今日人们的头脑，它使落后于时代的英帝国观念导致英高层在南海、香港问题上面的小动作不断。这种帝国"怀旧感"驱使威廉姆森在2018年底提出在新加坡和文莱建立新的军事基地；它也促使政界保持一股政治势力看重南海及其经济利益与安全的关系。尽管南海距英国遥远，而且英国整体军力下降，国内1/5居民处于贫困状态，但他们仍然相信自己与美国军队"有独一无二的融合能力"，期望在脱欧后实现"全球化英国"战略。

英国的"日不落"大帝国的太阳早已落山了。日本帝国的太阳在第二次世界大战之后也已日落西山，此后的"世界第二大经济体"也被中国取代。但是，帝国心志的传统死缠着一些政客的头脑。英日这种帝国心态，使人们跨越东西方近现代帝国历史界限而从思想方面上升为与"道"相近的精神。孔夫子说："吾道一以贯之。"这也是人类文明交往之"贵以专"之道。"文以载道""史以明道"和"哲以论道"也是这个道理。我的上述"三道"思考，实际上也是以探索人类文明交往自觉之道。孟子说："君子深造之以道，欲其自得之也。"我的《发扬抗日战争精神》一文在中央文史馆纪念大会上宣读，附于本书第六编之后，以阐述"史道即述作传承创新之道"，可作为对人类文明交往理解和体认的深入，进而明历史智慧自得之道。宏观的探讨，中观的审视，微观的分析，历史溯源常需前瞻，自得之道与自得自觉之乐在其中矣！这就看透了人类文明交往，就看清了历史！

十二 爱奇心、好奇心、乐奇心

史道是科学之道。欲明史学之道，须明科学研究的三种心力：爱奇心、好奇心、乐奇心。

好奇心的"好"（hào），即是"爱好"。自然科技界学人多谈好奇心。突出的例子是爱因斯坦，他谈科学研究体会时，多次强调好奇心的重要性。确实，强烈、持久的好奇心，是培养探求事物本质的思维习惯，是发现、发明、创新、创造的科学研究本初素质活动，是探索自然奥秘最不可或缺的心力；也是一切科学研究中，坚韧意志、恒心、质疑、冒险、假设，特别是严谨实验品质的生长点和生命力所在。

"强烈、持久的好奇心"，其中不仅包括爱奇心，而且也进入了乐（lè）奇心的范畴。爱奇心、好奇心、乐奇心，三者都是科学研究工作的良好心态，但是程度高低不同。爱奇心是进入科学研究佳境之门。大自然、人类社会的许多问题，在等待着人们去研究。只有爱自然、为人类的热爱心态，才能坚持、坚定、坚守自己选定的专业，一步一个脚印地攀登科学的高峰。爱心，是第一位的初心境界。这个初心，是起点，是一生都要回头看的，并且是坚持不变的志愿。青年时代的马克思的志愿，就是为人类而工作。他一生都是为了实现这个志愿而工作，所以，恩格斯《在马克思墓前的讲演》中，把马克思科学研究的全部成就概括为"历史科学",并说,他的去世是"历史科学"的损失。史道发自大爱大为,热爱方有所为,这是科学精神所在。

从严格意义上讲,爱奇心、好奇心、乐奇心是一个相互促进、彼此递进上升的心态和境界。爱奇心、好奇心、乐奇心既是在科学研究实践中动态变化的整体,又是三个阶段相互衔接又有区别的更新思维形态。此即所谓"爱"之者,不如"好"之者,"好"之者不如"乐"之者。"好"之所以被强调,那是它上连接着"爱"、下连接着"乐"的一个关键阶段。仔细品味,"爱""好"本身,都有崇尚"乐"趣的因素,二者久久互通,其内在联系脉络,实际是一个"志趣"的主旨。"志趣"是志向和情趣,是志愿和愿望,是孔子所说的"吾十有五而志于学"的"立志"于学问的初心志愿。这是"爱""好""乐"三心的决定性志向气度。此种志向气度是科学研究动力的本质东西,具有根本性质。

再简化一点说,爱奇心、好奇心和乐奇心都是情趣的表现,而情趣是由志趣决定的。说到底,"爱""好""乐",实际就是一个"趣味"的"趣"字。我在《京隐述作集·书前叙诗》有《诗意治学·芭蕉篇五趣》之作,把"趣"归结为愁趣、藏趣、心趣、情趣、乐趣的体会,可供自然科技和人文社科研究者讨论时参考。人类是趣味极丰富的动物,明于趣味之道,皆在自然史与人类史的大道之中。欲知史道,对人的情趣心态变化不可不察。我的《芭蕉五趣》组诗集中,以李商隐、钱珝、张载、郑板桥和我自己对"趣"的领悟,从几个不同视角,借自然与人交往,来解读诗意治学之道的感性与理性诸多趣味,只是个人一得之见。

明史道必须明人与自然、人与社会和人的自我身心之间的交往。史以明道不可不明人的情趣。汉语中"趋向"引申为"趣向"。情感趋向,总是相向而行的。相同志趣,为交往活动中决定性的感情因素。"趣"是"情趣",又是"趣味",还是"意味",更是交往中的"志趣""志向""志愿"。交往在志同道同,在平易淡泊,在志趣相交。《后汉书·刘陶传》:"所与交友,必也同志,好尚或殊,富贵不求合；情趣苟同，贵贱不易音。"宋代叶适《跋刘克逊诗》："怪伟伏平易之中，趣味在言语之外。""怪伟""趣味"与"平易""言语"不一致，须用"爱奇心""好奇心""乐奇心"去开掘、去求索、去思索。"趣味"是"趋味"，是趋情味于一致，而感情志趣，是情趣，是人的本心、本性、本情，也称"情愫"。宋代李新在《行路难》中，就有"百年誓拟同尘土，醉指青松表情愫"的诗句，用"青松"之坚强以言本心、本情和本趣之不变。

人有多种感情、性情。例如，有三种"六情"之说：①三对共六种性情："性之好、恶、喜、怒、哀、乐。"（《荀子·正名》）这里，"好"为第一，与"恶"相对；"喜"为第二，与"怒"相对；"哀"为第三，与乐相对。"好奇心"的"好"字，其重要性于此可见一般。②三对善恶性情："三善"（广贞、宽大、公正）和"三恶"（奸邪、阴贱、贪狠）合为"六性情"，见《汉书·翼奉传》。③三对合为"六性情"：喜、怒、哀、乐、爱、恶，合为"六情"。喜、怒为第一对，哀、乐为第二对，爱恶为第三对，突出了"喜""乐""爱"，与爱奇心、好奇心、乐奇心很近似。另外还有两种"七性情"之说：①"何谓人情？喜、怒、哀、惧、爱、恶、欲，七者弗学而能"（《礼记·礼运》）。这里少了"好"，多了"惧""欲"，并且指出"七者"的天性："弗学而能"。②"七情者，喜、怒、忧、思、悲、恐、惊，若将护得宜，怡然安泰；役使非理，百病生焉。"（明代朱橚《普济方·四三·因论》）这是从养生学来谈"七情"的，属于人的自我身心良性和谐交往理论，强调适度掌握："将护得宜"；反对过度放纵："役使非理"。

"六情""七情"，都说明了心理感性的多样性和多变性，也说明了情趣、爱好、忧乐的随事而迁。爱、好、乐三种奇趣之心，与一般感情的区别，在于它是表现在科学研究上的兴趣、情怀和志趣。爱、好、乐这三种"好奇"心，是科学研究工作中的特异、稀罕、神奇心理精神状态。无论是自然科技，或是人文社科，"奇"的表现都是多种多样，有明显的，有寓于平常之中，也有见"奇"不"奇"的。水烧开了，掀起了壶盖；苹果落地了，诸如此类自然现象，人们习以为常，瓦特、牛顿的"好奇心"却在这里有所发明发现。商品、资本在工商业文明社会中常见常用，但并不引起一般人思考其实质，而马克思却正是从商品两重性开始，研究资本主义社会的秘密。这都是科学家们好奇的"奇趣"心所关注、所思考的领域。"奇趣"之于爱、好、乐三心，如鱼得水，促进求知欲增长，激发问题意识增多，寻求答案路径宽广，使得科学家徜徉于求真创新道路上执着不返。

爱奇心、好奇心、乐奇心的高度发展为奇趣，对于明历史之道方面，大有助益。"六情""七情"的众多人的感情、性情中，大都把"怒"排在"喜"后，名列第二。"怒"和"愤"有直接关系。史圣司马迁对此更发挥到极致，把众多名家名著、名作，都归之于"圣贤发愤之作"。其实，他本身受奇耻大辱的宫刑，又传承父教、重任在身，而仍完成太史公职责，体现了"爱""好""乐"奇心情与"怒""愤""哀""惧"交织的煎熬。他的《史记》就是对人类文明贡献出的创造性成果。"发愤以忘食，乐以忘忧"（《论语·述而》），正是对此种情趣的恰当反映。这个"愤"是他志趣于史学的反映。愤怒待己如此不公，时运如此不济，但治史志趣不改，戴着身心枷锁舞笔弄墨，发愤著书，这也是一种爱奇心、好奇心、乐奇心的独特趣味。爱奇心、好奇心、乐奇心是求知、求真、求新的科学价值观念的核心因素之一。探求真理，揭示变化不已的经验世界背后的自然与社会法则规律和为人类谋福祉、为人类文明史增砖添瓦做贡献，则是志趣的方向。科学是人类共同的财富。爱奇心、好奇心、乐奇心其实就是对自然和社会诸多问题探求的兴趣、热情、独立思考、勇气和韧性等科学的品质。它还需要科学的思维方式、方法论以及其他理解世界的认知要素，特别是解决问题的能力。在这些要素中，有三件是不可少的：①事实依据的求实思维；②逻辑因果关系思维；③审辨真伪的批判思维。事实要真实，是最基本的基础要素，要用②和③要素来观察事实、批判地看待结论，并且进行调整，进而寻找新的事实。科学要注意前提和运用范畴，特别重要的是根据事实的判断力。

爱奇心、好奇心、乐奇心的发展，始终伴随着直觉和灵感，而直觉和灵感常常是科学发现的源泉。爱、好、乐"奇"之心的大脑，加上有科学准备的大脑，以及勤快励志的手脚，都是科学创新精神不可缺少的条件。这中间特别需要一个有灵感的大脑，即创造精神的大脑。研究发现，此种"灵感思维"来源于双眉上方到头发额际之间的"脑门"部位，就是关中俗称"信门子"的信息智慧之门。它直通眼、耳、鼻、舌、身，由视觉、听觉、嗅觉、味觉、触觉综合作用、长期互动交往酝酿，在瞬间突发"灵感"，产生了发现、发明、创造。爱因斯坦说："我相信灵感和直觉"；又说，劳动占成果百分之九十，天赋占百分之十，但这百分之十是不可轻视的，它是大科学家能有杰出成就的必备条件。这和他常怀"好奇心"的思路是一致的。这与强调艰苦劳动和毅力是智慧开花结果的作用并不矛盾。一个天赋中等的人，经过奋斗可以成为科学家，但要成为大科学家，必须是天赋加努力。有天赋而不努力，那也不能成为科学家。没有爱奇心、好奇心、乐奇心，就没有兴趣；没有志趣，就没有方向和动力。勤可生智，韧可克刚，天赋低的人不可自卑，尽力总会有收获而成名成家。

当然，爱奇心、好奇心、乐奇心是一个正能量交往的整体。凡事不能走极端，如刘勰在《文心雕龙·练字篇》反对"爱奇心"的极端化那样一味"逐新逐奇"。对"猎奇""猎艳"的人，我只能将明代杨慎的《宋玉·文藻三间并》诗句赠给他，以供思考："鸿裁谁猎艳，空自拾江蓠。霜凛衔芦急，秋深悬炭轻。鬐箓吹篍响，熠耀傃阶明。卢女流黄色，班姬捣素声。"

十三　历史交往中的公道欣赏

美己之美，美人之美，美美与共，天下大同，费孝通先生这句名言的理想化和未来成分重了一些，而现实中理智和历史中知物、知人、自知的史道明智少了些。尽管如此，对美好世界的未来憧憬，仍不失为良好人性的基础，因而引起人们的关注。如果离开理想去想这句话，把它放在学术、史学、艺术、文学方面，今日中国也是一个值得注意的视角。

曹文轩在获国际安徒生奖后，对《光明日报》记者靳新燕、刘博超说:"我们差不多已经失去了欣赏同胞的目光。一些批评家就会眉飞色舞地讲世界儿童文学。其实,中国最优秀的儿童文学就是世界水准的文学。这次获奖,我没有太多的激动,只是欣慰,它帮助我佐证了我对中国儿童文学的看法。"他认为批评要坚持原则,客观公正,"应当像欣赏西方文学一样","来欣赏同胞们写得好的作品"。如果把"文学"换成"史学",是不是也有点像?

面向世界,这是完全正确的。但是,中国也是世界的一部分。一个中国学者,不立足中国国情,行吗?国情、世情本来是交往中的统一。看世史,还是应立足于中国的世界史研究动态,品评同胞的作品。

人类史是表达人类基本存在的状态,它的视野应该是人类道义、情感、智慧的交往视野,应当表达真善美的力量,应当深入开掘其思想的文明结晶。学者以文章书籍传世,其写作过程是总结人类生存之道,尤其是写作技巧之后的哲理之道。我在《老学日历》中讲牛顿、爱因斯坦等自然科学家的著作,其实里面都是人类文明与自然交往的历史自觉之道。例如,爱因斯坦讲历史教学应关注伟大人物的"判断力",那其实是文明自觉的交往力。人们无法判断自己的写作能否促进人类文明化,但历史科学真的需要在真善美与假恶丑错综复杂交往中起一些思想引领作用。

美己、美人,关键是己与人之间的"与共"交往互鉴和宽容气度,其中自己的主心骨尤其重要。

十四　历史的人文精神

我在中学时,向往做一个文学家,但考大学时,第一志愿的中文系却被第二志愿的历史系所取代。高中语文老师潘子实先生到西北大学学生宿舍来看我时,面对此种现实情况,他说:上历史系是个不错的选择,有了文学的功底和爱好,学历史别有洞天!他又说:学了文史,再学点哲学,那就更好。文史哲本来就分工不分家的。

潘老师关于文史哲关系的这一番话,对我影响至深,半个多世纪后，仍然记忆犹新。他那慈祥的面容、陕西华县的乡音常常浮现脑际、响在耳边！他关于文史哲的一体性使我认识到人文精神而受用终身。人而文之为文化、文而明之为文明，觉悟而明之，谓之文明自觉。历史是文明自觉的源头和落脚处。

第十届全国优秀儿童奖获得者张之路体悟到了文学与历史之间的联系。他认为："历史是石头，文学就是石头的纹理；历史是河流，文学就是河流上的风帆；历史是天空，文学就是天空飞翔的老鹰和云彩。"这个形象的比喻是源于他的获奖作品《吉祥时光》，一如中国作家协会副主席阎晶明在授奖时所说的："张之路的《吉祥时光》，回忆新中国成立前后的斑斓童年，从记忆之河中来撷取彩色石子，深具北京风韵和中国情怀。"

儿童文学是从人类历史长河中寻找那份天真质朴的本初童心，通过特有的艺术形式表现人类的真善美。儿童时代蕴藏着成人所不及的求知的强大潜力，从中可以获得负重人生的动力源泉。这就是文学与历史的合力，其中少不了文化意境与更深层的哲学思考，尤其是关注生命，观照人生，思考生活哲学，体现正确的历史观、价值观。在人类文明交往活动中，人的内心生活，爱和灵魂深处的追问，洞察世事，对他人的尊重，在文学、历史、哲学之间纵横交织、互联互融，形成文明自觉的逐渐上升和人文精神的成长。

人文科学包括历史、文学、哲学，人文精神贯穿着文史哲和社会科学，在自然科学和技术科学深处也离不开人文精神。马克思恩格斯的大历史观就是人类物质和精神世界成果的生产和再生产的，包括自然史和人类史二者统一整体的历史观。这也是马克思主义的世界观。历史科学包括自然史和人类史的互相依存、彼此制约的联合体。历史之旅的第一站无疑是自然界，而中心问题是人的生存发展。人类文明交往自觉是大历史观发展的命脉。人类物质文明与精神文明的协调平衡是人文精神与科学精神的精气神所在。

十五　文通史道

　　文史分工不分家。文化是联结其中之脉络，文明乃其互为依存的整体结构形态。

　　文化作为内在脉络，是文史同中有异、大同小异的互动互化作用。我在《老学日历》第五编《人文化成》第95节中，谈到了德国、英国、法国与中国文化、文明观念的一些区别和联系，题目叫《文化学点滴》。在《京隐述作集》第一卷中，有《"文"字集解12条》。在更早的《文明交往论》中，也提到马克思、恩格斯在《共产党宣言》中以全世界历史观念，从全球性的思维方式、用工业化和世界市场引论到"世界文学"。我理解这里的"世界文学"就是人类普遍化交往的"世界文化"，就是人类文明中核心结构的"文化"。

　　文化是联结、凝结文史的脉络，与文学有关。文化包括文学和历史，而且文学史是历史贯通文学发展的学科，是用历史观念研究文学的专业。中国古代文学观念是与历史观念相通的。中国文学观念有"小道"的辞赋与"大道"的义礼之分，而"大道"为人的一切思想感情自然表露的过程和结果，即集真善美于一体的文学观。古代中国的文学观念与历史、哲学紧密相连，于是文学即人学成为一种简要的表述。实际上，文学、历史、哲学都是研究以人为主体、都是为人类、都是以人为出发点和落脚点的广义上的"人学"。

　　史和文都有共同人文精神内涵。中华文明中，有"天地之文"，即《易·系辞》所谓的"日月丽乎天，百谷草木丽乎土"；也有《礼记·乐记》中"情动于中，故形于声；声成文，谓之音"的表现人心情感的说法，而人感物形于语言文字的"文以载道"的人文精神，则是人类文明的真谛。汉字为中华文明的语言文化符号，如《说文解字》中所说："仓颉之初作书，盖依形象，故谓之曰文。其后形声相盖，即谓之字。"文字、语言是民族、国家历史的特性形式，所以欲灭一个民族，必先灭其语言、文字以及表达此种特性的历史。法国文学家都德《最后一课》就是法国文学历史课，正是入侵者要取消的民族文化课。

狭隘的进化论缺乏辩证思维，此种思维总以为后代胜于前代文化。实际上各个历史时代都有自己的文化高峰，各个时代的文明创造都有其独特性，有时前代的东西，后代是难以超越的。文字的诞生、甲骨文、铜器铭文，都是由口头语言到书写文字的时代变革。《文心雕龙》有"心生而言立，言立而文明，自然之道也"的话，旨在说明"文而明之"的"大道"。所谓"六经皆史"，即文史通理。人文精神是人的大爱至情，是人的良知，是人之所异于禽兽的根本区别。人文精神是对人的尊严、价值和命运的关怀和尊重，是把人当人看，是要理解人、关怀人，要站在人类前途命运的高度，以全人类解放的责任担当，尽到自己本民族应尽的历史责任、历史使命和历史贡献。

"文史分工不分家"，这是我的中学国文老师潘子实在我考上西北大学历史系时对我说的话。这篇短文是交出的答卷，权作纪念。

十六　历史是什么？

历史是什么？

对这个问题，我最喜欢听历史学科以外人士的回答。我特别喜欢法国文学家雨果的声音："历史是什么？是过去传到将来的回声，是将来对过去的反映。"然而，雨果谈历史，说到过去和将来，谈到历史过程的两头，却没有提及正在进行中的现在。实际上，历史立足于现在，过去与将来，通过现在环节，才组成了完整的全过程。所谓历史可分期分段而不可完全分割，就是把过去、现在、将来三者组成一个整体。历史是时间、空间、人间的交响曲。

雨果从文学的角度，回答了"历史是什么"？王羲之从集录《兰亭诗》中嗟悼昔人兴感之由，与今人"若合一契"，而悲叹"后之视今，亦犹今之视昔"。此种"世殊事异，所以兴怀，其致一也"的今昔历史观，也贯通了未来、现在与过去的同与异、一与多的哲理思考。如用人类文明交往历史观念来理解，应当把历史定位于"知物之明"的"历史使人明智"视野上。雨果和王羲之言史，颇有"慧目"佛眼，能看到过去、现在与未来，给人觉心明净慧目见真之感。从我的"九何"之问的总体上提问，最准确的提法是"历史为何物"，或者直接问："何为历史？"历史科学是"使人明智的科学"，只有明智的人，方可真正知道历史为何物，或历史是何物。历史是万事万物发展变化的科学。历史，不是简单的过去，而是由过去、现在和将来浑然一体的演进形态。历史也不是单纯的人类史，而是包括自然史和人类史在内的、人与自然、人与社会、人的自我身心之间文明交往互动的整体科学。

史学家的著作有开始，也有结束，而他们书写的历史却并非就此终结。世界上万事万物皆有史。谁人无历史？何家、何族、何国无史？大自然更是有待成百上千代人叙写的大历史。历史给人最宝贵的东西是以历史智慧为核心的文明和文化。在中华文明中，智与知相关联，二者是通用的，人的智慧是通过知行合一互动的长过程而达到认知之明。《荀子·正名》："所以知之在人者，谓之知。知有所合谓之智"。所谓"知有所合，谓所知能合于物也"。不明而乘物而自怙恃，即谓之"无知"，而"言智必及事"，"能处事物为智"（《国语·周语》）。智慧是处理事物的能力。历史智慧是需要"深知"历史，是从历史深处探研出的历史规律性的大智慧。这种智慧是传承和创新交往互动中的产物，有益于社会进步，有益于文明程度的提高。它在根本的理论与实践上是管用的。

历史智慧是人类历史性的自觉意识，是人类文明交往史所形成的自觉观念。人类文明交往贯穿于历史的各个方面，而且因人因时因地有所不同，于是有种种不同的历史观念。历史智慧所以是历史性的，是因为它能居高临下、行以致远，从事物发展的全过程总览发展趋势。历史联系着自然和人类，也与自然育人、人化自然相互动；同时重在人的本性、人的类特点，即人类生存、命运与前途的探索问题。"历史是什么"这个问题，应当回到马克思当年孜孜以求的全面发展自由人联合体的原点上来。人始终是历史的主体。人类历史的生命力

第一编 史道：人类文明交往探源

在于它具有历史性与现实性的双重价值。人类站在历史与现实交往的联结点上，穿越时空，进行古今对话，并且展望未来，思考王羲之的"后之视今，亦犹今之视昔"而贯通未来。历史智慧就产生于这个智慧的海洋之中。

我乐于吸取历史学科以外的人对"历史是什么"这个问题的回答，是因为他们能道出历史与他们专业的联系。这些回答里文学家发出的声音最直接而富于诗意。历史是人类记忆中的长河，在奔流不尽、不舍昼夜的路途中，大浪淘沙、浪淘尽千古风流人物，这也就是文学家苏轼笔下的历史观。这使我想起列宁说过，列夫·托尔斯泰的作品是俄国社会的"一面镜子"，反映着历史的图景。本书第一集叙说"文以载道"；本集叙说"史以论道"，其实文史哲在人类文明交往自觉的大道上是互通的。法国哲学家吉尔松提出："为何研究历史？"他回答说："我们研究历史，是为了将全部的往昔从虚无中解放出来。没有历史，过去将化为一片空白。没有历史，过去将不成为过去。我们要研究历史，是为了让过去在这个独特的当今重生。"哲学家吉尔松把王羲之的"后之视今，亦犹今之视昔"的历史视角，关注到现实的创新性转化。他以深刻的历史感谈论历史的重要性，给"史以明道"带来了新的启示。我将在本书第三集《哲以论道》中继续叙述。

立足当今，回顾与反思过去。未来呢？吉尔松没有说，这正如雨果没有说"现在"、王羲之悲伤而无所适从一样。哲学家重视历史，目的是"将全部的往昔从虚无中解放出来"。吉尔松能由哲学回到历史，又从历史回到"独特的当今"，这是不简单的。这也应了黑格尔在《哲学史讲稿》中所说的："回归历史，获得自觉。"研究历史的人，自然更应当思考自己的专业，从人类文明交往中获得自觉。

回到历史专业人士的治史观念，最应回味的是司马迁关于"究天人之际，通古今之变，成一家之言"这句经典史学格言。司马光的"鉴前世之兴衰，考当今之得失"，也仍然是经得起实践检验的历史观念。1926年出生的史学家章开沅有句名言："历史是已经画上句号的过去，史学是永无止境的远航。"他把"历史"和"史学"区别而又联系起来。人人都生活在历史之中，万物皆有史，从人类史和自然史交往的基点上，定位自己对文明的贡献，乃是一个实际的历史观念。历史是什么？要由专业和非专业人士去共同合作回答。问题没有终结，回答也不会完结。人们应当用坚实的脚步，认真地思考，唱响进入新时代的人类文明交往自觉之歌：在文明史的大道上，前进！进！

第二编　史道：明人类文明交往"自觉化"之道

一　从人类历史尺度与价值尺度审视文化文明问题

考察人类文化交流、文明交往问题，离不开历史尺度与价值尺度相统一的辩证而唯物的视野。洞察人类文明形态的变化，是历史尺度与价值尺度相统一的历史和现实依据。

从人类思想文化史视野来看，马克思主义的唯物史观，不仅仅是关于"物"的理论。因为它是事物发展的"史观"，唯物的本身就有历史辩证法固有的内涵。尤其重要的是，唯物史观是人类历史发展的历史性观念，是把人的解放和人的自由全面发展作为理论的中心，并且以全人类的解放为目标，因而在观念形态上是把人与物的辩证关系有机地统一为一个整体结构体系。

大家知道，"为人类而工作"，从一开始就是马克思的"少年壮志"。他为此上下求索，从哲学入手，所从事的宗教批判、政治批判、经济批判、社会主义批判，一直到人类史、思想史、自然史、世界史的研究，都是以全人类的自由解放为中心而展开的。特别是他大半生把研究重点侧重于资本，进行政治经济学批判，《资本论》写作成为他的创造性事业。从根本上说，都是通过"物"的关系揭示其历史深处的"人"的关系，旨在寻找全人类自由解放的道路。即使到了晚年，马克思在人类历史已深刻转变为"世界历史"的条件下，仍然在考察人类古代社会史、俄国公社发展的道路，实质上还是探索人类社会文明史发展的多样性。为此目标其主旨是寻找避免资本主义的"一切苦难"和人类社会文明史发展中的"一切可怕波折"以及减少历史进步过程中高昂的代价问题。以我的体会,这是高度的人类文明交往的历史自觉。

全人类的解放、全人类的全面自由发展,是工业文明代替农业文明的历史交往的"世界历史"观念,是用以代表农业文明"民族历史"观念世界性的历史转变。这也是人类文明交往进入更密切、更普遍相互联系、彼此依存日益密切的全世界历史或全球化历史的新时期。在这个人类文明交往的新时期,人类的解放和自由全面发展,依然是主题所在。从全人类高度看文明交往,需要全世界,即全球的眼光,从世界历史的发展,通过物质文明的脱贫化和精神文明的脱愚化,而逐渐步入交往文明化的进程。物质文明是人类社会的生产再生产基础性结构,而精神文明则属于社会上层结构。人类文明还有制度文明和生态文明这两大社会结构。

马克思和恩格斯一起,关注人类命运,终生在"书斋与现实"的结合与互动中,揭示了从资本逻辑走向人的逻辑,探讨全人类、全世界发展走向的历史必然性和价值的合理性。他们的理论创造与思想演进历程的主线、主题即唯物史观、政治经济学和科学社会主义,都是围绕它而不断展开和深化的。这中间至少有几部经典著作可看作思路"路标"性文献而进行研读:

第一,《1844年经济学哲学手稿》。这是对异化劳动(劳动产品、劳动、人的类本质)的批判,其思维逻辑走向是:从思考劳动走向对资本的关注、从对物的思考走向对人的关注。资本这个最大、最常见、又为人们熟视无睹的"物",马克思之所以看重它,其实质是人与人之间的社会经济关系。

第二,《关于费尔巴哈的提纲》(1845)。其中第6条:"人的本质,在其现实性上,是一切社会关系的总和。"这是对人的"类本质"的价值关注走向注重对人的社会关系总和的历史分析,为从历史尺度出发研究社会历史发展问题和人的发展问题研究奠定了基础。

第三,《德意志意识形态》(1846)。这是马克思恩格斯合著的关

第二编 史道：明人类文明交往"自觉化"之道

于唯物史观的代表作。他们从现实的个人出发，探讨了其中的内在历史逻辑和理论逻辑，进而创立了唯物史观。这是人类的发展和社会发展的历史尺度。该书突出的特点，在于把"历史向世界史的转变"作为工业文明的时代特征，从人的尺度上表现为单个人"随着自己活动扩大为世界性活动"，"每一个单个人的解放程度是与历史完全转变为世界历史的程度是一致的。"这是人类文明交往在人的发展和社会发展过程中的历史与理论，尤其是对交往概念及其在历史转变为全世界历史问题，作了多角度的论述。

第四，《共产党宣言》（1848）。这是马克思恩格斯用历史尺度与人的价值尺度二者相统一的观点，研究资本主义社会历史发展过程的理论结晶。可特别注意之点是：①资本主义的"历史进步性"方面：资产阶级在它不到一百年的阶级统治中所创造的"生产力"，比过去一切世代创造的全部生产力还要大、还要多。②世界市场的开拓，生产和消费的世界性，扩大了开放性和民族与地域性的局限，资本主义的工业文明使农业文明从属于自己。③资本主义的"历史局限性"方面：生产变革、社会动荡、殖民侵略、领土扩张、贸易战频仍。此时人类进入"人对人的依赖"转变为"以对物的依赖为基础的人的独立性"的"非神圣形象（资本）"中人的"自我异化"时代。这种以人类文明时代性变革为基础、以人的存在形态变化为内容，马克思恩格斯从理论自觉方面，用人的价值尺度衡量，其结果是：资本使人丧失了自主个性，失去了自由。这样，二者的"历史"与"逻辑"结合上，进入了超越"资本逻辑"而走向人的逻辑：建立一种"自由人联合体"，在这个联合体中，每个人的自由发展是一切人自由发展的条件。

第五，《资本论》。这部巨著在马克思主义发展上，意义非同一般。列宁说："自从《资本论》问世以来，唯物主义历史观已经不是假设，而是科学证明了的原理。"这种"唯物主义历史观"，揭示了资本主义经济关系和社会主义经济本质及其发展规律。在这部经典著作中，其灵魂是历史的辩证法。该书坚持运用"历史尺度"和"价值尺度"的统一思维，即"物的依赖、商品拜物教、资本主导逻辑"

出现的"历史必然性";资本的双重性(资本逻辑推动社会生产力发展,又有"吃人"本性);"资本逻辑"以资本为社会主体与目的,把"人"作为资本增值的客体和手段;"超越"资本主导逻辑和"物的依赖"为必然——人的全面而自由发展,从而认真解决人类的生存境遇和发展命运问题。

第六,《哲学的贫困》《1857—1858年经济学手稿》和《历史学笔记》。《哲学的贫困》中的"历史性"思想,尤其是《1857—1858年经济学手稿》中,关于"资本逻辑"在生产逻辑中的决定作用,展现出了人类历史与价值尺度中的"历史性"思想。其现实性上,是"一切社会关系的总和",是从人的"类本质"的价值关系,观察资本主义社会,洞察"资本逻辑"的决定作用,而不是一般地以生产与再生产为内容的唯物主义历史观了。当然,生产再生产,物质文明是基础,这个基本生存和发展的前提以及由这种生产方式决定生产关系的原理,与此是相辅相成的。此外,马克思晚年的《历史学笔记》、恩格斯晚年的唯物史观通信中,都有新的内容,都是实现了自我的思想超越,虽然未能充分展现,然而在世界历史观念、人类历史的文明多样性方面,已经升华到一个新阶段。从人类历史尺度看"自由""全面发展",是一个动态的"较为"和"更为"自由全面的发展过程。

此外,恩格斯的《家庭私有制和国家的起源》《反杜林论》,特别是马克思的《路易·波拿巴的雾月十八日》中提出的"拿破仑观念"的作用,表明唯物史观与深知历史相结合,在科学研究上走向了历史的深处。深而能远,当马克思恩格斯把实践、劳动作为人类社会存在和发展,作为基本的基础环节,研究主体和客体之间辩证关系,不仅处理好了现实判断与价值判断,也解决了历史尺度与价值尺度之间的关系问题。

二 知物之明的历史视野

史以明道的"明",可以具体细化为知物之明、知人之明和自知之明。知和行在文明交往活动过程中是互动的,"行之力则知愈进,

第二编 史道：明人类文明交往"自觉化"之道

知之深则行愈达。"在这"三知"之明中，知人和自知最为关键。然而，知人与自知之明是从知物开始和以物为基础的，是从物的关系中揭示人的关系的，是从人与物的关系中探究人与社会关系和人的自我身心关系的。马克思在《1844年经济学哲学手稿》中指出：人是"社会存在物"、人是"自然存在物"、人是"类存在物"、人是"对象存在物"。这就是说，人类史是"现实的人及其历史发展的科学"，人类史和自然史是联系十分密切的整体性科学，人和物是相互依存、相互贯通的宏观科学。总之，这是见物与见人之间的辩证交互联系。

"知物"即知生产力的决定作用，但又知不是生产力或经济因素为唯一决定作用的唯物而又辩证的观点。恩格斯的名言是："根据唯物史观，历史过程中的决定因素归根到底是现实生活的生产和再生产。"他又强调说："经济状况是基础"，"我们称之为意识形态的那些东西——对经济基础发生反作用，并且在某种限度内改变经济基础"。他列举了上层建筑的各种因素，如阶级斗争、立法，特别是政治权力的重大作用。这些因素"对历史斗争进程发生影响并且在许多情况下决定着这一斗争的形式"。尤其是"政治权力"在一定限度内可以"改变经济基础"。然而，这里不应忘记两点：

第一，马克思恩格斯从物质生活资料的生产对人类历史发展的基础和前提意义出发，指出历史发展的动力在生产力与交往方式（生产关系）之间的矛盾运动，由此进入了所有制不同的演进形式。人的不自由程度不断加深过程，从而提出共产主义运动的性质和无产阶级的主体作用。生产力起到"归根到底"的决定性作用。即使在生产力落后的条件下，政治权力决定了发展的道路，但绝不能超越社会发展的历史阶段。许多历史教训告诉人们，超越生产力发展阶段的事不能干。也就是说，任何社会形态，都要从唯物史观出发正确处理好生产力、生产关系、上层建筑三者之间的矛盾统一辩证关系。

第二，唯物史观强调资本主义社会形态的历史发展必然性。马克思在《资本论》第1卷第1版序言中明确揭示了这一历史规律性，认为人们应当"把经济的社会形态的发展，理解为一种自然的历史过程"。恩格斯在《资本论》第1卷的书评中，批评拉萨尔，说拉萨尔的"全部社会主义在于辱骂资本家",但是资本主义生产方式在于它的"历史必然性"。恩格斯指出,资本主义生产关系不是社会道义问题,不能"用玫瑰色描绘资本家和地主的面貌";"更不能要个人对这些关系负责"。

唯物史观既是世界观,也是历史观。李大钊认为:"故历史观者,实为人生观的准绳,欲得一正确人生观,必先得一正确的历史观。"这和"欲知大道,必先明史"一样,既要有历史观,进而还需要有正确的世界观,即对世界的看法。从物质本体论讲,感性物质世界观对于精神世界来说,具有优先性和逻辑先在性,所以唯物史观世界观的表述是:"世界是物质的。"这里,重要之点在于不能把这个表述理解为"物质主义"那种单纯片面的概括。这种单纯的片面的"物质主义"不是历史唯物主义,不是唯物史观。把"历史""史观"加之于"唯物"之上,称为"唯物史观",是马克思恩格斯认识世界超出了"物质本体论"的观念,而进入了人的"历史视野"。在这里,世界是属于"人的世界",而不仅仅是在"人"之外的"物"的本体论的世界观。

唯物史观的"历史视野"有几层内涵:

第一,"世界是物质的"。这只是就物质世界对于精神世界的关系而言,说明其具有基础性意义。也就是说,这是以物质生活资料的生产,从人类历史发展的基础和前提出发,进而考察历史动力在于生产和分工导致的生产力与生产关系的矛盾运动。马克思最初使用生产关系的概念是"交往形式"。他不是一般谈"交往"关系,而是非常重视人类交往活动中的经济交往关系,所以把它从一般交往关系中抽出来,用了"生产关系"这个经济概念。他一生都注重物质生产再生产的经济交往关系和资本主义所有制之间的联系,《资本论》之所以成为他的终生科学研究事业的重要标志,与此有紧密的联系。生产力与生产关系的矛盾是他对唯物史观的创造性贡献。他从物与物的关系中,探索了所有制与人的不自由程度的加深、扬弃、加剧问题。他还研究了共产主义的性质、无产阶级地位、实现每一个人真正自由的前景,提出了人类文明史的未来设想——建立"自由人联合体"。

第二编　史道：明人类文明交往"自觉化"之道

第二，人的"类本质"是"社会性"的。人的单纯的自然性和动物的本质没有什么大的区别，只有人的"类本质"的"社会性"，才把人和动物区别开来。物以类聚，人以群分。人的群体性与动物的群体性有相似之处，但人是高级动物，人的群体性是高度的社会性质。人类的群体交往和个体交往，都具有文明自觉的特征。此种经验带有普遍性质。孙中山在书写的一副对联中，也感悟到这一点："让人非我弱，得志莫离群。"这种"群"即人群，即社会性。人类本质的社会性是人的"类本质"与"自然性"在社会历史中的统一。只有这种社会历史的统一性的能动作用，人类才能存在和发展。

第三，"历史视野"的灵魂是辩证法。明于辩证思维，是史以明道的根本思路，是历史视野的指路明灯。这是因为它可以使人在历史进程中不断提高知物之明、知人之明和自知之明的文明程度，进而明于历史发展规律性。这还是因为它在知行合一互动中，纠正不明自然规律的"无知"，而错误地仅仅把自然界看作满足人的物质利益需要才有存在价值的对象；纠正不知社会发展规律的"无知"，而把人与人之间的关系仅仅看作互为实现利益手段的偏向；纠正自身人格修养的"无知"，而仅仅视为自身对感性幸福追求的片面性。总之，这里所缺乏"知物之明""知人之明"和"自知之明"，其重要之点在于缺乏历史的辩证法，是把"物"视为人与自然、人与人、人的自我身心之间最高行为准则的"物质主义"。在他们的视野中，世界不过是"物质利益的总和"。历史思维为唯物辩证思维，是宏观、全面的系统创新思维。历史思维的集中表述为矛盾而又统一的对立统一规律。这就是历史辩证法。我在九条人类文明交往纲要中，把它列为首位，以示其统领人类文明交往自觉观的总体。

第四，"历史视野"是"历史科学"的世界史大视野。历史科学是自然史和人类史的综合，是人类文明交往自觉的历史自觉，是人类文明交往史发展到"世界史"即全球化新阶段的结果。人类史是人类与自然的交往史，是以人类为主体的社会文明史。人类史经历了文明前史、民族地区史和世界史三大阶段，它分别体现了渔牧文明、农业文明和工商业文明特点，其中工商业文明使历史发展为"世界史"

的新阶段。黑格尔从哲学史中体味到回归历史，获得自觉的路径。马克思恩格斯已经敏锐地察觉到自然史和人类史所蕴含的"历史科学"真谛。自然史提示出人的"自然属性"，人类史则昭示出人的"类本质"。唯物史观不是单纯建立在人的自然属性上的"物质主义"，而是对人类的"类本质"和"社会历史的强调"，是对历史辩证法的关注。可以说，唯物史观的"物"，是物质基础上发展起来的"社会历史"，是自然史和人类史相互联系而产生的历史科学理论。

总起来说，人类的视野，世界的视野，全球的视野，是人的广阔深远的历史视野，也是人类文明交往的历史视野。文明，只有人类具有，其他动物是没有的。万物皆有史，但只有人类知道文明史，知道文明交往。也只有人类知道和不断求索自己是谁、自己从何处来、向何处去问题，其他动物是没有的。这就是人类独有的历史智慧。谈到历史自觉的重要性，我想起一位历史学者最钦佩他小学老师的一句问话："不学历史，还是人吗？"人之外的动物，不需历史，因为这类动物不是人。人类需要不断学习历史。在学习历史中，把"人"字写正、写好，成为一个真正对社会有益的文明自觉的人。

三　文明程度的视角

考察文明程度的视角有多种。胡适在《慈幼的问题》一文中有一个特别的视角："你要看一个国家的文明，只消考察三件事：一、看他们怎样看待小孩子？二、看他们怎样看待女人？三、看他们怎样利用闲暇的时间？"

对待儿童，其实相关的还有老弱病残，也有占人口一半的妇女，归根结底是如何平等待人的问题，即弱势群体的生存问题。儿童与老人，是年龄上的自然区别。人的年龄还有社会上的区分，学人还有一个学术年龄，有些学术高龄老人，仍小车不倒只管推，直到死而后已。

儿童未成年而死称为"殇"，老人长寿称为"寿考""人瑞"。传说中八百岁的彭祖与夭折的未成年人，合称为"彭殇"，犹言"长寿"与"夭折"。《庄子·逍遥游》以"彭祖乃今以久特闻",又在《齐物论》中发出惊奇语言:"莫寿于殇子,而彭祖为夭。"晋代王羲之《兰亭序》则有"固知一死生为虚诞,齐彭殇为妄作"之论。

考察文明程度还可以从社会公德为视角,如文明养犬,以及"文明"在公共秩序、卫生等方面随处可见。我居住的松榆南路北侧,武圣路与东侧、南侧诸路,清洁程度前高后低、前好后差,截然不同。一些人赤膊露体、出口粗鲁、随地吐痰,自以为荣,人与人文明程度也大不相同。至于利用闲暇时间,是个大问题。如出国旅游,把不文明行为丢在异域,是个交往文明化问题,已经引起重视。文明问题处处有,如影随形,人类利用各种视角,考察文明程度,有助于文明自觉的提高。

四 文化文明四家言

(一)钱穆的文化文明观

钱穆的农业文化文明观,集中反映在《中国文化史导论》一书中。此书集中表述了他关于农业文化文明的历史观念:

1. "文化""文明"皆指人群生活而言。文明可以传播与接受,文化则必须由群体内部精神积累而产生。

2. "文化"偏在内,属精神方面。"文明"偏在外,属物质方面。

3. "文化"可以产生出"文明"来,"文明"却不一定能产生出"文化"来。

他对"文化"有以下观点和历史观念:

1. 人类文化分为游牧、农业、商业三种类型。游牧、商业型起于"内不足"而需向外寻求,因而文化特性常为侵略的。农业型可自给,文化特性常为和平的。

2. 人类文化终必以和平为本,故领导者必须以大型农业国是赖。

3. 中国为举世农耕和平文化最优秀之代表,绵延五千年之久,若能配合新科技之装备,而依然保有深度之安足感,则对于世界人类文化和平必有重大贡献。

4. 欲改进中国，使中国人回头认识自己以往文化的真相，则为纲要一项目。

5. 除却历史，无从谈文化。故应从全部历史之客观方面来指陈中国文化之真相。

他认为各地文化精神不同的根源是：

1. 最先由于自然环境有别而影响其生活方式。

2. 再由生活方式影响到文化精神。

3. 影响表现形态为游牧、农业、商业文化。

4. 游牧业发源地带为高寒草原、农业发源地带为河流灌溉平原、商业发源地带为滨海近海岛屿。

他分析三种文化的特点：

1. 游牧业与商业文化归为一类，都因内不足而表现为"流动的，进取的"。农业自给自足不外求，并不舍故地而表现为"静定的、保守的"。

2. 游牧业、商业有"强烈的战胜与克服欲"，有"深刻的工具感"（草原民族的工具为马，海滨为舟船）。

3. 为克服自然条件局限而获生存，草原与海滨民族的世界观、人生观中有强烈的"对立感"：自然—天人对立；人类—敌我对立；哲学—内外对立，因而其文化为"征伐的""侵略的"。

4. 农业民族由于依赖雨泽和土壤的"冥冥中"安排，因而维持人类之信任、忍耐和顺应，无须战争与征服。故"对内感"曰："天人感应"，"物我一体"，"顺"与"和"，自勉曰："安分"与"守己"，此种文化特性常见是"和平的"。

值得注意的是，他叙述游牧业、商业民族的"空间扩张""无限向前"之后，提出人类文化永远动荡前进的原因为：富者不足，强者不安，安足者又不富强，以不富强遇不安足，则虽安足亦不足，于是此为"财富观造成交往中前进动力"。在农业文化中，如古代中东埃及、巴比伦为"小型农业国"，"其内部发展易达到饱和点，其外不易捍御强暴"，因而文化生命"不幸夭折"。中国为"大型农业国"，可使文化"绵延五千年之久"。

第二编　史道：明人类文明交往"自觉化"之道

[说明]

钱穆（1895—1990），江苏无锡人，历任北大、清华、西南联大、华西、江南各大学教授，创办香港新亚书院。著作六十余种。1998年，商务印书馆约我写《中东国家通史》时，赠该社重版的钱先生《中国文化史导论》和《国史大纲》，使我得以细读而获益颇多。他是位热爱祖国的大学者。1937年，在长沙临时大学讲话中说："如果我们把到后方读书当作苟安，不如上前线去作战好。我们既然到了这里，就要用上前线的激情来读书，才对得起前方战士。"他在出版《国史大纲》的扉页上印有"谨以此书献给抗战百万战士"。读他关于文化文明研究中"除去历史，无从谈文化，故应从全部历史之客观方面来指陈中国文化之真相"的历史自觉语句，此种历史观念，深刻说明了通观全局的复杂性、相互间体系相通的完整性和发展性，表明了自然和人类科学大历史观的重要性。因此，下面将我读《国史大纲》感想作为附录于后。

[附录：钱穆的国史观]

《国史大纲》有一句话引起我的思考："任何一国之国民，尤其是自称知识在水平线以上之国民，对其本国以往之历史，应该略有所知。所谓对其本国以往历史略有所知者，尤其必附随一种对其本国以往历史有一种温情与敬意，至少不会对其本国历史抱有一种偏激的虚无主义。"

苛责中国传统历史文化，在近现代历史和现实中，是一种时隐时现的思潮。今日正值中华民族历史文化复兴之际，回味钱穆上面这句话，不能不引起对本国历史文化的意义、价值的进一步思考。

何谓对本国史的"温情"与"敬意"？

第一，钱穆本人即是此种"温情"与"敬意"的践行者。他在晚年给女儿的信中说，自己由于颠沛流离生涯，未尽到父亲的责任，但一生孜孜于写史治学，留下了数百万字著作，就算对中国历史文化的奉献，以此来弥补父女之情的缺失吧！此种感人的话，表达了他把中国历史文化的"温情"与"敬意"的人文情怀和父女亲情，融而为一了。

第二，他的"温情"与"敬意"不仅停留在感情实践层面，而且是一种科学严谨的求实学风，体现了他理性化地建筑在中国世代相传承的、对古代经典文献实证工作的厚重基础之上。例如学界有怀疑一切的"伪经"倾向，如汉代学者刘歆被疑为多部经典之"伪造者"。钱穆著《刘向歆父子年谱》，用编年史实证明刘歆不是古典经籍之伪造者。

第三，他发扬乾嘉学派的"审名实、重佐证、戒妄牵、汰华辞"优良学术传统，把学人的忧患意识、时代责任与科学理性良知紧密结合，不为"观点"而曲解历史。他深沉热爱中国历史文化，又深刻理解中国历史文化，是一位传统学人与现代学人的综合创新者。

我最看重他对文化文明与历史关系的理解："除却历史，无以谈文化。"这是研究文化文明问题时，对历史的重视。具体说，对历史要持以下热度：一要尊重，二要理解，三要深知、四要追求有真知的历史自觉。文明交往中的翻译中，有"硬译"与"化"派之别。"化"是翻译中把一种文字作品的表述方法，即把原作的原汁原味"化"进中文译作。两派之间的争议颇多。然而翻译家柳鸣九说出了与钱穆类似的话："文化上的结论是需要历史来作出的。"人类文明交往的自觉，从根本上说是历史的自觉。欲知大道，必先知史。若欲知史，必先学史，在学中知其然而又知其所以然。对历史无须敬畏，但一定要尊重，去掉神秘感，增强对历史规律性的认识。不仅要尊重本国史（这是根基），而且要尊重世界史、人类史、自然史。只有对科学的大历史的通识和融汇，才能高瞻远瞩，才能在人类文明交往大道上，逐步增强"知物之明、知人之明、自知之明"的文明化境界。

（二）《历史教训》的文明史观

美国文明史学者威尔·杜兰特和阿里尔·杜兰特夫妇以《哲学史》成名，而以《世界文明史》这部共11卷的巨著，闻名于世，进而成为大历史学者。

令人深思的是，这两位大历史学者1968年出版了《世界文明史》的缩写本，书名改为《历史教训》。由《哲学史》回归《世界文明史》，由《世界文明史》再回归《历史教训》，其中回归历史的结果不仅仅是哲学、世界文明、历史教训的创造性转化，而且是从历史研究中获得了人类历史的自觉。

在《历史教训》一书中，对缩写的目的谈了两条：①"这些内容或许对当今事务、未来的可能性、人性和国家组织有所启发"；②"我们提供的是一种对人类经验的审视，而非个人的启示录"。这是一种站在人类历史文明演进的高视角、面向当今现实和未来前途而进行的反思性改写，因而具有启蒙历史的人类文明意义和鲜明的人文关注和方法论意义。

综观《历史教训》，其科学大历史观，即自然史和人类史这两大科学的要点，历历在目，例如：①犹豫；②历史与地球；③生物学与历史；④种族与历史；⑤性格与历史；⑥道德与历史；⑦宗教与历史；⑧经济与历史；⑨社会主义与历史；⑩政府与历史，等等。其中在第11章，出现了这样的题目：《真有进步吗？》。此问非一般之问，而是一个总的历史之问。文明史每一章都首先提出问题，从问题出发，然后按问题性质的历史脉络和逻辑思维，揭示出规律性因素，点评前人研究成果，再进而分析诸因素互相作用及其关键发展路线，总结出历史教训。历史教训的现实意义不亚于历史经验，它可以警钟长鸣，提醒人们的全面历史意识。这是人类文明史发展中历史自觉的应有之义。

何谓历史？《历史教训》认为：历史是科学，但不是所有历史都是科学。该书从历史研究的教训着眼，那种认为历史只是编纂、只是收集整理史实，这种历史编纂、历史整理的"历史研究"，不能算是一门科学，只能算是一门行业、一门艺术和一种哲学。他认为："历史嘲笑一切试图将其纳入理论范式或逻辑范式的行动，历史是对我们概括化的大反动，它打破全部规则：历史是一个怪胎。"他认为，历史的重要意义在于回答三大问题：①何谓人性？②人类行为的本质何在？③人类的前途究竟如何？这"三何"之问是他研究人类文明史的"问题意识"的纲要所在。

可贵的是，本书从根源上否定了"欧洲中心论"的偏见，认为亚洲文明是形成希腊罗马文明的背景和基石，指出埃及和东方，才是现代文明之源。他的文明史观中有许多辩证的见解：如"保守人士抵制变革和激进人士倡导改革，具有同等价值，前者甚至更有价值"；如"天堂与乌托邦，就像井里的吊桶，只有一只上升时，另一只就下降"；如"若把自由变成绝对的，它就会在混乱中死去"。

本书的经济史观中，把"财富集中"看成"自然而又不可避免的"，"只要有贫穷，就会有神祇。"他指出："在不断进步的社会中，这种集中程度可能会达到一个临界点，众多穷人数量上的力量与少数富人能力的力量势均力敌，此时不稳定的平衡，就造成危险形势。历史对此有不同的应对方式，或者通过立法，用和平手段重新分配财富；或者通过革命，用暴力手段分配财富。"

本书的世界史观是资本主义和社会主义的交往互动观。在《社会主义与历史》一章中，认为"社会主义反对资本主义的斗争，是财富集中与分散之历史乐章的一部曲"。本书有一个预言："资本主义的恐惧迫使社会主义放宽自由，而社会主义的恐惧也迫使资本主义增加平等，东方是西方，而西方也是东方。不久，两者就会相遇。"其中原因有三条"历史教训"：生命即是竞争、生命即是选择、生命必须繁衍。结果是乐观的："学习和吸收人类文明的一切优秀成果"，人类最终必将"相向而行"。1934年，作者有《东方的遗产》一书，其中对中华文明有如下评论："中华文明乃是世界上最重大成就之一。"该书预言"中国将来很可能比美国更富有，很可能与古代中国一样，在繁荣与艺术生活方面，居领导世界的地位"。

《历史教训》成书于1968年，是第五次修订《世界文明史》后所写。杜兰特夫妇还计划写其中的新篇章：《达尔文时代》和《爱因斯坦时代》，因年龄原因，成为未竟之志。这也说明，历史是科学，是研究人与自然、人与人类社会和人类自我身心之间的文明交往的"大历史科学"。以达尔文、爱因斯坦命名时代的篇章，留给后来者的是：爱自然，为人类，其本质是人类史与自然史的协同研究，其前途是求真向善爱美的追求。

最后，让我们以《历史教训》下述话语结束本文："一个人，无论他是如何光彩夺目或者知识广博,在他的有生之年,也不可能是无所不知,但总是能对他所在社会的习惯和风俗作出明智的判断。因为,这些习惯和风俗,是无数代人在许多世纪的历史长河中形成的智慧与知识的结晶。"

(三)谭中的中国"文明共同体"史观

谭中,1929 年生于马来西亚,在印度工作 45 年。谭中的父亲谭云山被称为"现代玄奘",是印度"圣雄"甘地陵墓的守陵人。谭中 2013 年继父亲之后被泰戈尔创办的印度国际大学授予最高荣誉学位。2015 年在新加坡出版《喜马拉雅的召唤:中国与印度的起源》(*Himalaya Calling*:*The Origins of China and India*)。2017 年在北京新世界出版社出版《简明中国文明史》,其主题是讲述中国"文明共同体"史观。

在人类文明交往史上,知物之明、知人之明,尤其是自知之明,是文明自觉的最关键之处。谭中先生写《简明中国文明史》后记时,深有体会地说:"我感觉到的最主要问题是中国知识精英需要对自己的文明传统加强自知之明。"又说:"所谓'知己知彼',中国人自己对中国认识不清楚,当然无法'知彼'了。"我觉得:"认清自己的文明史"这句话应当写在学人学术生活笔记的首页,作为自己求知的座右铭。做人类文明的明白人,当然要努力向"三知之明"路径上前行。

这本书是讲中国文明,中心是自知、知物、知人的"三知",不但自己"知",而且也要让别人"知"。人们谈东西方文明交往,多反对"欧洲中心论",他在本书却号召人们"警惕""中国中心论",重读中国"文明史"。从当今中国与外界交往过程看,要从中国文明史出发解决"中国威胁论"问题。他写道:"我要写这本书,把中国文明五千年来超越'民族国'发展的'文明道路'展示出来,我认为这是头等重要的。""人类从一开始至今几十万年,到处都按'民族国'的旋律发展,中国却是例外。"中国的道路不是"民族国"的发展史而是从"地理共同体"走向"政治共同体",又从"醒狮到世界大家庭"的"文明道路"发展史。

纵观本书，作者的视野是以自然史和人类史相结合的大历史视野来洞察中国文明史的。在自然史方面，他首先看重的是自然界的"河"和"山"。远古文明最早的"明星"之所以在古埃及首先冉冉升起，是因为发源于非洲中南部而向北流入地中海的世界上最长的河流——被古希腊历史学家希罗多德称为上帝赠礼给"埃及文明礼物"的——尼罗河。为何古埃及文明中断了？作者写道："可惜后来埃及屡屡受到欧洲民族国征服，以后就一蹶不振了。"为什么这样呢？作者认为：这和长江与黄河的特殊性有关：

> 地球上十条大河（前五名为：尼罗河、亚马孙河、长江、密西西比河、黄河——引者）都有许多支流，每条河都像一棵独立的大树，独有长江与黄河例外。长江与黄河发源于青藏高原的同一地带，在地球上画出一个不规则的圆圈以后又形成一个花环。这个花环成为一个"地理共同体"（这是尼罗河与其他世界大河流所没有的现象）。中国先有这样一个"地理共同体"，然后人们在这个"地理共同体"内创造出一个"文明共同体"来。这就是中国文明一开始就不走"民族国"道路而走"文明道路"的主要原因。中国发展"文明共同体"经过两三千年以后，更进一步成为大一统的命运共同体，完全与"民族国"分道扬镳。

河，依水而流，因而称为"河流"。地球是太阳系中唯一蓄水的星球，有水才有生物，有水才有人类创造文明的基础。山，地球上土石隆起高耸的大小山脉地带。谭中谈完黄河、长江，又谈水，即青藏高原和喜马拉雅山脉这个"一而二、二而一的整体"。他写道："如果我们以喜马拉雅山的中心为中心，用想象的圆规在地图上画一个圆圈，这个圆圈的南部包括南亚次大陆，东南部把东南亚都画进去了，东部包括长江与黄河大部分地区，西部包括现今中亚、中东很大一部分，其中有'新月沃地'（the Fertile Crescent，西亚的古文化发源地）。"他的视野不仅在南亚次大陆、东南亚诸岛国，而且审视中东。

他是专攻中印文明交往的研究者,他用"喜马拉雅的召唤"的起源论来界定"中国文明和印度文明是'喜马拉雅圈'的两大孪生文明",并以在尼泊尔境内腊玛村(Rama)发掘的"腊玛古猿"化石为证,说明"猴子变人"不是在非洲,而是在"喜马拉雅圈"内发生的。这是人类起源的另一说,可作讨论参考。

河和山是自然史的形象代表,也是人类史的人与自然之间交往的物质象征。河和山都有缔造生命的功能,是形成人类文明"地理共同体"的自然物质条件。在谭中看来,也是中国文明一开始就没有走"民族国"道路而走"文明道路"的主要原因。中国的"文明共同体"经过两三千年后成为大一统的"命运共同体"内完全没有"民族"的"标志、分歧、压迫和矛盾,一直到宋朝为止"。他写道:"宋朝的灭亡象征着中国本土创立的大一统的命运共同体"告一段落。与宋朝同时存在的辽、金,以及宋朝以后的元、清四朝引进了"'民族'的标志、分歧、压迫与矛盾,中国仍然继续走'文明道路',但那是一条狭窄的岔路……到了清朝末期,中国遭受西方帝国主义的侵略,清朝被推翻后建立的中华民国又经历了日本军国主义的猖狂侵略,最后是中华人民共和国的成立结束了所有这一切干扰。今天,中国的和平繁荣又像回到千年前的唐宋时代了"。

他反对"民族国家"的"种族中心主义",也反对"文化中心主义",认为这两个倾向在中国文明中都存在,是"中国文明自身的弱点"。他也反对"振兴中华民族"的口号,认为那会引起"种族中心"的误解。"民族国"在他看来是1648年《威斯特伐利亚和约》的产物,其特点是"鼓励个人英雄主义,文化从属于市场经济、自由竞争优胜劣汰,国民经济蛋糕越大,贫富悬殊就愈严重;对外耀武扬威,横向发展,争夺领土,视别国(特别是邻国)为竞争对手与潜在敌人"。还有一个特点,是演奏"崛起—鼎盛—衰退三部曲","日不落"的大英帝国如今"隐居三岛",代而兴起的"美国太阳"开始西斜,进入"弧形轨道后半段"。总之,"民族国"世界情况"不好而不妙",中国"醒狮怒吼"参加其争雄行列趋势应当防止,"彻底消除当今中国发展的'民族国'思维,把建设'世界命运共同体'

当作中心任务"。

谭中生于 1929 年，写完此书时为 2017 年，已是近 90 高寿之年，他在文明交往中，有中印美三大文明的亲身经历和深入思考，所以书中多有独到之见。例如对张载的"横渠四句""为天地立心，为生民立命，为往圣继绝学，为万世开太平"中的"立心"的心学思想，他认为受印度佛教"菩提心"（梵文 bodhicitta，"觉悟了的头脑"之意）影响，是同中国"仁义"之道、天地之心的中印合璧文化内涵相通的。至于"立命"与印度文明中世界只有一个同一"生命"（无生物也有生命）、"往圣"包括孔孟老庄，还有佛陀、"太平"与普世平等都有关系。此种中印文明交往视角，对理解中华文明是开放的、交往的文明有所帮助。

谭中对学习型文化的提出，很有见地。以我之见，学习是对历史和现实经验的总结，经验的理性升华。知物、知人和自知之明，即文明交往明于遵循自然规则而持续发展，明于社会经济规律而有科学进步，明于道德规律而有自我身心健康和谐。从经验型到学习型，是文明交往的方向。

中国学习型文化对学者治学问题，我在《老学日历》中已经详细叙说。这里我想到学问的"问"字在学习中的重要性。问是求知的问题意识。"研究义理之精微，辨析古今之异同"（宋代陈亮《答朱元晦书》），离不开深入追问，即所谓研究中的"穷美究极"。中国学人求知识于世界，一定要懂得"好问则裕，自用则小"（《尚书·仲虺之诰》）。《韩非子·解老》中即有"今众人之所以欲成功而反为败者，生于不知道理而不肯问知而听能"。汉代刘向《说苑·建本》中也有"士苟欲深明博察，以垂荣名，而不好问讯之道，则是伐智本而塞智原也"。所有这些，都确系中华文明学习型中好问的特色。

最后要提到的，是他诗意治学的风格。他在《诗人清唱中国命运共同体的情怀》一节中，从千百首唐诗中选了李白《静夜思》、孟郊《游子吟》、李绅《悯农》、杜秋娘《金缕衣》、罗隐《自遣》、崔护《题都城南庄》和王翰《凉州词》7 首。他精心选用这 7 首诗，确如他说，"就像 7 根不同颜色的丝线把唐朝大一统中国命运共同体的新版编织成精美的锦缎"。我想，用七弦琴比喻，奏起美好的诗韵，"让我们的心灵和唐朝社会的脉搏一起跳动，让我们感受唐朝时代大一统的中国命运共同体对生存的巨大热情以及人民对共同体内温情的享受，对歌舞升平的留恋"。

读此书也令我想起了师生文明交往的情谊。此书是我的博士研究生、现为四川大学教授杨翠柏2018年给我的新年赠礼。他在信中说：

尊敬的彭老师：您好！

最近读谭中的《简明中国文明史》，感觉此书不错，他从中国文明整体发展脉络兼及中印文明联系与比较两大思路撰写；此书对我颇有启发。

我特意买了一本邮寄给您。若有不妥，请老师见谅！

春节临近，特向老师与师母请安！

敬祝彭老师与师母新年快乐，身体安康！

您的学生　杨翠柏

2018.2.8.

真感谢翠柏，他送来如此厚礼，使我有机会读到谭先生的书，获益良多。他们这一代学生都重视师生情谊，翠柏每次到北京来，都要来家看望。他和他的同窗、南开大学教授李凡每年春节都要来信或致电问候，令人感动。例如，岭南师范学院教授于卫青，也是如此。读谭先生书中关于《黄帝内经》的"上古有真人者"时，我就想起于卫青，他在2010年春节送我《小言〈黄帝内经〉》（南怀瑾著），我读后也颇多收获。他还赠我《菩提一叶》一书，集研究印度佛教之文。释迦牟尼在菩提树下悟道觉悟获智而成佛。菩提为"觉悟明智"之树，愿卫青如菩提智慧之树叶绿树茂而常青！我最珍重的礼物是他们的赠书、他们爱读的书，尤其是他们的著作，每当收到他们的著作，我比看到自己写的书还要高兴。回顾本文开头所说的河山为人类文明之源的话题，我在本文末尾，应当再补书法家于右任1947年对我讲的话：师生文明交往应当是"师生情谊，山高水长"！

（四）葛兆光的文化文明细分说

思想史学者葛兆光在 2015 年上海望通讲读会上，有"文化面向传统，文明面向未来"的论说，其要点是：

1. 从"国家""现代""文化"三个观念上观察，近代中国文化遇到了"转型"和"认同"的双重困难。西方国家以现代文明民族为基础，中国以文化为国家基础。

2. 我们应该寻找"文明"与"文化"的普遍与特殊、全球化与本土化之间的和谐之道。我认为，"文化"是使民族之间表现出差异的东西，它时时表现出一个民族的自我特色，而"文明"是使各个民族差异性逐渐减少的那些东西，表现人类普遍行为和成就。文化使各民族不一样，文明使各民族日益接近。

3. 文化是一种不必特意传授，由耳濡目染就会获得的性格特征和精神气质；而文明常被看成一种要学习才能获得的东西，因而是和"有教养""有知识""有规则"等词语相连。

4. 各民族的文化往往是固守的，它表现出一种对物质文明的抗拒；而文明常常是始终前进的，表现出殖民和扩张的倾向。

5. 文化与传统有关，它是特殊的；而文明与未来有关，它是普遍的。

6. 把文化与文明略加区分，我们就不需要对全球化、普遍化、同质化、现代化那么紧张。

7. 只有思索如何保持我们的文化，坦率和诚实地承认我们的文化困境，才能使中国人成为中国人的文化绵延而发展，而文明与文化也可以在全球与地方的结构中和谐发展。

按：前文引谭中书时，王文在序言中，曾提到葛兆光对"中国"一词的考证，其来历是地理认识未达到全球化之前，中国人对自己所居地的"自称"。其中有这样"地方中心意识"。古代巴比伦人、古埃及人、古雅典人、古印度人、波斯人等都有类似情况。这是人类文明交往中常常遇到的情况。文明、文化有细分之法，葛兆光此说即属此细化分析。我认为，对文明、文化应持开放态度，学习诸家之长，成自己一家之言。文明、文化还有多家之言，如文明包括文化说；文化、文明不分通用说；文明、文化大同小异说。从文明交往角度看，文化、文明则有传承、传播的内外演进渠道之分。文化为文明之内核，文明为外层结构，二者是一个互动的人类共同统一而又有区别的关系。

法国学者达哈尔·布杰鲁说过："文化手无寸铁，却是人类唯一的抵抗能力。忧患中，文化能滋润我们的思维，能发挥我们内心的想象力，给人以愉悦感。"此言为有体会之谈。文化、文明为有分有合的统一体。文化似春风，文明如春雨，春风化雨，春雨润物，也共同滋补人的心灵。文以化人，文以明人，文化文明以知物之明、知人之明、自知之明永远光照而化人。它可以改变世界，创造新的文明。

五 李约瑟的《文明的滴定》

1. "滴定"（titration）一词，源于 titrate，为生物化学以滴定法测定容量的分析方法。实验中有生物化学滴定计（titrator）。"滴定"的生物化学测定法，是指用已知强度的化合物溶液，来测定某溶液中化合物的量。李约瑟在20世纪70年代出版的《文明的滴定》一书中，对此的解释是："我和我的合作者在研究中国和其他文化中，发现发明史上，总是有相当确定的年代——中国的第一座运河水闸出现在公元984年（注：宋太平兴国九年，岁在甲申），亚述的第一条灌溉渠出现在公元前690年，中国第一条运河出现在公元前219年，意大利的第一副眼镜出现在公元1286年，等等。这样，便可以将各大文明相'滴定'，查明之后，当赞许的则赞许。所以，我们也必须对各大文明在社会或思想上的种种成分加以分析，以了解为什么一种组合在中世纪领先，另一组合却后来居上并产生了现代科学。"

2. 李约瑟测定世界（人类）自然科技史时，认为文明之河，有许多条，而后以自己独特的贡献，汇入现代自然科技的海洋。每个民族都有自己的贡献，而中国文明的贡献被西方学者所忽视。不能因为近代自然科技兴于欧洲，就认为只有欧洲古代中世纪科技才值得研究。

3. 为了论证中国及其他民族对现代世界都有自己的贡献这一研究课题，他把"滴定"主要点放在区分"自然科学"与"技术"方面。他认为，在文艺复兴之前，希腊人在科学方面贡献最大，中国人在技术方面贡献更大。他指出，中国科学传统中与现代科学相关的因素有：①自然科学革命因素（如磁学、炼丹术、观测天文宇宙论、时间测量）；②自然科学革命后，中国传统科学成就不足；③他在《科学和中国的世界影响》一文中，提到有助于产生伽利略式突破的那些东西的价值，后来合并到现代科学中的那些东西的价值。这是与欧洲科技同样值得研究的东西。李约瑟认为，此研究证明，中国科学得益的对象为欧洲和全人类的现代普遍科学。

4. 中国人发明的马镫、曲柄、偏心轮为何未能引起工业化高潮？李约瑟认为，差异在于中西自然法规的本质观念上，还是一个文明上的观念差异。在西方文明观念中，与人间的帝王立法者相对应，存在着一个天界理性造物主。这个造物主有一套抽象法则，让矿物、晶体、植物、动物遵守。西方人相信，通过观察、实验、假说和数学推理等方法，可以破解和重新发表这些法则。中国关于自然法规的传统观念是：万物之所以能够和谐运作，并不是有一个外在于他（它）们的最高权威在发布命令，而在于它们都属于一个等级分明的整体，各个部分形成了一种有机的宇宙模式，它服从于乃是自身本性的内在命令。他认为，西方的自然观念有早期自然科学的发展。只有破除和重新表述，才能通向自然科学。"无论是儒家还是道家，都结不出现代科学的果实。"——这就是他的结论。

5. 李约瑟对中华文明观是以"他者"视角与对西方文明的批判，也是他长期深入中华文明研究为基础的"反观"。他强调的口号是：科学史并非仅仅通过一条连续线把各有影响的事实都贯穿起来才能完成，而是人类思想史和自然认识史，使人类的每一项努力，都各居其位，而不受其渊源的影响。他认为，中国科技的丰富性、复杂性，宜加以创造性、开放性的研究。

6. 李约瑟有一个值得注意的见解：他认为，在世界文化中，唯独养生学为中国人所独有，而其他民族是没有的。《庄子》《黄帝内经》，都是两千多年前的"医未病的养生学"。"天人合一""天人感应"，都是农业文明的产物。人体为"小宇宙"，知人的自我身心交往，使之和谐平衡，是"扶正祛邪""固本培元"的良好生活方式。

7. 读李约瑟的著作，令人眼界开阔。他是一位学贯中西的科学史大家。他的科学研究客观而无偏见，他以世界和人类的视野和"从又持中"的史家手笔，书写了巨著《中国科技史》，为人类文明做出了杰出贡献。这是自然史和人类史相结合的"历史科学"著作。他提道："科学史并非仅仅通过一条连续线把各种影响都贯穿起来才能组成，而是人类思想史和自然认识使人类的每一项努力都各得其所，而不管其渊源和影响。"这是"人类思想史和自然认识史"的"大历史"科学思想，是人类的、世界的开放性、创造性的"历史科学"思想。论从史出、史论结合，李约瑟的自然科技史研究，其深处通向了马克思恩格斯所说的"历史科学"之道。另外，他"滴定"地区分自然科学与技术，也令人联想到中华文明中从古至今的"工匠精神"。此种传统是可贵的，继承和发扬仍是任重而道远的。回想20世纪50年代，西北大学生物系主任李中宪教授，请李约瑟到校讲课。我们历史系和生物系都在同一座大楼。有一次在走廊上正好碰见生物系学生要扶李约瑟上楼梯，李约瑟当时就推开这位学生的手，健步上楼，并用中文说："李中宪教授，我老了吗？"李中宪也用中文回应："你正当年，步履矫健，正如学术上炉火纯青一样！"李约瑟倔强的面庞，露出了笑容。二位李先生的对话充满了智慧和生命力。这一幕至今仍历历在目。

六　阿富汗古文明的"二城""二丘"文物遗存

阿富汗当代作家左帕哈·乌尔法特说过一句有关人生体验问题的名言："无论什么人，只要没有尝过饥与渴是什么味道，就永远也享受不到饭与水的甜美，不懂得生活到底是什么滋味。"

这句出自古文明和当代战争动乱国度的作家对饥、渴与饭、水的名言，具有特别深刻的内涵。我是从阿富汗处在 20 世纪 90 年代战火摧残的时刻，以观察苏美争夺阿富汗势力范围为契机，由关注南亚转而进入中东研究领域的。当时我应《百科知识》杂志之约，写了《1841 年阿富汗人民反对英国侵略者的斗争》一文，后来又为商务印书馆写了《阿富汗三次抗英战争》一书。1993 年，我主编的《阿富汗史》在陕西旅游出版社出版。2000 年我主编的《中东国家通史·阿富汗卷》在商务印书馆作为该通史的首卷出版。2002 年在《文明交往论》一书中，收入了《丝路枢纽地区的文物考古和人类文明》等 6 篇论文组成的《阿富汗篇》的一组论述，成为该书的开篇部分。我至今难忘自己与阿富汗历史与现实问题的研究情缘。尤其是我关于人类文明交往的历史观念，许多思路是来自阿富汗这个位于"古代东西方的十字路口"和"近现代枢纽"的地区。我在《文明交往论》中，特别强调："不同文明的交往，给阿富汗留下了丰厚的文化遗产。"

的确，"众多的阿富汗遗址和文物的发现，反映了文物和文化、文明的内在联系"。① 这其中，有"二城""二丘"遗址，展现了公元前 3 世纪至公元 1 世纪古代阿富汗的东西方文明交往的历史图景。详细情形我已在上文中有论述，此处不再重复。可作为补充的有如下几点。

（一）"阿伊哈努姆"古城遗址

我在《阿富汗的古代城市文明·千城之国——希腊大夏王国》中，对"阿伊哈努姆"古城作了较多叙述，补充了《丝路枢纽地区的文物考古和人类文明》一文的内容。此城址被称为"遗失之城"，是因为这座公元前 4 世纪大城市已被历史所遗忘。当时，亚历山大大帝东征，从这里南下印度，而部分士兵和他们的后裔居留此处，在文明交往中日渐"希腊化"而取代了波斯文化在当地的影响。遗址是20 世纪 60 年代发现的：1962 年该地农民把当地出土的古希腊式雕像送到了法国考古学家手中，之后由法国、美国、苏联、日本等国考古

---

① 拙著《我的文明观》，西北大学出版社 2013 年版，第 97 页。

学家从1963年相继进行发掘,一直到苏联军队入侵阿富汗时才被迫停止。

"希腊化"是希腊风格和波斯风格建筑艺术的结合,但主要是希腊式传统。在这里发现了怪兽状滴水嘴等文物,带有明显的地中海风格,同时,希腊科林式柱形与其他柱廊一起构成了典型的罗得岛类型的波斯风格。在文物中有一块西希莉图案饰板,上有来自小亚细亚的西希莉女神,也有希腊胜利女神,还有穿着东方服饰的人物,他们乘坐的狮子战车,又是波斯阿契美尼德王朝的样式。从更多的考古文物证据来看,这个古城遗址现在被称作"阿伊哈努姆"(Ai-Khanoum,乌兹别克—土耳其语,意为"月之新娘"),在公元前2世纪前后,已经是一座知识分子、牧师、商人和军人云集的大都市,具有较高文明交往的国际化特点。

(二) 贝格拉姆古城遗址

贝格拉姆位于阿富汗喀布尔北部62千米的兴都库什大支脉的山麓,汉语文献中称为迦毕试。公元前1世纪至公元4世纪该地是丝绸之路上的要冲,曾经是贵霜王朝的夏都,也是阿富汗重要的考古遗址之一。在该遗址的第二考古文化层(约1—3世纪)中的统治者不太豪华的宫殿遗址下面,有两个密封房间,考古工作者在其中发现了一批艺术价值极高的珍贵文物。

房间用砖封闭并且涂上了灰,以便人们彻底遗忘。作为家具的饰板,大量象牙雕刻被保留下来。这些象牙雕刻带有浓郁的印度风格,人们从中得以窥见2000年前的能工巧匠们高超的艺术创作水平。这些雕刻精细的花纹,优雅的舞女,与罗马庞贝城发现的象牙雕刻相同。舞女形象接近北印度马图拉艺术派别。特别值得注意的是,在这个密封的仓库房中,发现了中国汉代的漆器,其中有小巧玲珑的黑漆盆。由于考古人员中没有中国专家,又缺少保存技术,很快就风化而不存在了。这些汉代漆器文物没有古希腊青铜人像、罗马的玻璃器皿那样幸运,中华文明交往的器物就这样只留在少数目击者的记忆中了。日本考古学者樋口隆康对我表示了他的叹息:唉,如果中国考古学者在现场，一定比法国考古队能很好地清理出完整的漆器。后来保存在阿富汗国家博物馆的漆盘残片，不知道今日身居何处？还有两个问题：谁是这些物品的主人？他们为何要将这些货物隐藏起来？有些研究者推测，这些不同时代风格的贝格拉姆宝藏，是过境的骆驼商队缴给统治者的特别税金，但是找不到文献根据。

尽管有如此众多无法解答的历史之谜，但是贝格拉姆宝藏显然是多年积累的收藏，也反映了该古城昔日的荣光，贝格拉姆遗址是它作为靠近大夏和印度的丝绸之路上古代名城的历史见证。

（三）法罗尔丘陵地带遗址

青金石和锡在阿富汗法罗尔丘陵地带周围地区蕴藏非常丰富，这里生活的居民对其早有开采和利用。这个地区的文物遗存显示，早在公元前7000年已有人类在此地从事生活生产活动。

但是，这个地区的古代文明如何兴起与衰落，至今还是历史未解之谜。幸运的是这里出土了4000年前的四件黄金杯，从一个侧面见证了这里的文明之光。

这四件黄金杯大约是公元前2200年至公元前1900年的文物遗存。它们虽然历经沧桑岁月和风云变动，已经残缺不全，然而器物上的精美纹饰仍旧清晰可见。在这些纹饰中，有一个带着胡子的公牛形象，可以明显看出美索不达米亚文明与阿富汗古文明之间的交往遗存。其他的几何图案又表现出典型的中亚艺术风格。

这四件光彩照人的黄金杯，以残缺的文明之美向人们表示：早在青铜时代，人类文明的交往互动在中亚这块土地上已经开始了。

（四）蒂拉丘地遗址

蒂拉丘地（Tillya Tepep，意为"黄金之丘"）在阿富汗北部席巴尔甘东北约5千米处。该遗址原为神殿，在公元500年前变为废墟，后来被人们作为墓地使用。该地发掘了六座游牧民族（可能是塞人）贵族墓葬，其中引人注目的是出土的21618件黄金制品，如罗马金印、伊朗安息的金银印、印度古代法卢铭文金印。最突出的黄金王冠，人们从它旁边走过也会使它轻薄的黄金缀片随风摇曳，金光灿然，熠熠生辉，还有中国元素的"双龙"图案的黄金剑鞘。特别是该丘地出土的黄金制成的"带翅膀的阿佛洛狄忒"女神像，值得一提。

这幅用黄金制成的"带翅膀的阿佛洛狄忒"，很有文明交往的特点。第一，阿佛洛狄忒（Aphroolit），希腊神话中"爱与美的女神"，一译阿佛洛狄或阿夫罗狄带，即罗马神话中的维纳斯。她掌管人类的爱情、婚姻、生育以及一切动物的繁殖、生长。此美丽女神是克洛诺斯将自己父亲乌拉诺斯的肢体投入海中时从泡沫中诞生出来的——而克洛诺斯又是天神乌拉诺斯和地神该亚的儿子——她嫁与火神赫淮斯托斯，但与战神阿瑞斯有私，后又爱恋少年阿多尼斯可。第二，她的雕像眉心上方有一红点，显然是印度文明特色。第三，她作为女神，被加上飞翔的翅膀，这是当地文化的元素。

以上阿富汗"二城""二丘"作为文明交往遗存，是阿富汗国家博物馆员工在连年战火中冒着生命危险保存下来的瑰宝。该馆前馆长奥玛拉克汗·马索伍迪认为"民族通过文化万古长青"，表明了这种用生命守护文化的信念。现馆长穆罕默德·法西姆·拉希米则道出了阿富汗在东西方"十字路口"上的地位："古代阿富汗，地处南亚、中亚和西亚的交会点，是交往和贸易的中心，是丝绸之路上的重要一环"，是"文化的熔炉"。正是这座"熔炉"，熔炼出了我的人类文明交往历史观念的最初思想。

七　古人类学中的诗意治学

克里斯·斯特林格等英国学者著的《人类通史》，是一本充满诗意治学的人类进化史之作。古人类学是枯燥的，它有扑朔迷离、难以解决的问题，例如关于发达的"智人文明"究竟是不是纯粹偶然的产物，例如人类究竟是不是起源于非洲，还是多源的问题，等等。

《人类通史》一书通过人类进化的历史进程，重申达尔文关于物种进化的基本判断：进化并没有目的、没有方向、不可预知，但又悄无声息地开始和继续。一般认为，进化是为了繁衍，猎食是动物繁衍的前提。但也有人认为：像章鱼并不是为了猎食才进化出八只腕足，人类也不是为了主宰世界才进化出发达的大脑，本书为我们书写了超越人类中心视角更为完整的进化历史。人类发达的大脑从今后的几千年或几十万年来说，也并不能保障自身永远立于不败之地。那时，人类被某种古老病毒所消灭也完全有可能，因为人类文明是偶然性的恩典。

《人类通史》说，研究认为今日人类为智人的后裔，为何其他人类近亲灭绝，而智人因为具有何种特性能生存下来？对此问题现在多从结果倒推原因，得出智人具有某种独特优势，这只能是现代人的假定，还难以证明。因为基因突变这个小概率的、非常偶然性选择，造就了智人最早起源于非洲，本书用此以反对神学式的目的论。

《人类通史》的最可取之处，是它对人类文明起源论研究的开放态度。这可能是它基于偶然性基本理论导致的结果。他对起源论问题持谨慎和谦虚态度。这可以说是本书一大特色。本节对许多问题都持此种态度，研究问题不走向绝对和武断。给学人启迪最大的是它的诗意治学境界。它强调多种可能来对待多种多样的复杂问题，给治学诗意的想象力留下了充分的活动空间。人们从古人类学这门难以找到充分证据的学问中，从各种可能性中了解古人类生活的多彩多姿的图景，从而更接近全面真实的历史。本书也是洪荒时代人类童年时代的历史。

八　1983—2009年斯里兰卡内战

在人类文明交往过程中，民族性、宗教性是经常遇见的问题。这类问题很复杂，各种因素都在起作用，要具体问题具体分析，不可一概而论。研究中东问题时，有些人看到伊斯兰教徒比较容易滑入极端，于是就从宗教本身存在的某些特质去找原因，很可能导致以偏概全。佛教被称为"不杀生"的普度众生的宗教，但也卷入流血杀戮，甚至长期内战之中。如小国斯里兰卡，同为一个祖先的僧伽罗人和泰

第二编　史道：明人类文明交往"自觉化"之道

米尔人，佛教与印度教也同出于印度。它们在教义、礼法上也有相近、相似之处，却从1983—2009年打了26年内战，死亡达8万—10万人之众。

为何如此？这需要以史为师寻求答案，或者从过去的时代，至少从前殖民地时代中找原因。内外文明交往大变故始于1505年葡萄牙人占领时期。此后450多年的时代里，斯里兰卡经历了荷兰、英国的殖民统治，社会经济结构发生大变局，而在文化、生活习惯、宗教信仰方面，少数殖民统治者却很难从根本上加以改变。欧洲人带来的新思想在当地水土不服。欧洲人撤走，该国宣布独立，结构性矛盾就突出显现出来。

现代国家的法理基础是民族，所以叫"民族国家"。此类国家最先诞生在欧洲，此前各地一直是按王朝、家族、部落，甚至是村庄聚落来划分势力范围的。在现代国家中，国民不再服从于皇帝或君主，而是团结在"民族"大旗之下，其黏合剂为文化、语言、宗教、民族，尤其是历史上形成的民族共同体。出生于中国昆明的美国历史学家本尼迪克特·安德森（Bemedct Anderson）在1983年出版的《想象的共同体》（*Imagined Comunities*）一书中，提出了这样的观点：民族不是一个天然存在的社群，而是一群人想象出来的产物。这是他系统研究世界诸国，尤其是东南亚地区新兴国家形成过程之后，所得出的结论。此书被认为是国家和民族主义的代表性著作。

英国伦敦大学学院（University college London）人类学家塔里克·扎基尔（Tariq Jazeet）在2013年出版了《神圣的现代性》（*Sacred Modernity*）一书，把现代性与"自然"（Nature）联系起来。他是斯里兰卡的移民，对东西方文明有所了解。他认为：

第一，斯里兰卡文明中的"自然"不是山川花鸟，而是"舞台"，或者是这个国家的历史、文化、宗教所展示的平台。他在1988年官方第一版《斯里兰卡地图册》中，首页既不是该国地形图，也不是行政地图，而是该国古代用巴利文写成的史书《大史》和《大王统史》记载中所描绘的古代僧伽罗部族的世界以及各大佛寺的范围，用以强调该族人在这个岛上的主人公地位。这就是该国把大自然作为展示民族性与宗教性结合的定位。大自然对任何国家都是宝贵的财富，一个国家的自然环境在很大程度上决定了这个国家的命运。斯里兰卡这样定位自然环境，在很大程度上决定了它的性质。

第二，西方眼中的现代化，主要是高科技，而斯里兰卡人却是一种"神圣的现代性"，即具有浓厚的佛教色彩、民族传统的现代性。这是斯里兰卡政府找到的"身份标识"（Identity）和立国之本。实际上，佛教和民族都是被西方殖民者所异化了的概念。与该国传统文化相去甚远。这也是后殖民时代旷日持久的种族冲突的根源所在。仇视或歧视国内少数民族，是近现代文明交往中恶性特征的集中表现。

关于佛教这个概念，与印度教紧密相关。一般认为，佛祖释迦牟尼生于公元前565（周灵王七年），卒于公元前485年（周敬王三十五年），约与孔子同时。孔子生年为公元前551年（周灵王二十一年），卒于公元前479年（周敬王四十一年）。佛祖致力于解放人的善良心灵，主张众生平等，反对贵族特权，反对咒语和巫术，出走宫廷，寻求解脱苦难的法门。英国史学家渥德尔（A. K. Warder）在《印度佛教史》中，有一个比"轴心时代"更为深刻的思想。他认为公元前800年左右，印度进入铁器时代，兵器的杀伤力大增，战争愈发残酷，社会剧烈动荡，于是出现了佛祖和佛教。这是时代性的社会经济根源。他还有一个见解：原始佛教相当入世、极具理性，其经典不像《圣经》或《古兰经》那样描述神的力量。它更像一部心理学指南，指导人们怎样获得心灵与身体幸福安康。在佛教中的这些因素传入中国之后，受士大夫、文人欢迎，特别是与养生、心学方面的深刻交往，影响了一代又一代人群。

佛教后来发生分化，其原因是在传播过程中，由于各地的自然风土民情不同，信徒们对教义产生了不同理解。宗教性与民族性、时代性、社会性息息相关，各地信徒们在遵守戒律信条方面，与佛祖时代已渐去渐远。尤其是社会生活、政治条件不同，影响着如水的宗教，如容器的社会，决定着它的微妙变化。佛教因不适合印度社会的需要，发生了剧烈变迁，这也影响了斯里兰卡。在斯里兰卡，由于印度这个佛教"祖地"的巨变，斯里兰卡这个邻邦佛教小国，在很多方面被"印度教化"了。这就是斯里兰卡的佛教虽属正统佛教,却与大乘佛教不同,而与印度教相似的原因所在。

殖民地国家是外国政府用侵略手段所完成的政治和经济压榨的产物。这种压迫和剥削特别野蛮和残酷。斯里兰卡人类学家麦克·罗伯茨(Michael Robesty)在 2014 年出版的《斯里兰卡的民族主义》一书中认为,英国殖民统治者侵占斯里兰卡以后,分裂社会、隔离族群,动摇了整个国家的基石,为以后的民族冲突埋下了伏笔。这与马克思对英国在印度统治中"破坏了旧社会,而又未建设新社会",因而具有"特别悲惨的性质"的分析相近。

这里,让人想起 2011 年美籍日裔政治学家弗朗西斯·福山(Francis Fukuyama)出版的《政治秩序的起源》(The Origins of Political Order)一书。他在书中写道,西方殖民者天真地相信世界的发展轨迹是线性的,永远从低到高,每一阶段都是对前一阶段的否定,互相之间没有交集。既然欧洲能成为霸主,那么,来自欧洲的一切都应该是好的,是进步的,代表着人类发展的方向。因此,欧洲殖民统治者一直试图按照自己的方式改造殖民地国家,让他们忘掉自己的文化传统,跟上西方发展的潮流。事实上这套思路,在亚洲许多国家都失败了。今日斯里兰卡的长期内战与这种观念有着千丝万缕的联系。

英国殖民统治者在政治制度、宗教政策等方面全盘欧化而建立起来的"现代化"锡兰,后来取得了政治上的独立。佛教最大的敌人——基督教随着英国殖民统治结束而日落西山。复兴后的佛教,变得极富侵略性,它把矛头转向新的敌人——信仰印度教的泰米尔族。纳达拉贾在《斯里兰卡的民族主义》一书中分析说,这是新兴国家人民的民族意识增强的原因,是英国殖民统治者引进的管理模式、户籍制度、宗教政策和儿童教育等方面强化僧伽罗族与泰米尔族之间差异所导致的。

在政治独立之前,斯里兰卡就存在着主张独立的锡兰民族主义和要求给佛教以"国教"地位的僧伽罗民族主义。独立后最初执政的是该国的政教分离的世俗政府。但 1956 年自由党领袖班达拉奈克利用民主选举制度执政,他上任后第一件事就是打破英语的垄断地位,确定僧伽罗语为唯一官方语言。大批受英语教育的文科青年因此失业，这批接受了高等教育的失业大军，成了20世纪60—80年代极严重的社会问题。1958年，僧伽罗人和泰米尔人两族冲突加剧，班达拉奈克得罪双方，于1959年丧命于一名佛教僧人的左轮手枪之下。

班达拉奈克发誓用毕生精力宣扬佛教，在斯里兰卡恢复僧伽罗民族的光荣传统，他没有死于印度教徒之手，而被一个佛教徒枪杀。这件惨案令人想起了邻国印度圣雄甘地，他没有死于英国人之手而被一名印度教徒刺杀。思路转向中东，也使人进一步想起拉宾，他没有死于巴勒斯坦人之手，而被一名犹太人杀死。为什么发生此类现象，其背后原因为研究文明交往史的学者留下了广泛的研讨空间。印度学者阿马蒂亚·森（Amartya Sem）在《身份认同与暴力：使命感的幻觉》(Identity and Uiolence: the Illusion of Destiny, 2007）一书中提出了自己的看法：神圣使命的幻觉就是暴力思想的温床，它给了人们一种不容置疑的绝对权力去实施暴力。人类历史上的很多战争和冲突，并不是源于对财富或者权力的追求，而是源于这种想象中的使命感。这里，他所说的是一家之言。值得思考的是，他用了"幻觉"这个词，正好与"自觉"相对。把"使命感"变成"幻觉"，那是病态心理，可见"自觉"对"幻觉"的重要意义。

对此类事件，还有另一种看法。那就是美国神学家雷茵霍尔德·尼布尔（Reinhold Niebuhr）在其《道德的人与不道德的社会》(Moral Man and Immoral Society, 1932）一书中认为：作为个体的人类，在行动的时候，所遵循的理性原则以及对他人需求的切身感受，让人们超越了自身固有的自私和偏见，成为一个"有道德的人"。但是，当我们身处一个集体之中时，这种理性就消失了，人的自私的本性就越会暴露出来，会做出一些作为个体绝对做不出来的事。各种形式的集体主义变成了人们新的行为准则。他用这个理论来解释国与国的交往关系时，其结论是：无论组成群体的个体是多么优秀，群体关系一定是不道德的。当群体变为国家时，这个结论是：国与国之间不存在道德问题，只有政治原则。所谓"国际社会"，就是各方面为了国家利益而展示实力的舞台。这个绝对化分析确实有点"神奇"。据说，美国前总统奥巴马特别喜欢尼布尔的哲学。

不过,尼布尔这种政治哲学也并非一无是处。例如,他认为用单纯的民主方式去解决一个国家内部的冲突,并不一定有好的结果,反而会导致少数人的暴政。现任斯里兰卡总统马欣达·拉贾帕克萨似乎也同意此理论,因此他决定以强有力的"以戈止戈"的战争方式结束内战。他任命他的哥哥为国防部长,让这位军人用铁的手腕行动而不受其他政治家所约束。他顶住泰米尔伊拉姆猛虎组织头目普拉巴卡兰以平民作为人质的要挟,一举击毙头目并平息内乱。这使草菅人命的普拉巴卡兰以平民做人质迫使政府让步的企图破产,他不是"民族英雄"而是恐怖头目,"猛虎组织"被公认为恐怖组织。

现在大多数斯里兰卡人,无论是僧伽罗族,还是泰米尔族,无论是佛教徒还是印度教徒,都为发展而忘掉这段内战史,团结一致向前看。然而历史教训值得注意。斯里兰卡虽为小国,但从这段历史中,可见民族性、宗教性、时代性三者的错综复杂社会性交往大事。在人类文明交往历史中,不能忽视小国。记得我的中东史研究是由印度"西进",开始研究阿富汗,读苏联学者的《阿富汗史》,称山国阿富汗为"蕞尔小国"。后来发现它并不小,面积65.2万平方米,英国才24.5万平方米。现在,由印度"南进"斯里兰卡,它只有6.56万平方千米,它真是小国,然而却是"印度洋上的珍珠"。这个被称为拥有茶叶、橡胶、椰子"三宝"的国度,风光秀丽,所产宝石举世闻名,堪称灿烂的"明珠"。东晋法显的《佛国记》已有斯里兰卡(锡兰)记载。交通地理风物方面,也有清代丁谦的《佛国记地理考证》一书。中斯文明交往源远流长,应当传承不殆,常交常新,共谱人类文明交往历史自觉的新篇章。

九 "人类文明交往自觉观念"的自我解读

我的人类文明交往自觉观念是一种历史观念,其发展轨迹是四条交替上升的思想发展逻辑路线:

第一，历史交往：此为历史性的发展逻辑，既为初始，又为贯通全过程的思路。

第二，文明交往：此为文明性的演进逻辑，既为物质、精神，又为制度、生态等诸多形态相互依赖、彼此制约的思路。

第三，文明自觉：此为自觉性逻辑，既为文化思想自信之源，又为文化思想升华之果的思路。

第四，历史自觉：历史自觉是人类文明交往的根本自觉。我由"历史交往"，回归到历史自觉，如黑格尔所说："回归历史，获得自觉。"

从根本上说，文明自觉是文明交往的历史自觉，而历史自觉又是人类文明交往的深层自觉。纵观人类古往今来的历史实践进程和生产生活，其历史脉络大抵沿着自然史—人类史、文明史—世界（或全球）史的阶梯，逐步由一个自觉阶段走向另一个新的自觉阶段。

中华文明堪称人类文明中的耀眼明珠。从远古就有的史官到连绵不绝的历代史书（《二十四史》），昭示着中华文明之为唯一未中断文脉的本质特征。"究天人之际，通古今之变"，横连自然人类、纵贯过去与当今，中国不愧为历史科学之国。清代思想家龚自珍道出了历史自觉的真谛：

"欲知大道，必先明史。""灭人之国，必先去其史；隳人之枋，败人之纲纪，必先去其史；绝人之才，湮塞人之教，必先去其史；夷人之祖宗，必先去其史。"

这五个"必先"，尤其是第一"欲知大道，必先明史"，是理解历史自觉之总纲。做人、立国的大道、大事，必先为史。这加深了我们对马克思、恩格斯所说的"我们知道的唯一科学是历史科学"思想的理解。在历史自觉问题上，我们不能糊涂，要明史学大道。

时代是思想文化之母，实践是文明理论之根。植根于时代实践之中，发展历史性、文明性、自觉性逻辑，是理解人类文明交往历史观念的"史以明道"思路。

第二编 史道：明人类文明交往"自觉化"之道

十 文明交往自觉与人类希望

观察一地、一区、一国文明交往事件，必须站在全人类高度进行俯瞰，也要立足本地、本区、本国进行凝视，两者结合，才是人类文明的互动交往视角。

文明交往的最深处在于直指人心，走进他国人民的内心世界，在于走进人类历史的深处。这是文明交往自觉与人类希望所在。

德国学者马科斯·克鲁泽的《在时间的长河里》，被译为《人类文明史》，已作为对中国青少年的历史普及读物，由新世界出版社出版。联系到中国社会科学出版社对我的《老学日历》定位于人类文明交往自觉"人生哲学""普及读物"的思路，阅读克鲁泽此书，在西方文明演进的通俗化上，可以说是别具一格、颇有启发意义。

人类文明交往自觉与问题意识的导引作用直接相关，而问题意识的最高境界是普遍性理论思维。一个人、一个民族、一个国家，乃至全人类的理论思维程度，决定了文明程度的水平。马科斯·克鲁泽的《在时间的长河里》从时间跨度上说，颇似通史，介绍文明的风格却更像小说，它给人的最大体会是以问题意识作为思考的切入点，使人们对文明交往进入了自觉境界。全书讲述了一位智者型向导塞内克斯带着三位即将毕业的中学生三人游历"进化公司"，亲历西方文明演进的故事，使人们在时间长河中体味文明意境。

塞内克斯这个人物形象代表着作者的思维方式。他带着德国式的严谨和怀疑色彩，用略显悲观的眼光看待人类的本性和文明走向关注。在旅游行程中，他也多次表示对人类的本性和文明的走向。在旅游行程中，他多次表示对人类文明成果的珍视和个体自觉的责任感，并在结束时，咏出了这样的诗句："你们，将要离开的人，带上希望吧。"书中三位中学生的形象则是关注人类未来、批判人性弱点并对文明发展保持乐观和赞叹的人的抽象化。

书中提到的问题意识有以下特点：①给三位中学生留下思考空间。向导塞内克斯作为智者，不是用引而不发的方式对尖锐问题直接去回答，而是启发他们论辩，自己找出答案。②全面多元地介绍人物与事件。不绝对肯定，不美化，如塞内克斯谈黑格尔的成就，女中学生则指出黑格尔对妇女的偏见。③追根溯源，知果知因。塞内克斯指出欧洲印刷术传播的初衷是为了传播宗教思想，结果却加速世俗化而使宗教溃败。④作用与反作用的转化相伴而行，要思考文明演进与多种可能，估计到某种未知的反作用力。科技推动历史大潮，但其反作用力是可能摧毁其成果。

为思考留空白，加强普遍性思维理论的同时，通俗读物的作用应当始终不能忽视，人类文明史需要面向大众，走向大众，为文明自觉增添力量。

十一　王国维的"中西学交往互动论"

王国维在《国学丛刊序》中说："中西二学，盛则俱盛，衰则俱衰，西风既开，互相推动。且今日之世，讲今日之学，未有西学不兴而中学能先者，未有中学不兴而西学能兴者。"

这是人类文明交往的自觉，是心灵开放、心灵自由的自觉。在文化、文明研究中，不仅要深刻认识民族性，而且要把民族性置于全人类性的多元统一中去全面认识。保存民族性并非我们最终的目的，构建全人类共同的新文化、新文明才是我们的最高远目标。爱自然，为人类，面向世界，融贯中西、会通古今，才是"大历史"的视野。只有在这种"大历史"视野中，才有可能发现古今中外之间有一条人间、时间、空间这"三间"交往中文化、文明的隧道，从而在找到各种孤立现象之间各种互动因素过程中找到合理的发展坐标。

十二　大历史观念与大文学观念

人类文明交往的历史观念与文化或大文学观念密切相关。历史科学之所以是宏观的科学史观，不但包括人类史和自然史，而且最可关注的是"世界史"的历史哲学观念。人类史和世界史都是宏观的历史视野，它的中枢线索是人类文明交往的历史观念。

大文学观念即文化。马克思、恩格斯在《共产党宣言》中论述了大文学观念："许多种民族的地方的文学形成了一种世界文学"，这里的"文学"（Literature），就是德语中泛指科学、文学、艺术、哲学、政治等方面的著作，即泛指精神文化，属于整体文明中的核心部分。这种由多种民族的"地方的文学"，形成的"世界文学"，不但赋予文学以文化内容，而且使之具有世界性一与多、同与异关系的称谓。这与大工业的发展，世界市场的形成，以及文明交往普遍化的世界史新时代直接相关。正像马克思所指出的：世界史不是一开始就有的，世界史是"结果"。因此，人类历史也就由于文明交往的发展，变成全世界范围的历史，文学或文化也随之具有世界历史性质。

十三　读晚清女诗人张印的咏史诗

张印（1832—1872），字月潭，陕西潼关人，晚清三大女诗人之一（其他二位为李娓娓、武淑）。生前手订诗作为《金台集》《青门集》《南归集》，藏之于居所茧窝夹壁中。其子林昌彝在诗人去世20余年后，发现遗稿已虫蚀过半，整理后刊为《茧窝遗稿》3卷传世。2014年出版的《清代闺秀集丛刊》（杨健、肖亚男编，国家图书馆出版社）收入此书。

张印为陕西籍，随父张澧中生活在北京，后随夫林寿图于同治二年（1863）9月回陕。当时林寿图为陕西布政使，张印在《谢秦中亲族》一诗中描述了自己兴奋的心情："乡音喜入耳，秦关望崔嵬。"因为"秦中我故里，堕地未一归"。在他的记忆中，父亲告诉她故乡的人文自然史："忆昔父谓我，吾土帝王畿。秦华称天险，泾渭襟带之。风俗本淳朴，犹有周公遗。"而她回故乡时，却是"地方正苦战，蕃汉交相持。疮痍苦不起，宁复顾家为"。关中此时正值回汉民族矛盾激化，民不聊生，令人感叹不已。

这里她讲了家史，追述父亲的"吾土帝王畿"，即"长安自古帝王都"。今日人多言"关中"，她言"秦中""秦华"，用"泾渭"如

"襟带",形象地述"天险";又谈周公遗风,"风俗本淳朴",也使人想起文学家黎锦熙为西北联大制定的"公诚勤朴"校风意境。她身为秦中人,心怀关中情,在《别秦中亲故》诗中,以人生襟怀写了乡愁:"人生聚散等浮萍,九载茫茫一梦醒。握手恐劳坚后约,掉头莫笑少乡情。终南马首愁难见,灞水关前惜此行。今日将雏何处去?也同春燕暂南征。"诗人写了"梦醒""乡情",写了"终南"册,写"灞水"流,又写了回福建是"喜燕暂南征"。她在《出关》诗中,有"往岁来青门,车中同白发。今岁去青门,惟见车辗坐",这是对别恋故乡的感受之笔,因为"青门"为长安东南门,本名霸城门,因其门色青,于是有"青门"或"青城门"的俗称。"青门"外为灞桥,汉代人送客此桥,折柳赠别,后来"青门"成为送别之处的特指。还值得一提的是她在《望官道》诗中,有抒情至狂呼的诗句:"潼关咫尺地,秦秋不一祀。"把"我亦为人子"之心轰鸣而书。

诗人用《从军行》揭露了清兵"鞭夫如鞭狗,弹人如弹鹊。一事稍阻挠,首级立时落"的杀掠劫盗、草菅人命,悲叹"天道信难知,作诗叩冥漠"的无奈。她还有居燕地咏史诗,尤其是《燕台》诗:"客次驱车此地过,孤城形势郁嵯峨。高秋树老栖鸲鹊,落日坟荒卧骆驼。访事已无知郭隗,伤心莫更说荆轲。十年燕草悬吾目,怕触萧风未敢歌。"诗人居燕地十年,因对清王朝衰败而回顾燕国当年盛衰荣辱史,产生无限无奈与悲凉;同时也反映了她忧国忧民而切望中华振兴。这首诗至结尾处那一句"十年燕草悬吾目,怕触萧风未敢歌",在内心激起了"风萧萧兮易水寒,壮士一去兮不复还"的悲壮气概。

诗人不仅家教有素,而且见识过人。她有《读阮云台先生〈西洋米到〉纪事诗有感》诗:"以茶易外米,意在民食屯。虽云通有无,彼利难具陈。况乃减彼税,悬禁苦吾民。我荒彼鼓舞,我丰彼逡巡。价值贵贱间,操纵权在人。何异教子弟,跬步限家门。又不绝其交,奸徒滋攀援。父兄年日迈,子弟智在昏。一旦有不讳,人将倾我困。会须辟田亩,努力事耕耘。岂容束手坐,终岁乞诸邻。"

细读此诗,远思近代列强通过不平等条约,强迫清政府进行不平等贸易，剥削压迫我国的历史，令人不由钦佩诗人的敏锐洞察力和文明交往自觉性。要把粮袋子牢牢掌握在自己手中，这是民族和国家命运所系。外来大米的涌入，那是"价值贵贱间，操纵权在人"，是很危险的事。"家中有粮，心中不慌"，"一旦有不讳，人将倾我困。会须辟田亩，努力事耕耘。岂容束手坐，终岁乞诸邻"，说得多么确切！回顾当时国弱无主权的晚清时代，外国商品冲击中国市场，国门被迫打开。面对此情，张印的忧患意识，更有深刻之处。今日读起来，诗人忧国忧民之心，油然生于爱国情，其深处是有文明交往自觉的先知先觉的判断力。这种咏史诗心难能可贵。诗人丈夫林寿图很了解这种自知之明和知人之明的自觉交往意识："月潭之于诗，有终岁不著一语，有一夕得数十韵。不事雕饰，以陶诗写性灵为主，使无儿女累，而日精焉。"陶诗，陶渊明诗风，为张印所宗。也正如何振岱在张印《茧窝遗稿》序中所说："哀时感事之作，言及政纪民生，常有余慨，则非寻常妇人好之诗矣！"

第三编 史道：明"学林老树"人生之道（上）

一 由"雜家"到"杂寿"

"杂"字的繁体字为"雜"，意为不单纯的，多种多样的。学界中一些老人多自谦称为"雜家"。如季羡林老师多次说过，有人问我是何"家"，我实际上是个"雜家"。这个称谓是战国时期的九家学派之倒数第二：儒、道、阴阳、法、名、墨、纵横、杂、农。《汉书·艺文志》："杂家者流，盖出于议官①，兼儒、墨，合名、法。"看来是一个集众家之言，并进而融汇为一家之言的独特学派。因其杂糅诸家之说，明代黄虞稷《千顷堂书目》把纵横家也并入杂家之中。杂家的代表作有《孔甲盘盂》《尉缭》《尸子》和《吕氏春秋》等。

"杂家"是一种跨学科的学派。《四库全书》从黄虞稷之说，但又把"杂家"细分为五类：①立说者谓之"杂学"；②辩证者谓之"杂考"；③议论兼叙述者谓之"杂说"；④究物理、陈纤琐者谓之"杂品"；⑤合刻诸书、不名一体者谓之"杂编"。如果按这种分法，"杂志"真的也可以为"杂家"一类，因为它是把许多文章编辑在一起印行的期刊，而诸位编者也可称之为"杂家"了。确实地，编辑具有"杂家"的广博知识和深远见解双重素质。他们博闻广识，知识面宽，有准确判断能力，其水平不下于学者大家而令人所羡。

---

① "议官"，《汉书·百官公卿表》："官名，秦制，汉承之，秩比六百石。征贤良方正，敦朴有道之士任之，掌顾问应对。"

"杂"字自成为通用的简化体以后，原来的繁体"雜"字因废去不用而生疏起来。本文集杂收学林诸老都是八十高龄以后，这又使人想到了"杂寿"的新称谓。《淮南子·诠言》："以数雜之寿，忧天下之乱，犹忧河水之少，泣而溢之也。"这里的"雜"字，意为人生历程从子至亥为一匝之"匝"，"数匝"犹言人生苦短，已有以"杂"形容"寿"命之意。但我指的不是低寿，而是高寿。现在生活水平提高了，医疗卫生条件改善，我国人民寿命延长了，早已是"七十"不稀、八十才进入老龄初期了。

说起高寿，多与"八"字有关，如"八十八岁"的"米寿"，"一百零八岁"的"茶"寿，然而中间缺对"九十八岁"的称谓。现在简化体的"杂"字正好是"九十八"高龄的对应字。人之寿，有三个"八"的阶段：（一）"米寿"，八十八岁；（二）"杂寿"，九十八岁；（三）"茶寿"，一百零八岁。[①] 记得汉字简化方案公布时，我在北京大学历史系读研究生，大家都去查找自己常书写的简化创造字，希望有幸入围。现在面对这个"杂"字，真不知何方现代"仓颉"创造此字，竟然完整了我的"三八高"阶段，今日在世的同窗，应当为此景莞尔一笑！

现在，由"杂家"到"杂寿"，学林八秩诸老，终于有一个"三八"序列了。

二 从"八秩"至"八百彭寿"

寿与"八"字关系密切。前文谈到寿的"三八"序列，第一序列为"八十八岁"的"米寿"，那是个"人瑞"的标志。不过，行年

[①] "杂寿"学人吴文俊，生于1919年，逝于2017年，享年98岁。这位数学家饮食不挑剔、爱好跟着爱心走、烦恼时心放宽，为他助长寿的"三拓"。他很欣赏丘吉尔的话："能坐着就不站着，能躺着就不坐着，要让生活尽量轻松平淡，不要为无谓烦恼干扰。"谢觉哉夫人、老红军王定国虚龄108岁（1913—2020），可谓"茶寿"老人。她的长寿之道是"经常动动，活络筋骨；饮食要当心，把好进食关；关键是心态要好，知足常乐，不要生不平之念。"

八秩,已是高寿的开头了。

唐代白居易《喜老自嘲》诗中,有老年自觉的意识:"行开第八秩,可谓尽天年。"秩,是十年为一秩,"第八秩"即第八个十年。人生难过百年,第八个十年,真是到了"尽天年"之时了,尤其是古代"人生七十古来稀",白居易的感慨八十长寿是很自然的。《韩非子·解老》:"行端直则无祸害,无祸害则尽天年……尽天年则全而寿。"天年,自然的寿命,所有生物都须顺应自然,享天年,唯人有主观能动性,在文明交往上有致良知的知行合一的道德"行端直",方能导致"仁者寿"。

中华文明中有尊老的优良传统,"秩"又有了另一种内容。八十、九十这"八秩""九秩"之寿时,都要受到国家的呵护。《礼记·王制》:"七十不俟朝,八十月告存,九十日有秩。"这是对官员而言,七十岁早朝后即告退而不等议事完毕;八十岁每月君王派人问候送膳食并致问候;九十岁时君王每日派人送常膳。现在,八十岁以后,国家对所有人都有"老龄补贴",就是继承了这一传统。

"三八"序列之外,古代更长寿命的传说,那就是活了八百岁的"彭寿"。传说中的彭祖,为颛顼帝玄孙陆终氏的第三子,姓钱名鑑,尧封之于彭城,因其道可祖,故谓之彭祖。他与历史有缘,在商代为守藏史,在周代为柱下史,终年八百岁。他与涓子这位古代长生不老的长寿人并列为"彭涓",又与老聃这位长寿者并列为"彭聃",还与未成年而死亡之人相比较而称为"彭殇"。彭祖应为神仙化的长寿人,所以,《庄子·逍遥游》称"彭祖乃今以久特闻"。《楚辞》中屈原《天问》有二问:"彭鑑斟雉,帝何响?受寿永多,夫何久长?"其中屈原不称"钱鑑",而称"彭鑑"。

"彭祖活了八百岁,不够陈抟一觉睡。"这是关中民谣,说的是关中八景,第一景"华山仙掌"中的陈抟老祖。老祖同未当皇帝的赌徒赵匡胤在华山下棋,说好输了就把华山给老祖,这完全是一张空头支票。但陈抟面对"输打赢要"的赵匡胤,却是认真的。结果,老赵输了,双方画押盖手印,老祖手印飞上山,即今日"仙掌"。后来老赵当了皇帝,也不赖账,华山即为道教所有。至今华山犹下棋亭一景。陈抟老祖真有其人，宋代真源人，字图南，《宋史》有传。五代后唐时考进士不第，先后隐居武当山、华山，自号"扶摇子"，宋太宗赐号"希夷先生"。他著有导养与还丹的《玄篇》，还有《先天图》，数传而为周敦颐的《太极图》，宋人象数之"陈学"始于陈抟，可谓老祖。"华山仙掌"，事出有因，反映了人们对"八百彭寿"神话不满足，于是有夸张的说法："不够陈抟一觉睡"的民谚。

我常说，人不怕老，只怕空虚无事干。人生充实有事做，便是美好长寿老人。汉代张衡《东京赋》："送迎拜乎三寿"，三寿，三老也，分上、中、下三寿，皆在八十以上，如我的"三八序列"，为米、杂、茶三个标志。"寿考"，意为年高，长寿。《诗·大雅》中的"周王寿考"的笺说："文王是时九十余岁矣，故云寿考。"在古代，九十岁以上的人很少，所以《古诗十九首之十》就有"人生非金石，岂能长寿考"之问。

《学林老树集》中，我记录的都是学界老寿星，都是生活充实的人，有许多还是注意养生的人。如《管子·形势解》所说的"起居时，饮食节，寒暑避，则身利而寿命益"。这时的"起居时，饮食节，寒暑避"的九字延年益寿诀是古人养生宝典，今日如果能始终做到"时""节""避"，仍然管用。当然，如果再加上"心气平"共十二字延年益寿要诀，那就更完整了。人老了，会疾病缠身，生老病死是人生规律，不可违逆，但可以养生养心，健康延年益寿，其中生活充实、乐天知命、达观而规律生活每一天，最为重要。活着，要活出精神，活出意义，要有事干，不空虚。人的生活空虚，便会悲观，如果生活充实，悲观了还会再乐观起来！宋代程俱在《自宽吟戏效白乐天体》诗云："人言病压身，往往延寿纪。"人寿十二年为一纪，"寿纪"犹言寿数。我每读此诗，都想起自己从20世纪末到2019年，曾几次大病，大劫过后都未放下手中笔，也未中止人类文明交往问题思考，生活充实，所以"寿纪"延年至今，身心尚健。

唐代大文学家韩愈在《送李愿归盘谷序》中说："饮且食而寿而康，无不足兮奚所望。"知足是老年之福寿，饮食健康是老年之幸寿，有趣事干是老年的骨寿。宋代孙奕《贺生日》："黄耕叟夫人三月十四日生，吴叔经代人作寿诗曰：'天边将满一轮月，世上还钟百岁人'。"人到老年，也有衰而"复兴"之兆，如古老文明有复兴之兆一样，如老年人发落后重生黑发现象一样。我85岁时，头上突生黑发一小撮，但一年后即变为灰发。我意识到那是生命的顽强生机，不过已是强弩之末，无力回天了。正如元代方回的《老矣》诗所说："浪许满头生寿发，几堪落叶见秋风。"老壮可喜，但不可恃。《后汉书·赵岐传》载，赵岐"年九十余，建安六年卒，先自为寿藏"。"寿藏"，生前预营的墓穴，知道自己要死，称为"寿"，取其久远之意，倒也是一乐：生前寻找慰藉乐。

我"米寿"八十八岁时，尚隐居于北京东南三环，首都图书馆附近。北京，古燕地。战国时燕邑有名"寿陵"者，以该地有学步邯郸的余子而使人记起。余子学习精神可嘉，但路径不对，不得要领，不思创新，只能亦步亦趋，"未得国能，又失其故行"，以致"匍匐而归"，爬行而回寿陵，太悲惨了。老不废学习，但身在燕地，余子的教训，犹在历史记忆之中，不可不注意。因"寿陵"而联想寿龄，善学者也有寿龄，让老人活到老、学到老，勤学而且善学，注意养生而安享寿龄。

最后，请允许我用《诗·小雅·天保》诗，来祝愿学林诸老长寿安康："如南山之寿，不骞不崩。"

三　百岁学人小志

《光明日报》2017年7月17日的"光明学人"栏刊登了雷柯写的《叶惠方：百年写就大医精诚》一文，报道了叶惠方这位"万婴之母"林巧稚嫡传弟子、301军医院妇产科奠基人的业绩。这位学林老树在2017年1月17日深夜去世，享年101岁。"大医精诚"一词来自唐代医学家孙思邈，说的是医学精神。孙思邈被尊为"药王"，至今陕西耀县仍有"药王山"矗立，纪念着他的历史性贡献。孙思邈认为，"苍生大医"的条件是："凡大医治病，必安神定志，无欲无求，先发大慈恻隐之心，誓愿普救含灵之苦……勿避险巇、昼夜、寒暑、饥渴、疲劳，一心赴救，无作功夫形迹之心。"叶惠方正是这样的"苍生大医"，她的医德集中在对人类生命的关爱，一生的努力"只是为了女人的幸福"。她真正继承和发扬了林巧稚的"圣母"精神，令人感受到医学的救死扶伤人道价值。

2017年中央电视台播出大型文化情感节目《朗读者》，感动了许多老人。从第一期96岁的翻译家许渊冲，到最后一期八位老者，道出了对"青春"的理解。他们中最年长的102岁。这个节目，受到了广大青壮年观众的欢迎。这是一次老中青三代人的互动交流。他们互相敞开胸怀，以文明的名义叩问人生，充满着生气勃勃的文化气象。2019年2月，正是翻译家许渊冲98岁高龄之时。他说，百岁以前，一定要翻译完莎士比亚全集。新世纪第一个十年结束时，他的英语译作《楚辞》《诗经》《唐诗三百首》《宋词三百首》《中国不朽诗三百首》等，销路已破百本大关。这位老而益壮的翻译家，仍身居北京大学畅春园"斗室"，坐在电脑前打字工作，从事着汉译英法诗文事业。这位走进百岁的翻译家，系统地提出了"以创补失""美化之艺术"理论。他以哲学的"三"的概括，将其具体化为："意美、音美、形美"三美论、"浅化、等化、深化"三化论和"知之、乐之、好之"三之论。这是中国气魄的翻译理论，是他众多翻译作品的理论结晶。

周有光是寿极学界的老人，享年111岁。本集已有关于他的事迹专文：《寿极学界老人周有光的世界历史眼光》（见第4节）。他已打破了108岁的"茶寿"纪录，堪称学林中的"人瑞"。101岁的自然科技界的申泮文，是当代无机化学学科奠基人，南开大学教授。他90岁时，还在为本科生上课，其精神令人敬佩。西北大学体育教授王耀东，享年106岁。西安体育大学教授郭杰，和我同为陕西文史研究馆员，101岁时仍于该校与大雁塔之间的大道旁坚持晨练，步履矫健，腰板挺直，声音洪亮。他对我说，他有信心打破王耀东保持的西安高校106岁高寿的纪录，活到110岁。我笑着向这位老学长祝福，切望活到112岁以上，打破周有光在全国老学人中所创造的高寿纪录。

郭杰老人精神状态好，学习专业勤奋，养生之学也颇努力。这令人想起另一位百岁老人卢乐山。这位我国学前教育的奠基人有句名言："活到老，学到老，不学到老就没有资格活到老。"对这句名言，一位"坐八望九"的学人，有一首赞诗："享寿期颐良有以，一言解破养生题。先生勤学一以贯，百岁高寿自可期。诚然不能学到老，跻身寿佬又何必。如此经典醒人语，句句入心拨我迷。"我在《老学日历》序言中，也曾对勤奋品质给予最高的定位。的确，勤奋可使庸才成为专才，勤奋也可以使天才成为奇才，然而没有勤奋，庸才更庸，天才也变成庸才。老而好学，生活充实，勤可生智，成为明智老人。孟子把"充实"称为大美，那么，"空虚"就是大缺憾了。充实生活是美的生活，可以使人长寿。老人多在勤学上乐享天年，其理在此。以"勤"为名的老学人中，李学勤为古文字学者，李之勤为古地理史学者，二人都活到了八十岁或九十岁以上。虽然在今日生活改善年代，不算太高寿，比起过去"人活七十古来稀"好多了。愿勤学养生的老学者们乐生高寿，为人类文明多做贡献。

人活百岁，称之为"期颐"。这是因为百年是人生年数之极，故曰"期"，此时期人的起居待人养护，《礼记·曲礼》有"百年期颐"之说。晋代皇甫谧《高士传》称，高士"舍足于不损之地，居身于独立之处，延年历百，寿越期颐"。提起"期颐"，还令人想起了饶宗颐这位已享南山之寿，而且已年逾"颐期"的国学大师。他十六岁时，就有《优昙花诗》而闻名，兹录如下，以供欣赏品味：

优昙花，锡兰产。余家植两株，月夜开放，及晨而萎，家人伤之。因取荣悴焉定之理，为诗以释其意焉。
异域有奇卉，托兹园池旁。
夜来孤月明，吐蕊白如箱。
香气生寒水，素影含虚光。
如何一夕凋？殂谢亦可伤。
岂伊冰玉质，无意狎群芳。
遂尔离尘垢，冥然返太苍。

第三编 史道：明"学林老树"人生之道(上)

太苍安可穷，天道邈无极。
衰荣理则常，幻化终难测。
千载未足修，转瞬距为逼。
达人解其意，葆此恒安息。
浊醪且自陶，聊以永兹夕。

细读此五言古诗，古朴而富情韵，且蕴含人与自然、中与外之间交往的哲意，其练达水平似不应出自一涉世不深之少年笔下。如此早熟，令故里潮汕诸老，恐其英华早谢，年寿不永。其实，本诗已经有"衰荣理则常，幻化终难测。千载未足修，转瞬距为逼"之咏，既表达了他当时不因优昙花之荣而喜和其凋而悲的常理与幻化之变的旷达精神，也与今日饶宗颐年愈百岁而身心两健的"达人"思想一脉相承。

《优昙花诗》咏锡兰花种，移植中华大地。锡兰即今日斯里兰卡，本集第二编收有《1983—2009年斯里兰卡内战》（见本书第二编第八节）一文，即该国当代一大历史事件的始末。该国优昙花为无花果树之一种。"优昙"，梵语，意为"瑞应"，或译为"祥瑞花"。此花夜开晨萎，虽祥而短寿。作者用"幻化"来形容其"终难测"，用以深化"变化"这个概念，颇见功力，以明文明交往之复杂多变，为发展留下广阔思考空间。

读此诗，其品位大有魏晋风度，令人有感于陶渊明诸诗与王羲之《兰亭序》真意。的确，诗最能体现人的个性、才情与气质，所谓诗如其人、诗言志。饶宗颐1917年6月22日生于广东潮州。其父为之命名"宗颐"，是期望他效法北宋大儒周敦颐，在学术上成一番事业。他从"志学"之年所作的《优昙花诗》已崭露锋芒，在人生道上一路走来，成长为根深、干强、叶茂、花香、果硕的学林老树。我读他少年诗，见其"颐期"健康，敬佩之至。我在此祝愿和他一样的百岁老人，都诗意养生而乐生高寿！

现在，生活好了，人生七十古来稀的话已经过时，但人生百岁还是比较稀少的。"坐八望九""坐九望百"的老人是大多数。被称为

"长寿系"的北京大学哲学系，冯友兰、梁漱溟、张岱年等人都是90多岁，而2020年9月10日教师节去世的"笃信万有相通"的哲学家张岱年，高寿100岁。在《百岁学人小志》最后，我再叙说一位"坐九望百"的学林老树，他就是2017年已经97岁，还在教学、科研一线的厦门大学教育研究院名誉院长潘懋元。他的口头禅是："我一生最欣慰的是，我的名字排在教师行列里。"他认为"导师对专业上的具体帮助，不是最重要的。重要的是在方向上的指引、方法上的点拨及人格上的影响。"他在每届新生入学第一堂课的第一句话，总是唐代大文学家韩愈《师说》下面一句话："'弟子不必不如师，师不必贤于弟子，闻道有先后'，如是而已。"

"闻道有先后"，关键是"道"。在《京隐述作集》第一集里，我讲的是文以载"道"，第二集是史以明"道"，第三集是哲以论"道"。述说的都是人类文明交往自觉的"道"。"道"说到底，是事物的本质，是事物发展的规律性，是事物发展的客观性与人的主观能动性结合的"史以明智"大道。清代大史学家、《廿二史札记》的作者赵翼有诗云："少小学书未成圆，只道工夫半未全。到老方知非力取，三分人事七分天。"这个"天"包括各种客观条件，其中包括"天赋"条件。当然，主观的努力是主要的，只要努力耕耘，总会有收获。但人力也是有限的，受各种条件的相互制约。赵翼的"人事三七开"未必符合每个人一生的情况，但百岁老人积累的经验，无疑会更多更深一些。愿我的《百岁学人小志》给大家一些有益的启发。

四 寿极学界老人周有光的世界历史眼光

2017年1月13日，中国学术界顶级高寿老人周有光以111岁与世长辞了。《养生经》："上寿百二十，中寿百年，下寿八十。"他已超过"中寿"和一百零八岁的"杂寿"，却没有达到"上寿百二十"。他的辞世，引人哀思，但能逾"中寿"而终，也堪称圆满。他的长寿，与他学习养生分不开。他的老年有一颗"返老还童"之心。他100岁之后，还有《百岁新稿》《朝闻道集》《拾贝集》《周有光文集》等著作。卓尔不群的老人，留给我们的只有深切的怀念。这位"汉语拼音之父"，生于1906（清光绪三十二年），把壮年和老年献给了新中国。他晚年说得最多的一句话，就是"站在世界看中国"。他认为，历史已进入世界史时期，已经无法再想世外桃源，只有认真学习"地球村"的交通规则，共同过"全球化"生活了。他又说："不要只从中国看世界，要从世界看中国。"这种世界史眼光，使他贯通内外文明交往的眼光，具有人类文明史发展特征因而特别光彩照人。

周有光人生学术有以下四点，值得特别重视：

第一，他开创比较文字学学科。全世界的历史眼光必然是全人类的历史眼光。他以世界历史和人类历史的视野，来研究文字学，把人类文字分为三个发展时期：①尚未成熟的象形文字；②已经成熟的意音文字；③分析语音的表意文字。由于有其广阔的眼光，他开创了中国的比较文字学，确定了汉字在人类文明史上的地位，解释了汉字的发展规律，并且进而科学地解释了汉字的文化现象。这就是他用人类史、世界史眼光看文字学的结果。

第二，设计汉语拼音方案。时光到了50岁"知命之年"，深知学术使命的他，开始从政治经济学转向语言学，可谓"半路出家"的语言大家。1955年，他主持汉语拼音正词法基本规则的制定。1979—1982年，出席国际标准化组织的文献技术会议，使该组织通过国际投票，认定拼音为标写汉语的国际标准（ISO 7098）。2015年12月15日，ISO总部在日内瓦出版ISO 7098：2015，作为新的汉语拼音国际标准，向世界公布。当时，他兴奋地告诉学生冯志伟："这是汉语拼音迈向世界的新步伐，将进一步扩大汉语在国际上的影响。"这又是从世界看中国的周有光"眼光"。

第三，概括中国语文现代规律。他把近百年中国语言的规律总结为：语言共同化，文体口语化，文字简便化，注音字母化，术语国际化。他告诉学生李宇明说，现在是信息化时代，应当顺应时代，从唯物史观的"衣食住行"这个原点出发，将它修改为"食衣住行化"了。这就是他与时俱进的语文现代化世界历史观念。

第四，把个人的学术年龄与生命年龄、社会年龄同时代发展紧密地联系在一起。生命年龄是基础、学术年龄是职守、社会年龄是背景。晋代王珣有言："人固不可无年。"年龄大与贡献大相结合，使周有光老学人百年多的光阴更加灿烂光照人间。这就是他充实大美的生命史，这也就是他"有光一生，一生有光"。阳光照耀着他的一生：大学毕业后的民众教育，留日的学习生涯，加入救国会的抗日救亡运动，游历美国而心系中国、把智慧贡献给语言学专业，直至百岁之后，仍笔耕不辍。

周有光认为，人生是一次马拉松长跑，人生要活好每一天，每天都活得有意义。人到老年，如费孝通所说，人老，时间不多了。要惜时如命，要劳逸适度，量力而行，如周有光这位"长寿学者"那样，老而身心两健！

五 "茶寿"老人杨敬年

我知道的 108 岁"茶寿"老人是南开大学的杨敬年教授。在中国 88 岁的"米孝"老人不少，但百岁老人并不多，而达到"茶寿"的人更稀少。

杨先生可谓松龄鹤寿，他真幸运，临终前在接受母校牛津大学荣誉院士时，还在视频中用流利的英语和清晰的思维发表了讲演。西北大学的王耀东先生却没有那样的福气，1928 年他作为中国篮球队员在东亚运动会上夺冠效力，晚年遗憾地与作为特邀嘉宾参观中国奥运会盛典失之交臂。

杨先生虽不是体育界中人，却能坚持锻炼身体，做自创体操几十年不停，每天早上最少要做 10 次下蹲动作。这棵"常青树"自言："我的年龄是 100 多岁，但在旁人看我的生理年龄只有 70 岁，而我的精神年龄也只有 70 岁。"他这样回答自己的"长寿秘诀"：因为自己"有所追求"，追求新的东西可以让一个人"精力集中"，"生活有目的"。这是对老年生活充实的养生理念。背诵古诗词是他保持脑力的方式之一。86 岁从南开大学退休后，仍坚持早起，收拾床铺、洗漱后读书学习。去世之前仍关注时事，坚持听新闻，笔耕不辍，2016

年第 26 届全国图书交易会上,国家新闻出版广电局主办的年度"十大读书人物"揭晓,108 岁的他入选,成为获奖者中最长寿的长者。

他是位"自知之明"的文明交往自觉者。在百岁自传《期颐述怀》中,他有"尽心尽性""智圆行方"的人生体验:"充分发挥自己天赋的聪明才智的动机可以说是尽性。人的知觉是灵照,是人之所以特异于禽兽者。充分发挥其心的知觉灵照,就是尽心。人的知觉灵照愈发展,则其性愈得体现,所以尽心即尽性。"这种"自知之明"的"尽心尽性"思想,可以解释他的"长寿追求观":"生命的永恒追求,就是追求无所不知和无所不能,追求更多的知识和更大的力量。这是我们所有人都在追求的,即使危及我们的生命,牺牲我们的快乐,亦在所不惜。进化就是这种追求,此外别无其他。这是通往神性的道路。"

他有《谈人生》一书,认为生存、发展、求知、创造、欲望是共同的人性。他晚年思考哲学上的人性论问题,与他的人生经历有关。1957 年"反右运动"中,他被错划为"极右分子",而且以"历史反革命"罪被判处管制 3 年。4 级教授被取消,工资由 207 元降为 60 元生活费。以后,妻子、儿子均不幸去世。这一切使他的人生体验是:"20 余年的逆境对我也并非完全坏事。逆境可以予人一种锻炼,一种刺激。况且有些道德价值,非在逆境中不能实现。"他最敬重哲学家冯友兰的如何做人、做事、怎么活着的"人生系统哲学"和"以力胜命""以义制命"的哲学思想。他以自己的人生体验诠释说:"不管将来或过去有无意外,或意外之幸或不幸,只有用力做其所欲做之事,此之谓'以力胜命'。不管过去或将来之有无意外,或意外之幸与不幸,而只有用力做其所应做之事,此之谓'以义制命'。"这里的"力"和"义"都是人的主观能动性与客观规律性的结合,富有哲理性。

他以经济学家角度谈人性,把"知人生意义、使命"和"知物的改造"结合起来,把"经邦"与"济世"紧密相连,探讨"缔造一个和谐世界。"他认为,在这样"知人"与"知物"的世界中,"人与人之间亲密无间,人与自然之间水乳交融,千秋万代,以至于无穷。"他的"通往神性的道路"的"神性",不是一般意义上的神灵，而是神妙奇特的人为"万物之灵"的人性。他的哲学路径如《易·说卦》"妙万物而为言"和《易·系辞》"变化之极"所说的神奇"至人气魄"。当他生活困窘之时，他阅读回味梁启超的"四论"（《论自尊》《论自由》《论冒险进取》《论毅力》），得出了下述"自我箴言"："自尊者必自爱，自尊者必自治，自尊者必自立，自尊者必自牧，自尊者必自任。"他用梁启超的下述名言来激励自己："勿为古人之奴隶，勿为世俗之奴隶，勿为境遇之奴隶，勿为情欲之奴隶。"的确，从人类文明交往历史看，道德是人性的核心，以德育人是中华文明的核心。德高体健的长寿老学人杨敬年，2016年9月4日仙逝。这位热爱生活、坚持人性良知的智者，给后人留下了绵延不断的思念。

六　乐而忘忧不忘勤的郑孝燮

2017年1月24日离世的城市规划与古建筑保护专业的郑孝燮生前有诗："坐席未暖又征尘，乐而忘忧不忘勤。"一个"勤"字说出了老人的健康心态。古诗中有"老来诸事懒，独不废应酬"。这虽有消极衰老之叹，但"应酬"仍有交往的积极意义，当然要减少不必要的应酬。"人勤地不懒"，这是一个勤劳农民的朴实体验。"懒、馋、贪、占、变"，这是人性之良向人性之恶转变的五个轨迹拐点，第一个就是懒。人一生到老，"乐而忘忧"的"乐"在"勤"，最不应该忘的就是这个"勤"字。

1995年6月15日年近八秩的郑孝燮在国家文物局开会审议推荐"世界文化遗产项目"时，苏州园林、辽宁牛河梁遗址、丽江古城、平遥古城未被列入。他当时就拍案而起："为什么平遥不能列入名单？它体现的是儒家思想体系的汉族文化，贯穿着封建礼制的规范，形成了讲方正、对称、中轴、主次及等级关系的城市布局形制，并突出了晋中地方民居的建筑特色。不是说'越是民族的，就越是世界的'么？我们中国这样的有特色的古城已经不多了。"在他坚持下平遥古城列入申报名单，而且最终列入世界文化遗产名录。

郑孝燮在辛勤奔波于承德避暑山庄、北京卢沟桥、大钟寺、十三陵、八达岭长城、先农坛和地坛等文物古迹的保护和利用的活动中,可谓"坐席未暖又征尘"了。特别是在1993年中秋节,年已近八秩的他与考察团一起,深入勘察三门峡工程,为后来的大小三峡大昌古镇整体搬迁做出了贡献。他留下了这样睿智的语言,"一个民族不能失落自己的历史,没有了历史,没有了文化,就没有了自己的根,历史千万不能割断。"

值得一提的是,他是老一代中国文化遗产保护的先觉者和先行者。在1985年春,他和侯仁之、阳含熙、罗哲文等几位全国政协委员联系递交提案,建议中国申请加入世界遗产公约组织。同年11月12日,中国政府决定加入《保护世界文化和自然遗产公约》。从那时开始到现在,我国已有50处文化和自然遗产被列入《世界遗产名录》,成为继意大利、西班牙之后的又一遗产大国。2017年,他以101岁高龄逝世,勤奋一生未留下遗憾。

七　吴良镛的文化自觉

建筑学家吴良镛,2019年已97岁,"杂寿"98将届,近期颐百年只有三年。他的老行步伐前行不止的精神是:"全球化过程中,在学习吸收先进的科学技术,创造全球优秀文化的同时,对本土文化更要有一种文化自觉的意识,文化自尊的态度,文化自强的精神。"他以老建筑学家的阅历体验"文化自觉":在城市和建筑中,要有"包容""融合",重要的是让每个城市和地区都感到"有他自己"。这种"文化自觉"中的"文化自尊""文化自信"和"有自己"的感悟,实际上就是人类文明交往的自觉。

吴良镛总结自己的人类居室理想,是人类文明交往的自觉具体化。他一生坚守不变的信念是:"我毕生追求的,就是让社会有良好自然相和谐的人居环境,让人们诗意般、画意般地栖居在大地上。"在抗日战争时期,中国大地上人民苦难深重。"逃警报"时日本侵略者的飞机轰炸的惨景,使他怀着修整被破坏城市的志愿,走进了中央大学建筑系。他后来跟随建筑学家梁思成筹办清华大学建筑系，成为人生事业的转折点，也是他立志民居、解决普通人居住问题的"居者有其房"理想和"诗意"治学的初衷。

"住者有其房"是梁思成1947年提出的思想，反映了普通人民群众普遍的渴望。吴良镛受此思想影响很大。他认为，与公共建筑相比，居民住房是建筑最本质、最核心的内容，这正是他"文化自觉"思想中"民为邦本"的"文化自尊"和"文化自强"的体现。他非常怀念和尊重恩师梁思成，讲起梁先生脊椎有病，不能打弯，仍坚持长时间工作，用一个瓶子抵住下巴，在桌上画图设计的敬业精神时，从内心发出敬佩。

这令我想起20世纪50年代初的一件往事。那是我在北京大学攻读研究生时期，梁先生的儿子梁从诫和我同级，我是亚洲史专业，他是世界史专业，同住19斋。一天下午，梁先生来看梁从诫，那是我第一次见到德高望重的梁先生。在此前，我想象中他是位身材魁伟、英俊潇洒的学者，谁知一见面，他竟是矮小的老头，比我们都低一些。当然风度不凡，穿一件连身背带裤，头戴遮阳帽，和蔼可亲。他问我们的学习情况，我当时也因他的随和态度而脱口而出：梁先生在我的想象中要高大得多，怎么变矮了？他立即弯腰指背，说他装了钢支架。这大概就是脊椎病使他不能直腰的缘故了。

作为梁先生的学生，吴良镛老当益壮，现在把精力用在口述历史方面，述说中国建筑的发展问题。他的座右铭是："老骥伏枥志在千里，拙将迈年豪情未已！"回归历史，他获得了文明交往自觉。高寿有三级：米寿，88；杂寿，98；茶寿，108。祝愿吴老跨过二级之后，向三级远行迈进！深厚的历史文化感、广大的历史背景、历史的哲学可以使这位"杂中求学"的吴先生年高而豪情依旧，精造不止。

八　朱践耳的曲史深处是孤独

千山鸟飞绝，万径人踪灭。
孤舟蓑笠翁，独钓寒江雪。

第三编 史道：明"学林老树"人生之道（上）

柳宗元与韩愈共倡古文运动，并称韩柳，同列入"唐宋八大家"。他的论文多触论深处，如《封建论》即文明核心制度，如对秦制在中华文明史地位的传承性。他的诗风清峭情美，上述《江雪》押仄字韵的五言绝句，就是他的代表作之一。他的散文善于写山水之美，他的山水诗，笔法善于表现自然环境幽僻和人的心态寂寞、冷清、孤独、高傲。《江雪》正是用了二十字，展现了天地空间的洁净、人间渔翁的卓尔不群。也正是这首名诗成为当代音乐史林、老树与清静乐曲大家朱践耳的生命诗意灵感心源之一。

朱践耳，1922年生，祖籍安徽泾县，原名朱荣实，后改践耳，据他自述是有感于聂耳的救亡歌曲和艺术歌曲，使他走上了音乐人生之路。他解释说："践"字含义有二："一是决心步聂耳后尘，走革命音乐之路，二是想实现聂耳未完成的志愿，也要去苏联留学，也要写交响乐。"1955年，刚过而立之年的朱践耳，被选派走进了莫斯科俄罗斯柴可夫斯基音乐学院。1960年他回国后，一炮打响，仅用半个小时就谱成了《雷锋日记》中的一首短诗《唱支山歌给党听》，经才旦卓玛演唱而红遍全国。

他毕生的事业是交响乐。在此后20余年中他创作了十部风格各异的交响乐作品。他在交响乐的创作中，从实践到理论一步步进入更高的境界——把自己的音乐生涯升华到人生乃至宇宙交往的一种哲学思考。

上海音乐学院副院长杨燕迪从中国交响乐史的高度，为他对文明史作了如下的定位性评价："朱践耳先生是迄今为止中国最高水平的作曲大家。无论从作品数量还是质量上来说，都是中国交响乐历史上的一座丰碑。朱老的作品体裁丰富，除了交响乐之外，还创作了大量的管弦乐、室内乐和声乐作品。他在中国音乐史上的地位是不可动摇的。"

朱践耳的重点贡献还是在交响乐。1994年前后，他先后完成了第六、第七和第八交响乐。1997年，他受美国哈佛大学弗洛姆音乐基金会委托，从我在本文开头所讲的事——以唐朝大文学家柳宗元的名诗《江雪》为诗意灵感，完成了第十交响曲的创作。他这十部交响曲是音乐史上的丰碑。他把中国传统文化底蕴写进了音乐，堪称中西方文明交往的作曲大师，也是诗意治学的践行者。

朱践耳从柳宗元名诗中获得灵感，把中华传统文明元素写进《第十交响曲》，那是把家国情怀写入西方音乐，是对音乐的高度热爱所致，是人类美的意境的追求。此曲意境是美到深处的孤寂美，如诗如画，意味深长，那大自然之静谧与人物之孤傲，发人深思。朱践耳2016年在"上海之春"音乐会开幕上演奏的《黔南素描》，感动了画家施大畏："里面充满着对大地的热爱，对人民的深情。"朱践耳对施大畏说，音乐和美术一样，都是把心里的感觉表达出来，从心灵出发，再回到心灵。这是经验之谈，音乐、美术是相通的，犹如把思路回归历史深处，获得文明交往自觉一样。一个用心、用生命来作曲作画的学人，和"我笔写我思"的所有治学者一样，都是"我手写我心"，其道理是共通的。孤独也是诗意治学的境界。"独上高楼，望断天涯路""众鸟高飞尽，孤云独去闲"以及"孤舟蓑笠翁，独钓寒江雪。"都意在一个"孤独"之美。

朱践耳对母校莫斯科俄罗斯柴可夫斯基音乐学院有着深厚感情，他还想去莫斯科举办音乐会。他不会忘记大学四年级那一年，他的第一次管弦乐作品《节日序曲》，在母校一鸣惊人的一幕。这部习作由苏联国家大剧院录音，作为永久库藏曲目。他也不会忘记自己的毕业作品《英雄组歌》，那是选用《长征》等5篇毛泽东诗词组成的5个乐章的"交响大合唱"。

然而，玉树叶落，他哪里也不能去了。2017年8月15日，这位老学人走完人生最后道路，终年95岁。他简朴真诚到最后，遗嘱是丧事一切从简，不办追悼会，遗体捐献给医学研究。用音乐人一生的实践，在履行着自己的下述座右铭：

至诚至真，乐之灵魂。至精至美，乐之形神。若得万一，三生有幸。孰是孰非，悉听后人。

九 "90后"诗人叶嘉莹的大雁情

2019年,"九秩"老学人进入我笔下的首先是"90后"的史学家章开沅93岁和92岁史学家张岂之,其次是"90后"的哲学家张世英98岁。张老先生是位诗意哲人,他的诗意治学境界有"心游天地外,意在有无间"的诗句,以此自况从容自得、乐观豁达的心境。他虽已年近百岁,仍笔耕不辍,主持《黑格尔全集》20卷的翻译工作。这位中国黑格尔哲学研究者,晚年从事中华文明与西方文明交往的老学者,回归黑格尔原著介绍,获得了新的自觉,以自知之明的心境,走向了文明交往的新境界。[①]

诗言志,诗缘情,志情本为一体,这在"95"岁高龄的叶嘉莹身上表达得特别突出和完整。作为南开大学中华古典文化研究所所长,她仍然天天以古典诗词为伴,研究与教学的精神和爱国的热情令人敬佩。我是从20世纪80年代《光明日报》上连载她关于诗意境界问题的文章中,开始了解到她对中国古典诗词的研究成果。她以雁情言志的下述诗句表明了自己深厚的家国情怀:

> 又到长空过雁时,云天字字写相思,荷花凋尽我来迟。莲实有心应不死,人生易老梦偏痴,千春犹待发华滋。

她讲解此诗时说:"在中国古诗中,常用雁排成人字来表达对人的思念,而这种思念不应是小我的、私人的那点感情,而应该是对国家、对传统文化的更博大的情谊。"她从"为己"写到"为人"讲学,把中国古代诗人的文明创造传给了下一代人。诗言志,诗缘情,她以中国古典诗词教学来报效祖国的心意,体现在她诗意治学的人生道路上。

她以"又到长空过雁时,云天字字写相思"表现了诗言志、诗缘

[①] 2020年本书最后一次校稿时,9月10日,张世英先生在北京逝世,享年100岁,他应列入"百岁老人小志"一节了。

情的诗味、境界和美的情趣。这令我想起了我在《书路鸿踪录》一书中，以苏东坡"雪泥鸿爪"诗，用飞鸿之美这种动静有序、飞行长空的诗意治学活力。我在《松榆斋百记——人类文明交往散论》一书中，三提大雁诗境：①《大雁情》中引用一位残疾人之歌："生命总有渴望，哪怕是一朵残缺的花，也要吐露全部芬芳；哪怕是一棵受伤的树，也要给人间留下一片荫凉；那是大雁，即使折断翅膀，也要飞翔。因为任何失败坎坷，也阻挡不住生命对美的向往。"残花、伤树、缺翅的大雁，都有人文向往美的生命力量。②《唐诗咏雁诗句选录》（二十四条），尤其是杜甫《孤雁》诗中"孤雁不饮啄，飞鸣声念群。谁怜一片影，相失万重云"使衰老的京隐，今日诵吟犹有家国情怀的"飞鸣声念群"那种人文精神之感。③《雁趣》中述说了这种候鸟的群体性和高飞性特色："雁飞成字，中文成'人'字或'一'字，英国人则称为'V'字形团队"，这就是朱熹的"据鞍又向冈头望，落日天风雁字斜"的"人""一""V"的"雁字"；这也就是叶嘉莹所说的"又到长空过雁时，云天字字写相思"的"云天字字写相思"的大雁布阵有序、飞过长空时那种美的诗境。

走笔至此，我抄录《悠得斋笔记》中三段话以结束本文：

  雁的情趣是美的情趣，在诗人审美视野里，雁的情趣到处都是诗境，随时都有物体。雁趣是一种境界，一种诗味，一种自然的变化，一种人世间淡淡的寂寞，一种人生旅程中平静的哀愁。

  雁的情趣是天地精神往来的恬淡超远、自然悠游的情怀，是人生、学术、哲学的物我一体的精神。学术是耕耘性灵的工具，是短暂人生的安顿心灵的家园。在学术中寻找人生的智慧，这是雁趣给我的思想启示和审美境界。我愿在群体中作为"雁警"为社会守夜！①

---

① 雁是有组织的群体，夜晚栖息时有值班"雁警"。20世纪70年代我在陕西大荔三河口劳动改造，在深夜的河滩麦田上，目睹了警觉集中、尽职尽责的"雁警"，只要稍有动静，总会见到伸长脖子、准备随时呼熟睡的雁群。

人生有如雪泥鸿爪，倏忽变幻，学术为短暂的人生提供了安顿心灵的家园。人生又不是飞鸿。僧肇在《物不迁论》中记述了那位白头还乡的出家人，对他的邻人说："犹昔人，非昔人也。"那种既熟悉、又陌生的变化，远非飞鸿的迁徙性相比。不过，学人在无垠的学术环境中，却又如天地飞鸿，可以纵横大化中，均有文明交往自觉气韵的美趣！真如一首深情的草原民歌所唱的那样：

"大雁飞在天空，它的影子却永远留在大地上！"

这就是生活在学术环境中哲学家张世英的"心游天地外，意在有无间"的别样诗意大雁情志吧。

十　有感于徐怀中89岁所作《牵风记》

说到老有所为，89岁高龄的徐怀中理所当然位居松柏学林秀木之列。他以曲折写作经历，不屈不挠地写出了长篇小说《牵风记》。

《牵风记》在军旅小说中也是奇葩一枝，蕴含着浓浓的诗意美。小说的题目就是画龙点睛之笔，发人深思。他借用杜甫"水荇牵风翠带长""牵风紫蔓长"的诗句，借用"牵风"一词创造性转化，形容解放战争中刘邓大军推进大别山的强劲之风，标志着它"牵引了"由防御转入进攻的战略巨变。他是战争的亲历者，曾写到这次数十万大军如强劲东风，"牵引"着这场历史性的悲壮历程。1962年，他还是《解放军报》记者的时候，就写出了小说的初稿。但是，此初稿未及出版，就被烧毁了。他说："烧这个稿子也很不容易，要烧它，却点不着，半天在那里冒烟。它不着，我急得又怕人来看见。"此种心情，既有对当时特殊的历史原因的遗憾，也有对当时写作局限性的理解，终于在新时期以新的文艺观念为指引，从2014—2018年完成了写作夙愿。

小说初稿20多万字已被他烧掉了。到了晚年，有着这一段战争经历的他，生活慢，写作也慢，身体不适，就停下来。只有10万多字的薄书，他写了4年多时间。他说："我想我该放开手脚，来完成我最后一记。"《牵风记》终于获得了第十届茅盾文学奖。

对于这一段人生经历,他形象而意味深长地说:"我的小纸船在'曲水迷宫'里绕来绕去,半个多世纪过去了,才找到了出口。"这是他老年诗意人生在思想上和艺术上的巨变。他领悟到"道法自然"的人类与自然关系之道。这从以下四点可以看出端倪:①他客厅的墙上挂着老子《道德经》第十六章中关于"致虚极,守静笃;万物并作,吾以观其复。夫物芸芸,各复归其根"等名言的条幅;②他有下述人生观的自白,即他对人的生命的理解:"被揉皱的纸团儿,浸泡在水中,会逐渐平展开来,直至回复为本来的一张纸,人,一生一世的全过程,亦应作如是观。"③《牵风记》中的女主人公——女文化教员汪可逾的遗体与一株老银杏树融为一体。小说以此为结尾,使人思考到人与自然的交往、人的生命的流逝,其实就是返璞归真的"回归"。④他有一段总结性的话:"我觉得人类的前景就在于返回,回到原点,回到人类最初的时候,虽然只有最简单的物质条件,但是有很纯洁的内心。"

他在《牵风记》新书发布会上,看到在场的年轻人终于想到了近90岁的自己:"好像我过了很久,从哪儿回到了这儿似的。看到你们,我才知道自己原来这么老了!"茅盾文学奖对《牵风记》的评价是:"闪烁着英雄之美、精神之美、情感之美和人性之美,"他自己也向读者说:"世间有美好,人间有光明。"美与真善融为一体为大美,光明因奋斗而文明化,这是难得的诗意健美刚劲心态。他在2020年《人民文学》第7期,发表了短篇小说《万里长城万里长》,吹奏着昂扬的中华爱国号声。这真是不知老之已至!他在鹤发白眉、鲐背松皮寿态中,仍然有一种《牵风记》所表现的艺术冲动如风的生命气象。

十一　望到九十的语言学大师赵元任

细草微风岸,危樯独夜舟。

星垂平野阔,月涌大江流。

名岂文章著,官应老病休。

第三编 史道：明"学林老树"人生之道（上）

飘飘何所似？天地一沙鸥。

这是诗圣杜甫在765年离成都、经渝州和忠州时，写下的一首著名五言律诗。我之所以将全诗书于此文之首，是因为1982年赵元任逝世的前一天晚上，用常州话吟咏此诗中的"星垂平野阔，月涌大江流"诗句，以表离世情怀。此时他正好90岁。这令人联想到在"坐八望九"之时，终于望到90岁时，而仍飘然如沙鸥那样情景共生互藏的诗意人生。

赵元任是位情思满怀的、以诗意境界治学的大学者。他的床头总放着《唐诗三百首》与自己相伴而眠。他有《新诗歌集》。萧友梅因为他对诗歌与音乐关系研究的贡献，称赞他的"舒伯特派的艺术歌典"，为"中国音乐界开了一个新纪元"。他大学时代学习数学和物理，研究生阶段学习自然科学史，后来又把自然科学和语言学结合起来。他的人生是语言、艺术、数理与历史交汇的多彩人生。在诗意治学过程中，他注重人类的价值、人类的尊严和人类的自由和解放。

赵元任是当年清华国学研究院四大导师之一，其他三人是梁启超、王国维、陈寅恪。他首先是语言学家，其次是汉学家、音乐家和教育家。他不但在中国执教，培养了像王力这样谨记师道"言有易、言无难"教导而成为大家；而且在国外长期执教，学生遍及世界各地。

记得在我国改革开放初期，我曾作为中国高等教育文科访美学者代表团成员，到美国加州大学伯克利分校访问。在那里我参观了他自1947年直至退休的东亚研究院工作室。我们代表团副团长夏自强，曾经提及赵元任1981年回国时，曾被北京大学授予名誉教授称号。当我看到他的遗像高悬于他工作室的正中间，心想他逝世前，一定是为这句明星低垂、平野广阔和月随波涌、大江东去的思念祖国之情所感动。这句历来被人们称道的、以哀情写景手法的名句，可以说是他身在海外、告别祖国的一曲思念之歌。

2019年，商务印书馆正在筹备出版《赵元任全集》26卷，以告慰这位把科学精神和人文情怀融为一体的国学大师。他的勤奋、严谨、求实、创新学风，为后来治学者求真、爱美、向善开辟了新途径。

十二　白寿彝九秩压岁巨著《中国通史》

白寿彝（1909—2000）为史学家、教育家、社会活动家。1999年九十华诞时出版了他主编的12卷巨著《中国通史》。这么多与"九"相遇，可谓与"九"有学术机缘。

中国史学会前会长戴逸教授称《中国通史》为"20世纪中国史学界的压轴之作"，是"白老心血所萃，是对学术界的重大贡献，是他献给本世纪的珍贵礼物"。

《中国通史》的编写，几经挫折。它始于1962年，参加在巴基斯坦举行的国际史学大会时的初衷。但接踵而来的是革文化的"文化大革命"时期，白寿彝作为"反动学术权威"被关进了"牛棚"。尽管"牛鬼蛇神"无法过正常学者的生活，但编写《中国通史》的写作计划念头，仍不时萦绕在他的心头。时隔12年以后，即1974年，他再访巴基斯坦，面对国际学者，他心痛难言，后来在回忆时说："外国朋友对中国文化、中国历史是这样重视，我感到吃惊，同时也为没有写出一个字而感到惭愧。"1975年主编的200万字的中国通史草稿因"题无新意，文无新意"而放弃。1977—1980年又有30万字的《中国通史纲要》作为通俗读物问世。此时年已古稀的他，仍以老骥伏枥之壮志，用20年光阴，组织协调20多位主编、500多位作者，终于完成了这个中国史学界的巨大工程。

白寿彝是一位坚定、坚忍、坚强的学者。他坚守史学阵地、守望史学本位。作为总主编，事必躬亲，即使四次住院手术和在北戴河疗养的日子，也从未疏于职守。他还是一位有人格尊严、学术尊严、不屈服于压力的正直学者。"文化大革命"期间，他在一场考老教授背写"老三篇"闹剧中，在卷眉自署"白寿彝"本名，未著一字，交完"白卷"，拂袖而去，冒很大风险愤然离场的气魄，令人肃然起敬。他在晚年将《易·系辞》中的"夫《易》彰往而察来，而微显阐幽"化约为"彰往知来"。他把"察来"改为"知来"，虽是一字之差，却表达出他对"真知"的追求精神，也表明了他治史的明智之道。他享寿九十一岁，是学坛"九秩之年"的史学大家。

十三　九秩学人，启我"九思"

老人望九，九月九日为中国老人盛节，能望到"九秩"之年，已经是人生大幸。可惜有些人并没有望到九十，如世界史学者齐世荣，他也是我的老友，差一点就到了。但天不酬人，没有来得及为他贺九十大寿，他就遗憾地离去了。不过，他已过了88岁的"米寿"，已经是"人瑞"了。比起老齐，文学家傅璇琮（1933年11月—2016年1月），更令人遗憾，他只享年83岁。不过他那句"一心为学，静观自得"的学林老人名言，却长远地留给了后来人。可见，俄国文学家索尔仁尼琴说得对："生命最长久的人，并不是活得最长久的人。"

坐八望九，是指步入老龄的"望九"的"八〇后"老学人。2017年4月11日，正是南京大学周勋初"米寿"（88岁）之时。他的著作《文心雕龙解析》在年初获第六届中华优秀出版物"提名奖"，他被称为"获奖最年长者"。他讲授此书30余年，其追求有三："求真、求是、求通。"作为第一主编，编有《全唐五代诗》，2014年10月陕西人民出版社出版了盛唐部分，他"望九"的期望是全书的面世。

比起周勋初，有两位演艺界的老人是不幸的。一位是2017年4月15日去世的电视剧《西游记》总导演杨洁，这一年正是她"米寿"之年。她用六年时间（1982—1988）完成了《西游记》之后，又于1998年创作《西游记续集》。另一位是最遗憾的秦腔表演艺术家、"肖派"创始人肖玉玲。她没有等到"望八"之年，就于2017年4月21日去世了。1958年我有幸看她主演秦腔史上第一部电影《火焰驹》中的黄桂英，给我留下了很深的印象。

值得一提的是九秩学人中的黄旭华，他被称为"中国核潜艇之父"。2017年他95岁时，还发出了"此生属于核潜艇，此生无怨又无悔"的豪言。他在核潜艇试验成功时说："花甲痴翁、志探龙宫。惊涛骇浪乐在其中。"他送给青年科研工作者三面镜子：①"放大镜"——扩大视野，跟踪追寻有效线索；②"显微镜"——放大信息，看清其内容与实质；③"照妖镜"——鉴别真伪，汲取精华，为我们所用。我为黄旭华老人再增加一镜："望远镜"，这就是心中有"历史"这视通往昔、鉴戒现在、关注未来的大视野之"金镜"①。

  2016年11月25日，古巴革命领袖菲德尔·卡斯特罗去世，享年90岁。这位传奇式人物，在青年时代率领82人起事，建立政权，对抗了美国半个世纪之久的贸易禁运和经济封锁，多次击退美国支持的雇佣军的进犯，还有美国策划的638次暗杀活动。他还幽默地说：这些阴谋暗杀，"假如这是奥运会项目的话，我肯定能夺得金奖"。1960年他参加联合国大会时，有人问他是不是穿防弹衣，他揭开衬衫扣子，露出肚皮说："我有一件精神防弹衣。"就是这位"九秩卡翁"说："如果你有信仰和行动计划，无论你多么渺小都没关系。"

  古巴有伟人卡翁，中国有位九秩银幕女神秦怡，2019年，她95岁，不退休。她从1938年在抗日烽火中开始电影生涯。抗战期间，与白杨、舒绣文、张瑞芳一起，被称为"上海四大名旦"。她一生四次大病、七次手术，婚姻不幸，家人过早离去。坎坷经历，使她更加坚定从容，如剧作家吴祖光《秦娘美》中所说："秦怡具有中国妇女的传统美德。"的确，她是中华文明沃土上开放的"九秩奇葩"。

  "九秩卡翁"，虽非学林中人，但他使我想起"九秩秦怡"，也进一步启我九思。孔子有"九思"："视思明，听思聪，色思温，貌思恭，言思忠，事思敬，疑思问，忿思难，见得思义。"（《论语·季氏》）汉代王逸为悼念屈原而作《九思》："逢尤、怨上、疾世、悯上、遭厄、悼乱、伤时、哀岁、守志。"他以"守志"结尾，符合屈原《九歌》的积极传神精神；孔子所言的"见得思义"，是中华文明

---

① "金镜"，比喻"史以明道"。南朝梁代刘孝标（峻）之《广绝交论》："盖圣人握金镜，阐风烈，龙骧蠖屈，从道污隆。"注：雒书曰："秦失金镜。郑玄曰：金镜，喻明道也。"另外，此种喻史道明察如"金镜"也有"金鉴"之说。《新唐书·张九龄传》载：唐玄宗以八月初五为"千秋节"，王公大臣并献宝器。张九龄上事鉴十章，号《千秋金鉴录》，以伸讽论。宋代陆游在《题明皇幸蜀图》诗："老臣九龄不可作，鱼蠹蛛丝《金鉴篇》。"与陆游的态度不同，范仲淹《四民诗·士》中说："黜陟金鉴下，昭昭媸与妍。"喻"金鉴"如明镜之昭察，与史以明道本意相同。

优良品德。宋代楼钥《攻媿集》中，有《老态诗》，其中"公开九秩身方健，我甫六旬心已疲"一句，颇为悲老叹息。我为悼卡翁九秩作古，也仿楼诗："九秩卡翁驾鹤去，我辈思绪望九秩。"坐"八"而望"九"，见贤而思齐也。

提到"九思"，我想起了中华文明史上从孔子到司马迁的史学传统。司马迁在写《史记·五帝本纪》时，以"好学深思，心知其意"的治史精神，对孔子所传的《宰予问五帝德》《帝系姓》，进行了文献考证和田野考察，成为《史记》本纪之首篇。"好学深思"，所以孔子有"九思"，司马迁向孔子学，向各种文献、口传史深考，此种精神如班固《汉书·司马迁传》中引刘向、扬雄之言，赞扬《史记》"其文直，其事核，不虚美，不隐恶，故谓之实录。""东圣"孔子，"西圣"司马迁，在中国史学史上与"好学深思"的传统是一脉相承的。

十四 "百岁"后老学人申泮文的行为人范

2017年7月4日，101岁的南开大学教授申泮文逝世了。这位"百岁"后老学人的漫长生涯中，有近70年是站在讲台上的化学教师。据2004年级本科生彭宇星入学后的回忆，同学们都是提前一小时来到教室，聆听这位汉英《双语化学》课的主讲老师、"资深院士"讲课。老先生讲课的第一句话是："按照国际上女士优先的原则，请前三排男生起立，将座位让给女生。"这个传统一直保持到现在。

他行为人范，践行名教授、老教授给本科生上课的规则，呼吁"教师要在教学改革上多用力"。他热爱本行，认为化学这门古老学科能"创造出新的物质，因此化学是一门创造出新世界的科学"。他提倡在课堂上与同学们交往互动，告诉学生说："我不喜欢那种鸦雀无声的课堂，因为只有在思想的碰撞中，才能溅出创新的火花！"

我很佩服他紧跟时代的创新学习气势。他80岁开始学电脑，90岁在网上开通博客，一如我们史学界的何兹全教授，老来仍做"电脑迷"。我虽在70多岁接触电脑，有其志而眼力不及，望而却步，成为时代的落伍者。虽然我至今仍为落伍手写书文的"我笔写我思"的坚持者，以笔写为养生爱美习字乐趣，但比之申、何二老，望尘莫及。更可敬的是申老的事业心，他说过，自己一生就做了爱国和爱化学这两件事。"文革"期间，他遭受迫害，但"为国家搞科研成果"的决心更坚定。当时在山西大学调查研究，绘制成《山西省风化煤腐殖资源的分布图》。他重视教学，90岁还给本科生上课，一生笔耕不辍，他组织师生翻译"无机化学"丛书，重视科研，出版了70余卷册共3000余万字的著作，堪称"高产"的化学家。

百岁老人申泮文十分推崇创建南开大学的校长张伯苓制定的"允公允能，日新月异"校训，认为这是培养学生爱国爱群之"公德"与服务社会之"能力"，只有"德才"兼备，才是大学教育的精神，才能有"日新月异"的创造力。他虽攻理科，但十分重视人文精神，认为这是一切人才的"底蕴"和"血脉渊源"，正是人文精神的积累成为大学和人生最可贵的力量。这是可贵的人类文明交往自觉。

十五 "九五"寿星南怀瑾

南怀瑾，2012年9月29日以95岁高寿逝世。人们称他"亦儒非儒""是佛非佛"，"推崇道家，又非道家"的中华文明的"集大成者"。他又被称为"大众儒学、道学、佛学"的非一般学术规范，归儒、道、佛本心本志初心，从道德入手的"知行合一"之学人。

南怀瑾自言："学问之道，需要变化气质。""这个路线是基本修养工夫，从行为道德上入手的。"他概括地说，"佛为心、道为骨、儒为表"，这三者之间，中枢线所贯穿的其实是《中庸》的"喜怒哀乐之未发"和"发而皆中节"这种"中和"的体用之道。"未发"谓之"中"，为修道之"体"；发而后即率性之谓"道"。他把中华文明中儒道佛在"心、骨、表"三位一体结构中统一起来。后来的佛教，是中国化的佛教，与儒道互补共融，道贯天地人，儒为总其大成的、含内而化外之道骨佛心结构。

古今中国学人，虽儒道释各自影响程度不同，但心灵深处皆是自己，而大多都怀有对人类有限生活的悲悯和对无限精神的追求。此种情之所钟，是有深意的执着和产生大智慧的心意。1969年南怀瑾在《诫勉幼子国熙赴美留学》和《东西学精华协会成立》这两首诗中，都提到"一生志业在天心""欲起天心唤梦醒"的"天心"，就是《书·咸有一德》中的"克享天心，受天明命"之说。他用邵康节释《易经》复卦的话："冬至子之半，天心无改移。一阳初动处，万物未生时"，用以说明"天心仁慈""人心即天心"。他认为"中庸"不是一味压制人的喜怒哀乐，那是"昏庸"，只有"中和"在度上恰到好处。这个恰到好处为他所用，因而用修养"天心"获得了大学问和"九五"寿翁的回报。

走笔至此，我想起南怀瑾为陈佐洱背诵的白居易那首《寄韬光禅师》的诗："一山门作两山门，两寺原从一寺分。东涧水流西涧水，南山云起北山云。前台花发后台见，上界钟声下界闻。遥想吾师行道处，天番桂子落纷纷。"此诗对仗工整，连叠用字，诗味回旋悲长。其中东西南北、前后上下，时间、空间、人间"三间"交往跃然纸上。在寿翁那里，是"一花一世皆如来"。在大千世界中，花叶渺小，但同具时间、空间、人间这"三间"万物交往互动的自然属性。明月秋色、丹桂飘香。天香人心，浑然一色。那是"九五"寿星诗意人生的写照。

十六　历尽天年的养生讲座

——再记"九五"寿星南怀瑾

人类文明包括知识、教养、礼貌标志，也包括身心健康和卫生养生的重要医学内容。卫生是良好的生活习惯，养生是身心两健的途径，卫生、养生为身心两健的双重防线。我之所以再谈南怀瑾先生，缘于他的养生讲座的启发，也思考医学卫生的重要性。

南怀瑾先生的《〈黄帝内经〉与生命科学》一书在2008年由北京东方出版社出版（朝阳门内大街）。我的博士研究生、岭南师范学院（当时为"湛江师范学院"）教授于卫青，从广州寄来一册。我在封面上写了这样一段话：

"《黄帝内经》简称《内经》，分素问、灵枢两部。今通行唐代王冰注本的《内经·素问》和宋代的史崧序本《灵枢经》。南怀瑾先生的《〈黄帝内经〉与生命科学》为广州湛江师院寄至于卫青，意在为我老年养生提供精神食粮。师生之谊，铭记难忘。"

同一封面上还写有以下三段话：

（一）"《黄帝内经》表述了中华文明中五行学说的最完整形式。它也是对人生观、生命观的表述；《素问》《灵枢》皆问题意识之作，乃内问于生命之学，思考于问题之学。"

（二）"佛为心，道为骨，儒为表，大度爱世界"；"技在手，能在身，思在脑，从容生活"；"上下五千年，纵横十万里"；"经营之大教，出入百家言"。这是南怀瑾自述的"学品"箴言。他常引《朱柏庐治家格言》："读书志在圣贤，为官心存君国。"

（三）评语：

①台湾学者薛仁明对南氏评语："明白者，知其汪洋问肆、难以方物；不明白者，便难免有'随便说话'，'野狐参禅'之讥了。"

②南氏自评："照人依旧披肝胆，入世翻愁损羽毛。"

③彭论："用深度文明史思维延续来看精神命脉。从人类文明交往自觉看南怀瑾，人而文之，文而明之，教而化之，文明化成，大化若小，大家妙言，造福世人。虽语多重复随意，且有倚老卖老和荒诞之处，然老顽童之言，情有可原，且活态乐观而有个性，令人敬佩。"

读此书后，另有几点录评，记录于后：

第一，《黄帝内经》三要义：（一）"黄帝问曰：善言天者，必有验于人（按：天道与人道相通）。（二）善言古者，必有合于今（按：'观今宜鉴古，无古不成今'）。（三）善言人者，必有验于己。如此则道不惑而要数极，所谓明也。"（《内经·举痛论篇》)，这是知天人（言天验人）、知古今（言古合今）、知自我（言人验己）之三言，而又有三知（知物、知人、自知）则"道不惑而要数极，所明也"，即三知之明因素也。

第三编　史道：明"学林老树"人生之道（上）

第二，精、气之"神"。帝曰："何谓神？"岐伯曰："请言神。神乎神，耳不闻，目明心开为志先，慧然独悟，口弗能言，俱见遍见适若昏，昭然独明若风吹云，故曰神。"耳为听觉，听觉功能听到的往往是现象。目为视觉，视觉功能为目之所及，也是现象。只有"心开而志先"的思想，才会开发智慧的"独悟""独见""独明"，如风卷残云而为"慧然""昭然"精、气综合之"神"。

第三，《易经》有理（天人宇宙之原理）、象（宇宙万物之现象）、数（数理学之哲学）之"通变"大道。《黄帝内经》有"提挈天地"的上古"真人"、有"淳德全通"之中古"至人"、有"适嗜欲于世俗"和"以恬愉为务"的"圣人"，还有"法贯天地"的"贤人"。佛家有心、意、识，即"明心见性"，神即心、气即意、精即识。我养生的"三字经"是：气、力、意之综合精神。气为运行主神、力为助气之神、意为守本之神，有气、有力、有意二者贯通于一个整体。我有自创"意守劳宫穴、气促力行"的运动法。"劳宫穴"在掌心，乃人直立后用手劳动关键处，运动呼吸，气力相配，可促进身心两健。我坚持此法，养生于睡卧、坐立、行走、按摩、写字、运气过程，持之以恒，很是有效。

《黄帝内经》是人类生命和健康方面的经典之一，确与《易经》宇宙观、老庄自然观、《论语》人生观及佛教有相通之处。其要点有三：

首先，《内经》的气化理论所贯通的要点为：①人的精气神对自我身心的影响，重于体形的作用；②经络对人体形、五脏六腑、四肢百骸相互关系及其内联全身、外联自然的整体作用；③顺应天地自然大道、天地人一气所化的气在，则生命存在；④它总揽养生与治病的整体观念、中医特点的生命观念和辩证的思维方式。

其次，《内经》引述上古经典《太始天无册》："太虚寥廓，肇基元化，万物资始，五运终天，希气真灵，揔统坤元，九星悬朗，七曜周旋，曰阴曰阳，曰柔曰刚，幽显即位，寒暑弛张，生生化化，品物咸章。"这是对宇宙、天地、自然的认识，导致了《内经》提出"天地合气、命之曰人""人以天地之气生，四时之法成"的生命科学命

· 113 ·

题，进而形成天人感应、天人合一、人的精神与形体的统一。

最后，读《内经》使我加深了对"开卷有益"的体会。前引宋太宗在马上读书的"开卷有益"，所言不错，但并非全来自马上。宋代王辟之《渑水燕谈录·文儒》称："太宗（赵光义）日阅《御览》3卷，因事有缺，明日追补之。旨曰：'开卷有益，朕不以劳也。'"明代戚继光在《练兵实纪·练将》中有"古人谓开卷有益，学不淡人"之句也是鼓励人养成读书习惯。

开卷有益，以我的体会，历史、哲学、医学这三种学问都要学习。活的历史、活的哲学、活的医学都是活到老学到老的三门学问。尤其医学是和人的生老病死过程密切相关，为身心健康不可缺少的大学问。往深层思考，医学和历史学、哲学、文学等学科在人文精神这一点是相通的。没有人文精神的医学是没有灵魂的，缺乏人文精神的医生是不懂人类生命的意义，也不会在与患者交往中提升文明自觉。我还是那句老话：文明的生命在交往，交往的价值在文明，文明交往的真谛在人文精神。我用两节写南怀瑾，其意在此。

十七　望过九秩的红学家冯其庸

2017年1月22日，94岁高龄的红学家冯其庸逝世了。

"莫道桑榆晚，为霞尚满天。"他的夕阳之年，特别阳光灿烂：编辑完成了《瓜饭楼丛稿》35卷、文物文献图录《瓜饭楼外集》15卷和《风雨平生——冯其庸口述自传》。对于口述自传，他说，这对要了解他的人"有所用处"，并以此书来结束他的学术生涯。

冯其庸一生有过人的勤奋，而且老而弥坚，因而有卓越成就。有人回忆他80岁以后，还是早起晚睡，常常在凌晨三四点起床读书写作。生命不息，求知不止。他对人类文明程度的思考、教化和学术品格，表现在老龄期间勤奋笔耕的劳作之中。

他首先是一位承前继后的红学家。他评点的3卷本《红楼梦》，是学人的案头之书。他的红学研究经历了评点派、索引派的旧红学。又经历了以胡适、俞平伯为代表的新红学。20世纪50年代的红学研究过渡期，他又以考证曹雪芹家世、研究《红楼梦》抄本和该书思想为路径，成为红学研究新方向的开创者。他去世的地方，是曹雪芹藏骨之地——通州张家湾。这应了他一首赠友人的红楼诗中的志愿："红楼奥义隐千寻，妙笔搜求意更深。地下欲请曹梦阮，平生可许是知音。"他在告别人间之后，可以和九泉之下的曹雪芹会面了。

冯其庸勤学博闻，多才多艺，是一位集学者、诗人、书画家于一家的文化人。他的书画《金塔寺前》（1998）、《雾失楼台》（2007）和《天下归仁》（86岁汶川地震时作品），都是大写意的灵动、雄浑、典雅之笔。在学术研究上，他有两大显著特点：①把文献记载、地面遗迹和地下发掘融会贯通的三重证据法；②注重实地调查，他十次赴新疆、三次上帕米尔高原，考察玄奘西域取经之路，以及项羽不死于乌江的结论，都有范例性意义。

"天风海雨饱曾经，又作轻舟万里行"，这是他的学行诗句。他交游广泛，有近百位名人展现在他的回忆录中。他在20世纪60年代初国家经济危难的时期，回家探亲。无锡本是鱼米之乡，那时"民多乏食"，"有饥色"，他回北京后，写了《回乡见闻》并公开发表。在那个动辄上纲上线的年代，这需要多大勇气！这是考验敢不敢讲真话的大事，他经受了这个考验。

十八 "坐八望九"的朴学守望老人吴林伯

"坐八望九"是年届八十而望九十岁"老龄"段的称谓，即所谓"望九"之年。许多八十老人都并未望到九十岁而遗憾离世，而吴林伯（1916—1999）是其中离世较早的一位。他一生著述甚丰，在《文心雕龙》研究方面，贡献尤为突出。他在《文心雕龙字义疏证·自序》中称，此书"乃四十二年写定"，可见他治学专一坚定的精神。

他崇尚《汉书·儒林传》中所说"朴学"的古朴传统，特别是将其实质用《汉书·景十三王传》中河间献王刘德的"修学好古，实事求是"作解读的依据，称"朴学"为"实事求是之学"。他的代表作《文心雕龙字义疏证》百余万字，均用毛笔小楷，七易其稿，并且用下述文字表述其心态："不惧我书与粪土同捐，烟烬俱灭；亦不冀君山复出，以为绝伦必传，好学修古，实事求是，鞠躬尽瘁，死而后已。"

他就是这样一位朴学守望老学人："'朴'之言实，实则不浮。"他积累了许多有益的治学心得，其中体现的高度韧性精神为"五个坚定不移"的坚定精神："非议再多，坚定不移；处境再窘，坚定不移；工作再忙，坚定不移；困难再大，坚定不移；成绩再好，坚定不移。"他的学生称他为"纯粹的学者""嶔崎磊落一书生"，他实际上是一位"朴学"的力行者、守望者。他不但用此"五个坚定不移"精神，跨越坎坷仍一生许学，而且坚定信守"学问之道，贵一专耳。"

他的尊师精神更为执着。老师马一浮教导他，要谨记"君子之心公而恕，小人之心私而刻"。他对老师引用荀子关于"君子博学而日参省乎己，则知明而行无过矣"的话，从中悟出"知而明行"。"读书必须改变气质，非徒记其文句，以为资谈耳。"他家中堂之上，高悬老师马一浮画像，每至忌日，必做礼拜，数十年如一日，从未中辍。他在《马先生学行述闻并赞》中说："夫鼎以去故，革以取新，革而应人，大亨以正，四时成而文明说，革之为义大矣哉。"他守望朴学而又富于革故创新的学风，跃然纸上。尤其是对革新精神的赞扬，尤其是将"四时成而文明说"，与革新相连将学术上升到"文明"和革故鼎新的高度，可谓学术定位准确。

十九　"三不老"学人夏书章

生于1919年"五四"运动前夕的中山大学教授夏书章，在2016年出版历时两年写成了《论实干兴邦》大著华章。这是他一笔一画用手写成的勤奋耕耘之劳作，也是这位老学人"智慧不老"之书。他还是一位永远保持学习、以防止生命僵化为惰性习惯的人。他在九十六岁高龄时，仍坚持教学相长习惯，在家给博士生开题授课，可谓

"教鞭不老"，师风长存。他笑对人生，有趣地面对各种老年生活难题。他和他的老伴总结了"十二字长寿秘诀"：作息有序、饮食有度、生活有趣。学生对他的赞语是：内心有慧根，真是一位"生活不老"的快乐人。

夏老这种"智慧不老""教鞭不老"和"生活不老"的"三不老"精神，表现了他诗意美好人生的治学境界。我常想，人生不易，总有喜愁哀乐相交相随，"喜"字开头，"乐"字结束，"哀""愁"只居其中。人到老年，心理承受能力差。碰到不顺心的事，遇见不懂事的人，或者一遇其他种种厄境，心理防线首先垮了，整天愁眉苦脸，垂头丧气或唉声叹气，好像到了绝境。这样处理自己身心交往活动，此种精神状态，使我想起我的学生，也是与我同龄的教授韩学儒。他又名韩笑儒、韩冷，是位地下党员，因许多不幸遭遇，打击沉重，不到七十，便老态龙钟，人家见到我们在一起，还以为他是我的老师呢！这种人怎能不衰老，又如何延年益寿、乐度人生呢？

"三不老"就是人生的乐观豁达心理状态。夏先生认为，只要保持生活充实、独立思考、精神自由、不依赖他人，也不倚老卖老、自恃放纵，就不会有老的感觉。他深有体会地说，当专心在感兴趣的事情上努力，心境就会不一样，烦恼自然会减少，所以在自己感兴趣、有意义的事情越努力就越能长寿。他在《九十抒怀》诗中写道："生不逢时老逢时，耄耋欣幸历盛世。"在这里，他道出了老而弥坚、老而益乐的健康心态而与时代同步前行。

老人的高龄，是生命的长度，可贵的更在于生命的深度，即生命的质量。时至今日，八十岁已不算太高的寿龄，九十岁、一百多岁的老人日益增多。老龄化社会喜见老人生命长度。然而生活好了，环境好了，长寿并非难事。学人能做到"智慧不老""教鞭不老""生活不老"，尤其是"笔耕不老"这四个"不老"，年在高龄，仍在读书、思考、教书、著书，如夏书章老人这样，可以说是寥若晨星。他在2016年荣获复旦大学管理学终身成就奖时，所讲的话还是那样掷地有声："做学问一定要认识到自己的渺小与不足，要不断地读书、充电和加油。我从来不同意'人到中年万事休'、'七十老翁复何求'

这种说法。只要一息尚存，我就会在学术的道路上继续前行。"

徐志摩有诗句云："白云在天空中飘动，人群在城市中忙碌。"生命在于运动，人的身心不能因为老而闲着。身有所健，心有所思，生命才有活力，人生才活得充实。人的生命如池中之水，只有保持"学习"之"源水"，川流不断的源头活水的不断注入，才不会干涸而充满生命活力。朱熹的自问"池"水缘何清如许而光照天光云影和他自答"为有源头活水来"的读书偶感，其实就是说人的生命活力在于学习。学人不管年轻年老，只要放弃了学习，学术生命就结束了，生理年龄也随之衰退，社会生命年龄也将萎缩。

我愈到老年，愈来愈多地听同辈学友叹息："能活一天是一天，都这把年纪了，怎么活都一样。"更有悲观厌世者，伤老、悲老，沉溺于哀痛泥潭之中而不能自拔。人的一生，年轻年老，都是生命发展的不同阶段，都要善待生命、学会生活，让智慧发光，如"三不老"学人夏书章那样，活一天学习一天、快乐一天。

第四编　史道：明"学林老树"的人生之道（下）

一　田野白桦静悄悄，京隐松榆思沉沉
——读白桦文学作品笔记

1. 白桦，原名陈佑华，1930 年生于河南信阳。他成名早，1953 年发表的小说《山间铃响马帮来》，1954 年《无铃的马帮》，因被改编为电影，使年仅二十三四岁的他第一炮打响。但他早期满意之作却是长诗《孔雀》，其中用诗意美描绘了爱情、欺骗、阴谋等人性的善与恶。

2. 历史真实、独立思考与诗歌魅力。电影导演郑君里撰写的剧本《李白与杜甫》，是一本没有发表，没有拍摄的剧本，竟然大小会被批判了上百次，写了几十万字的检讨。"文革"以后，我们才领悟到，其根源是因为"它接受历史的真实，接近作家的独立思考，这种接近是无意的，并不是像批判者所说的那样，是我们蓄意的借古讽今。那时他们太抬举我了，在此之前我并不是个有先知之明的思想家"。

3. 落叶白桦越冬思考的强大力量。27 岁的白桦被错划为"右派"后被剥夺了写作权利和人身自由，"我发誓放弃文学甚至文字，把所有的笔记、日记全部毁掉，扔掉所有的笔"。但风浪平息后，又"故态复萌，觉得自己一直都在砧上并不委屈，因为砧上经受锻打的人是大多数"。白桦像越冬的落叶乔木一样，有了默然的思索。他深有体会地说："在暴风雪中形容枯槁的思索，比在春光里茂密的宣泄要有

力得多。"

4. 白桦善于从时代中看人的成长和从思想中看各种观念的变化。《曙光》是白桦第一部作品,描写贺龙在20世纪二三十年代发生在洪湖的故事。剧本《苦恋》被摄制成电影《太阳和人》,反映中国知识分子在"文革"后的共同呼声。他特别看重《苦恋》,认为"把人字写在天上"的主题,表明了所表述的核心是:人的尊严,人性的释放,人的思想观念,是"一生都绕不开"的关注点。1981年,这部作品成为全国批判的重点,但支持者也不少。当他收到蒙古族小姑娘欢迎他到毡房做客的邀请时,感动得泪流满面,认为这足以补偿自己所有经历的痛苦。大批判给他的体验有:①"这场批判是一场观念的较量",是"文革"后最激烈的一次,它检验了很多人的观念和勇气;②"这场争论,不该问他有何问题,而应当请当时提出问题的人,来回答有什么问题";③"《苦恋》带有历史烙印和作家的生命体验,但它是真诚之作。"时任中国作家协会主席的巴金对中共中央总书记胡耀邦说:"文艺家受了多年的苦难,应该多鼓励、少批评,特别对中青年作家,例如白桦。"吴祖光认为《苦恋》"温柔敦厚"。杨振宁为作品感动落泪,称时间会验证它的"历史地存在",其生命力在"内涵""局限"、出生时的"如晦风雨"。1984年,当儿子劝他"改变生活方式"时,白桦反问了一句话:"一个有生命的人怎么不重视自己生命的意义呢?"

5. 白桦作品全面看人性,增加作品的生命力。1982年北京人民艺术剧院上演了话剧《吴王金戈越王剑》。该剧从新角度审视吴越争霸的历史,引起大思考、大争议。司马迁高度评价勾践"卧薪尝胆"的人性光辉,历来为后世所强调的"艰苦奋斗"精神。但此剧却指出勾践人性的卑劣一面:复国是恢复王位,而不是恢复民众的人格尊严。诗仙李白思想解放,他用咏史诗证明此事:"越王勾践破吴归,义士还乡尽锦衣。宫女如花满春殿,至今唯有鹧鸪飞。"白桦在思索,在独立思考:人性的强点和弱点,在考验着作品的生命力。33年以后,89岁的导演蓝天野,再次把这部话剧推上了舞台,接受历史的检验。

6. 诗意人生，用泪洗亮了眼睛。2009 年，他花费十年心血写成的长诗《从秋瑾到林昭》，获得了《诗歌月刊》年度诗人奖。白桦在云南玉溪的颁奖会上感动地说："流了八十年的眼泪，泉水依然流动，当时还会长歌当哭。这是幸运还是不幸？我以为这是幸运的。因为流淌了八十年的眼泪，把我这双眼睛洗涤得像儿童那样明亮。"诗人屠岸认为，《从秋瑾到林昭》是催人泪下的，表现中国人良知之诗。读它不可能不思考，不可能不自省。白桦的小说、电影、戏剧、散文，都充满诗意，如叶永烈所说，"白桦本质上是诗人"，"诗意正是他内心感情的自然流露。"

7. 文学像河流那样涌动着希望。水、河流，多为文人所寄思。孔子有"子在川上曰：'逝者如斯夫，不舍昼夜'"的感叹。刘禹锡也写有"长恨人心不如水，等闲平地起波澜"的诗句。白桦更是不止一次以河流喻文学，如"文学像河流那样，是自由的；文学像河流那样又是不自由的。因为自由自在的河流，也会从属于寒冷的季节，因凝结而停滞；也会屈从于大地的地质活动被迫也陷入溶洞，因局限而成为潜流，很久会无声无息地埋没在没有阳光的地层下。但是，朋友们，听！河流是在向前涌动着，歌唱着，这就是希望。"

8. 生生不息，终生不改本身使命。白桦有一句人生观的名句："作家的使命，就是向死而生。"他又有一句关于人活着的价值哲言："自己活着是尽责。如果生命重新来过，他还会选择这么做，但是会审慎一些，思考得周到一些。"他在《轻！重！》一诗中，以下面一句话来结束："我们站在祖国国境线上的每一个岗哨，都是一座不移的山峰！"这是诗人热爱祖国母亲一片赤诚之心的表白。

白桦，即桦木，色青白而挺拔，皮可以为烛。唐代大诗人白居易有"宿雨沙堤润，秋风桦烛香"的诗句；唐代僧诗寒山用白桦皮做头巾，有"桦巾木屐沿流步，布裘藜杖绕山回"的诗句。白桦是耐寒的落叶乔木，与白榆类似，适宜生长于寒带。树叶凋谢后的树枝树干，删去落叶之烦冗，虽枯槁但在寒风暴雪中能冷静思考，如桦榆成林的人化自然一样。白桦生于 1930 年，我生于 1931 年；他是文学家，我以史学为业；他生于河南信阳，我祖籍河南南阳；白桦与白榆相通之外，我还伴有青松而伴白榆。今日松榆斋主人已如九十年轮的老树，行年九十，死复何憾。王安石在《忆昨诗示诸外弟》诗即有"男儿少壮不树立，挟此穷老将安归"之句。读白桦作品，对他做参天大树的礼赞，也是岁月沧桑的历史记录。正如"读史使人明智，读诗使人聪慧，演算使人精密，哲理使人深刻，道德使人高尚，逻辑、修辞使人善辩"（培根）一样。

二 公木的诗意治学与为人之道

公木是张松如的笔名，当代中国诗人、学者和教育学家。如果有人还不知道他，只要知道《中国人民解放军军歌》的作者是他，就会对他肃然起敬。当然，这个歌是他和郑律成合作。当时二人都是二十岁出头，在延安窑洞中写下了原稿，几经修改，成了现在的军歌。

公木生于1910年，河北辛集人。1998年去世，时为"坐八望九"的89岁之年，终于没有望到90岁而离开人间。然而，他作为多才多能、又勤奋严谨的学者，为人类文明做出了自己卓越的贡献，并不遗憾。他还是一位善于实践、勤于总结人生之道的人。他晚年把自己诗意治学从两方面加以总结：不拜金、不泥古、不崇洋、不媚俗、不唯书、不唯上的"六不做"；治学上"三境界"：①文艺理论的建设意识；②学术创作上的自由心态；③追求审美的精神。

他是名诗人、学者、教育家，他上述"六不做"和"三境界"包含着历史科学的底蕴。梁启超曾言："史学者，学问之最博大而切要者也，国民之明镜也，爱国心之源泉也。"人类的群体记忆是历史，公木的诗实质上是诗史。1949年10月1日中华人民共和国成立之时，当天晚上他在沈阳回长春的火车上，一气呵成203行长诗——《中华人民共和国颂歌》，很快即刊登在《东北日报》上。晚年的冰心（1900—1999）老人被这首史诗感动了，称其为"大气磅礴"。

作为学者，他研究面广、著作丰硕。早在1935年他便有《屈原研究》发表于《东方文化》3月号（以章涛笔名发表）。同年在北平震中印书局出版了《中国文学概论》。1954年与松公骥合著《中国原始文字》，并共同拟定了《中国文学史纲目》。1959年与朱靖华合著《先秦寓言选释》（中国青年出版社出版）。他从诗意治史大道上一路走来，到1979年之后，更是老树新花、硕果累累：《诗要用形象思维》《老子校读》《老子说解》《诗论》《商颂研究》《历代寓言选》等多种著作相继出版。他还主持国家重点研究项目《中国诗歌史论》，主编《中国诗歌史》《中国诗歌史论》等多卷本巨著。可以说这一系列历史论著的持续出版，使他重新回归历史，获得自觉，走向历史科学深处。

公木不仅知史、写史、编史，而且在诗意治学中多有创造性贡献。他晚年的原创性著作《第三自然界概说》，自成一家之言。他的《老子校读》《老子说解》有严谨的考订、训诂功夫，也有历史文献与出土文物互证及大历史分析。

公木虽"坐八"而未望到90岁，他的学术年龄厚度却填补了长度。他的业绩与精神长存。老松凋谢，"甘化泥土润花根"，这个根就是中华文明之根。让我们从人类文明史的文化定位上，回顾他本初之作《中国人民解放军军歌》那首不朽之歌词吧：

> 向前，向前，向前！我们的队伍向太阳，脚踏着祖国的大地，背负着民族的希望，我们是一支不可战胜的力量。我们是工农的子弟，我们是人民的武装。从无畏惧，绝不屈服，英勇战斗，直到把反动派消灭干净，毛泽东的旗帜高高飘扬。听，风在呼啸军号响；听，革命歌声多嘹亮。同志们整齐步伐奔向解放的战场，同志们整齐步伐奔赴祖国的边疆。向前，向前，我们的队伍向太阳，向最后的胜利，向全国的解放！

三　漂泊诗人洛夫

2016年，88岁"米寿"的洛夫，这位旅居海外60多年的华语"诗魔"又漂回故土，饱览祖国的大好河山。88年前，他生于湖南衡阳，从小就有诗人气质，善于观察事物变化中所蕴含的浓郁诗意。例如，他蹲在地上，仔细观察排队前行的蚂蚁，从中捕捉灵感。那是一种诗人对外在事物的好奇心，也反映了诗人对事物的敏感度。

洛夫原名莫运端，自称一生有两次流放：台湾和温哥华。两次"人生流放"有两大诗作：1959年他在大陆炮轰金门的苦闷彷徨中，在恐怖山洞中用一年多时间写成长诗《石室之死亡》；后来到温哥华又用一年多时间写成3000多行、15000字的长诗《漂木》。漂泊的《漂木》被评论家吴思敬认为是："有说不尽的莎士比亚，敬不尽的《红楼梦》，《漂木》也将是说不尽的。"黄永玉的评论更彰显了漂泊诗人对人生命运的深刻描述："洛夫你这块老木头疙瘩，今天漂了回来，明天又更漂离远去，你到底要漂到哪一天呢？"

漂泊，漂泊，1949年7月在兵荒马乱中，洛夫被裹挟，从衡阳老家漂泊海上，到1988年他回乡时，他母亲已于7年前去世，成为他的终生遗憾。他在《血的再版》一诗中写道："轰然传来／一声天崩地裂的炸响／说你已走了／不再等我／母亲／我忍不住哭／我紧紧抓起一把泥土／我知道／此刻／你已在我掌心了／且渐渐渗入我的脉管／我的脊骨。"

"掌心"，那就是人类直立时起，用双手劳动的"劳宫穴"。劳而有功，劳动创造着人类，也创造了世界，那是热爱祖国之心啊！漂泊、流浪、流离的他，没有忘记大地母亲。他说："在极度尴尬而又暧昧的时空中，唯一的好处是不能百分之百地把控着一个自由的心灵空间，而充实这心灵空间的，正是那在我血脉流转的中华文化，这就是为什么我有去国的凄凉，而无失国的悲哀的缘由吧。"南流北漂以及这在世界各地漂泊的朋友们，请回味一下这位漂泊的诗人的自我身心交往中的文明自觉吧！

四 列夫·托尔斯泰对死亡问题的思索

列夫·托尔斯泰82岁去世，死于离家出走的列车上。他在《生活之路》这部哲理性随笔集中写道："铭记死亡，将有益于灵魂的生活。"这是他灵魂深处的死亡观。

第四编 史道：明"学林老树"的人生之道（下）

托尔斯泰被人称为"天才的小说家，糟糕的思想家"。实际上，他思想上有独特之处，不仅并不糟糕，而且往往用小说的叙事能力和语言艺术出色地表达出来，使人感受到人文精神的宏阔与深度。对人类的死亡问题看法便是一个突出例子。

他不但不忌讳死亡，相反，要人们不要忘记它，而且强调忘了死亡，人类便无异于动物。本文开头引用《生活之路》的这句经典式语言，便要人们在生活中时刻意识到死亡的存在，有了这个意识，便有神圣般纯洁的"灵魂"生活而去面对上帝。

他的死亡观是热爱生命的积极死亡观。在《生活之路》这本随笔集中有两段话，特别令人深思：

第一，从死亡看待生活："只要真切地想象到你正处在死亡的前夜，你就肯定不会狡诈，不会欺骗，不会撒谎，不会指责、谩骂、仇恨他人，不会抢夺他人的东西。在死亡的前夜，所能做的只不过是最简单的事：帮助和安慰别人，对别人待之以爱；而这些事，永远都是最需要而最快乐的事。"

这段话使人想起《论语》中为消解曾子与孟敬子之间相互交恶的话："人之将死，其言也善。"死亡在向人敲警钟，它提醒人们：要从生命中之"死亡"危机中释放出人性核心：仁善。

第二，从死亡中读人生："人在临死去的那一刻，如同点燃着一支蜡烛，在这烛光下，他曾经读过一本充满了焦虑、欺骗、苦涩和罪恶的书。此刻，这烛蜡发出比以前任何时候都要明亮的光，把以前隐没在黑暗中的一切都照亮给他看，然后噼啪响过，闪动了一下，便归于永久的寂灭。"

这段话使人想起春秋时期晋国大乐师——"生而盲、善辨音"的师旷那"老而好学，如秉烛之明"的话，也想起我一本未刊书稿《烛照文明集》。在《老学日历》一书中，我把这本书稿的序作为"附录一"收入书后。序的开头，我引用了晋平公与师旷之间关于学习问题的问谈录。这是国王与乐师之间的对话，颇有劝学意味："晋平公问于师旷曰：'吾年七十，欲学恐已暮矣！'""师旷曰：'臣闻之，少而好学，如日出之阳；壮而好学，如日中之光；老而好学，如秉烛之明，孰与昧行乎？'"

这段话又使我想起第二次世界大战期间，英国有位年轻的母亲临死时，留给十多岁的儿子这样一个墓志铭："全世界的黑暗，都挡不住一根蜡烛的光明。"一烛之明，虽然微弱，但只要融入人类正义、自由、和平之文明之火燃烧的临界点上，便会展现出社会进步的巨大合力。

这段话还使我想起古希腊神话中智慧女神密涅瓦身旁有一只象征思想与理性的猫头鹰，这只神鹰等到黄昏时才起飞。黄昏，象征着人生濒死的时刻，神鹰以思想与理性的翅膀起飞，如同点燃的蜡烛，在黑暗中发出明亮智慧之光。夕阳即将落山，黄昏快要降临，点燃蜡烛吧！黑夜中闪烁着神鹰明亮的目光！愿人类文明交往的历史自觉之光，烛照社会发展前途。

托尔斯泰的死亡观在早年的中篇小说《三死》中就已表现出来。他的三部巨著《战争与和平》《安娜·卡列尼娜》和《复活》中也有许多死亡观的艺术表达。他的中篇小说、戏剧和随笔中，特别是《伊凡·伊里奇之死》对人生死亡的描写，为人们打开了进入至善而自由王国的窗口。

托尔斯泰堪称世界文坛巨人，他的代表作有穿越历史的价值。据说美国文学家纳博科夫在给学生讲俄国文学课时，有一场发人深思的场景：他关上教室全部窗帘，关闭所有灯光，然后打开屋顶中间的灯说："这是普希金"；打开左侧的灯，说这是果戈理；然后打开右侧的灯说："这是契诃夫"；最后拉开窗帘，指着洒满教室的阳光说："这就是托尔斯泰！"

纳博科夫在这场生动的讲课中，忘记了陀思妥耶夫斯基这位俄国文坛巨星。高尔基称："托尔斯泰和陀思妥耶夫斯基是两位伟大的天才，他们以自己的天才力量，震撼了全世界，使整个欧洲惊愕地注视着俄罗斯。"列宁曾称托尔斯泰是"俄国革命的镜子"。陀思妥耶夫斯基也是俄国历史的"明镜"，映射着智慧的光芒。文学如镜，史学如镜，哲学如镜，三面明镜从不同角度，由文学家、史学家和哲学家反映着知物之明、知人之明和自知之明的人类文明中的人文精神之光。托尔斯泰如此，陀思妥耶夫斯基也是如此，他的《死灵魂》所述说的人的死亡观念,也会在今日人类乘坐的科学与理性的汽车上,发挥着"安全带"作用。让人类文明交往自觉在重新"回归历史"之后,获得新的历史自觉!

托尔斯泰说:"要是一个人学会了思考,不管他思考的对象是什么,他总是在想着自己的死。"人愈到晚年,愈是经常想到死。这并不是全是怕死,而是思想成熟的表现。少小哪知世事艰,老年人才会思考人生不易。老年人在余年最重要的事,是认真地从看待自己有限生命的距离感中,总结生命经验,清醒而自觉地乐度每一天!这是托尔斯泰"想着自己的死"这个文明交往命题的真谛所在。

五 倒看人生的作家伊尔莎·艾兴格

奥地利女作家伊尔莎·艾兴格(Ilse Aichinger,1921—2016),父亲是雅利安人,母亲是犹太人。父母离婚时她体验到撕裂感的痛苦,印象极深。1994年面对"何为最大的痛苦"问题时,她的回答是:"出生。"2016年11月11日,这位战后德语文学的先驱性代表人物刚过完95大寿之后,在维也纳逝世。她已到了"坐九望百"之年。她有一句著名的"名言",即倒看人生的"从终点看开始"。

艾兴格作品中的永恒主题是"死亡"。她一生,经历了母亲、丈夫与爱子的先后离世,死亡主题也就一直伴随着她写作之路。她在20世纪50年代成为著名作家,但与她齐名的奥地利女作家耶利内克(诺贝尔文学奖获得者)、英格褒·巴赫曼等人不同,艾兴格是一位被高度赞誉却很少被阅读的作家。她在成名之后,走向了沉默和隐退之路,向公众展现了自己的"消失的艺术",渐渐消失在人们的视野之中。1982年,她在访谈中说:"我在小时候,对'消失'感兴趣,简言之,即是让什么东西有消失的能力。为此我还买了一本讲'ver-'(前缀的)书,因为ver是一个意味着消失的音节。"

由"死亡"到"消失"的主题集中表现在《稻草》(1988)一诗中:"稻草是枯死的干草,也是死去的生命,就像语言逝去以后,剩下的唯有沉默。在收割以后的田野上,只余下'稻草、白雪和空地'。"这是歌颂枯死和消失的礼赞,而描写生物死是她写作主题的起点,也是她的"从终点看开始"的倒看人生的诗篇。写于1949年的《镜中故事》叙说一位死于非法堕胎手术的女子,在镜中逆转时光,从葬礼开始,直到回归娘胎,从死向生,最终化为虚无的思考。这种倒叙的艺术,从时间倒流中,从杀婴者变为接生者,罪行得到了补偿。如她所写:"因为镜子给你力量,让你索要别人还没有索到的东西。"在人生事业中,看重过程已成为人们的思维定式。过程的确重要,但不可不同时看重结果和开始,尤其是根据镜子成像的原理,真人与镜像是可以颠倒的。倒看人生的逆向思维在实践中也有积极意义。只有把"顺看"和"倒看"结合起来看人生,才可获得对人生的全面认识。

她的唯一长篇小说《更大的希望》表现犹太儿童在纳粹的种族清洗中艰难生存,最终死亡的故事。在小说中,游戏与梦境为儿童心灵对抗现实的生存方式,而且从儿童的视角下,成人的现实世界符号被赋予善心映像,这也是从"成人"之终看"儿童"之始的"从终点看开始"的思维方式。"童心"与"成人之心"对生死的看法,也有同中之异、异中之同的区别。

六 翁贝托·艾柯:"80后"辞世的意大利作家

2016年2月19日,意大利作家翁贝托·艾柯因癌症去世。他因博学多识而兼有"五家"之名:作家、符号学家、哲学家、历史学家、文学评论家。他享誉欧洲的《美的历史》一书被称为"coffee table book"(在咖啡桌上随时可见之书)。此书中译本定价198元,首印一万册,半年销完,之后又重印多次。他论美,也谈丑,著有《丑的历史》。1980年他年近五十,首部小说《玫瑰的名字》出版,迄今全球销量3000多万册,有40多种语言的译本。他认为自己是最不迷信的人,为了惩罚迷信的学生,他总爱把大学里的期末考试定在"礼拜五",并幽默地说:"如果是十三号那就更好。"他晚年的《误谈》

一书认为，人类文明交往处于"巴比塔"被隔绝之上，十分悲观无奈。语言使人类沟通，也使人类隔绝；在许多方面，人们总误解他人而又渴望被人理解。此即几千年文明史的残酷历史与现实，被他视为永久的悲哀。"互联网"成为人类今日文明的"巴比塔"，它既为历史上前所未有的人与人之间广度的交往沟通，又在广深度上为人们交往制造"误区"和"误解"。艾柯说，他年龄越大，越感到悲观。我比他年龄还大，作为一个学者，对其晚年悲悯心境，颇有同感。然而，我有人类文明交往自觉的历史观念支撑，却与他不同。我是一种冷静的乐观者。我坚信人类只要在事物客观性和主观能动之间有科学史观的指引，虽然道路曲折，但前途和总趋势是光明的。

七　歌德三吟《浪游者的夜歌》

对死亡问题的思索度之深，在哲人中当数德国的歌德（1749—1832）。这位文化巨人、思想巨擘在 31 岁（1780）时，在吉息尔山顶的小木屋中写下了下列《浪游者的夜歌》：

群峰一片
沉寂，
树梢微风
敛迹。
林中栖鸟
缄默，
稍待你也
安息。

64 岁（1813）时，他第二次去这个小木屋，将墙壁上小诗重描了一遍，以加深笔迹，同时也在加深他的思索。

82 岁（1831）时，他第三次，也是最后一次去这个小木屋，在小诗面前站立默思，自言自语道："稍待你也安息。"说完，似乎预感到了什么，说完挥泪下山。

果然，次年（1832），他以坐"83 岁"而望 90 不到的年龄逝世了。他 60 岁以后三上吉息尔山，写诗、题诗，思考的都是同一首诗。这首人生历程中思索人生死问题的诗，是他不知疲倦地思考死亡之谜，是诗人心灵深处埋藏着的人类文明的双重忧思：①对生命的渴望与留恋；②对死亡的恐惧与无奈。人生观与人死观如此错综复杂地交织于他的思索全部过程之中。

歌德对他的秘书爱克曼说："到了 75 岁，人总不免想到死。不过，我对此处之泰然。因为我深信，人类精神是不朽的。它就是太阳，用肉眼看，它好像是落下去了，而实际上是永远不停地照耀着。"歌德面对落日，说这些话，是在启发活着的人，如何用自己有限的生命和无限的时间和空间打交道。人的一生，面临的时间是有限的；面对的空间是有条件的，但生命是美好的，它可以使人生更有益于社会，有助于文明。问题在于必须做时间和空间的主人，认识空间规律性、发挥主观能动性把命运自觉地掌握在自己的手中。

歌德忌讳"死"字，他总是用别的字来代替"死"字。他讨厌"死亡"，但不怕"死亡"。恩格斯称赞他是"未来宗教的预言家"，"这种宗教崇拜的就是劳动"。"歌德不善跟'神'打交道，他很不愿意听'神'这个字眼，他只喜欢人的事物，而这种人性，使艺术摆脱宗教桎梏的这种解放，正是他的伟大之处。在这方面，无论是古人，还是莎士比亚，都不能和他相比。"

原来歌德"讳死又不怕死"与他"崇拜劳动""喜欢人性"是紧密联系在一起的。

如果细心的读者，还记起前面《漂木》长诗作者洛夫，那就会在这里同《浪游者的夜歌》联想品味那"说不尽的"诗意哲理。

八　君特·格拉斯生前的警告

2015 年 4 月 13 日，诺贝尔文学奖得主、德国作家君特·格拉斯以 87 岁高龄逝世。他生于 1928 年，是以语言辛辣、内涵丰富、手法独特、"笔下无遮拦"而闻名于世的作家。他因1959年出版第一部长篇小说《铁皮鼓》而出名。他是最早提出追究德国人对纳粹罪责问题的作家之一。在这部小说中，他通过一个畸形侏儒所遭遇的颠沛流离和奇特视角，来揭示整个德国民族的历史和纳粹的丑恶。

他是位有历史感的作家。他的长篇小说《一片广阔的原野》，把1871年德国的统一和1989年两德的统一联系起来，对德意志民族的整体史加以反思。他称1989年两德的统一是西德政府用"经济收买了东德"，在德国引起褒贬不一的轩然大波。2006年，他78岁时出版了自传小说《剥洋葱》，承认自己曾是党卫队员的历史，同样是遇到了褒贬不一的反应。

随着年事已高的他渐离公众视野，人们似乎不太关注他的存在。出乎意料的是，2012年4月，他发表了题为《不得不说的话》的诗作，正当他84岁时，他把批评矛头对准中东的以色列。他指出，以色列是对世界和平的威胁。他在文章中就以色列可能对伊朗使用核武器提出警告，因而被以色列宣布为"不受欢迎的人"，是"反犹主义者"。

事实上他多才多艺，绘画、烹饪、雕刻，而且幽默、风趣、细致，是世界文坛上一位特立独行的大文学家！

九　关注人类文明交往的季塔连科

2016年2月16日，俄国学者米哈伊尔·列昂季耶维奇·季塔连科辞世。他是一位国际知名度很高的汉学家，是一位关注人类文明交往的大学者。

他的专著有《中国：文明与改革》《中国社会政治与政治文化传统》《俄罗斯和东亚：国际与文明间的关系问题》《亚太和远东地区的和平、安全与合作问题》等研究人类文明交往的历史与现状问题的著作，学术视野相当广阔。他把中国的现代化改革与文明问题相联系，进行深入的考察，具有人类文明史的高度视野，可谓开辟新研究领域。他关于亚太地区和远东地区问题的研究，使我想起20世纪50

年代中期，我的苏联老师柯切夫讲解"远东与东南东亚近现代史"的情景。俄国学者关注他们的邻邦是有历史传统的。

他主编的著作有《中国精神文化大百科全书》《中国哲学大辞典》等大部头辞书，为俄国读者提供综合全面的、案头必备的工具书。

他的科学研究中，总结了中华文明的连续性、独特性、创造性、多样性和完整性等特点；同时也在中国古代"和合"哲学、自强不息等价值观、天下观也表现有独到的见解。在当代文明交往问题上，2014年他写有《俄罗斯的亚洲战略》，提出了俄罗斯"向东看"理论与"太平洋时代"到来的预见。

他是一位年逾八十而病故的学者，正处于老龄创造期，惜乎早离人间。

十　自杀的文人三例

1925年，俄罗斯意象派诗人叶赛宁在彼得格勒的安格列捷酒店自缢身亡，年仅30岁。自杀时，他留下了这样的诗句：

> 这一生中，死绝非新鲜事，
> 但活着，当然也并不更新鲜。

当时，另一位俄罗斯未来派诗人马雅可夫斯基写了一首悼念诗，其中有下列诗句：

> 我们这个星球
> 快乐啊
> 原来就很少。
> 应该
> 从未来的岁月
> 拽出

第四编　史道：明"学林老树"的人生之道(下)

快乐。
这一生中
死
并不困难。
但要安排好一生
却相当困难。

时隔五年即 1930 年，马雅可夫斯基也因克服不了人生的困难而自杀了。此时他也只有 36 岁。自杀前两天，他在绝望中写了下面的《遗言诗》：

致大家：不要因为我的死而责怪任何人，不要散布谣言，死者对此深恶痛绝。

妈妈、姐姐和同志们，请原谅——这不是办法（我也不建议其他人这么做），但我已没有出路了。

莉莉娅，爱我吧。

政府同志，我的家庭成员——有莉莉娅·勃里克，妈妈，姐姐和维罗卡·维因尔多娜·波隆斯卡娅。

假如你能给他们安排一份将就的生活——那就谢谢了。

已经开始的诗作交给勃里克夫妇，他们可以进行整理。

在这首《遗言诗》中，还引用了他一首未完成诗歌的片断：

据说发生了严重的事故
爱情之舟撞上了海礁
我与你两不相欠
彼此的不幸与委屈苦恼
又何必计较。

对于叶赛宁和马雅可夫斯基之死，我在《两斋文明自觉论随笔》

第 1 卷第 2 集《自我身心》第二编《人之终》第 17 节中说："自杀的原因不能一概而论，可以说因人、因时、因地、因事而异。但从人类自我身心交往而言，都直接和病态心理因素膨胀而失控有关……叶赛宁、马雅可夫斯基两位大诗人的自杀悲剧，说明了根治心理上抑郁症，对高知识人群，特别是感情丰富而理性欠缺的人，多么重要！"

这里，我再谈第三个自杀而死亡的人，他就是 1968 年诺贝尔文学奖获得者、东邻日本作家川端康成（1899—1972）。我在《松榆斋百记——人类文明交往散论》的《人死观问题补议》中，引用过他在自杀前 12 年说过的话："自杀而无遗书，是最好不过了。无言的死，就是无限的活。"他后一句话，说得含蓄，耐人深思。他获奖时，不是想到活，而是想到死，又怕人笑话他，后来又觉得自杀不是"开悟"的好办法，最后他终于还是选择了自杀。陕西关中有句民谣："七十三、八十四，阎王不叫自己去"，川端康成就在 73 岁时离开了人间。

川端康成有一篇名叫《美的存在与发现》的文章，讲到他看见阳光在餐架倒放的杯子上缓慢移动，从一个杯子的角，到整个杯子，再到二、三、四、五……个杯子。阳光移动是难以看到的，但他细腻地描写了几乎静止时的视觉动态感受，真是非常细致。然而，令人遐思的事发生了：就在写完此文以后几天，他就自杀了。

人的生命是最为宝贵的，因为对它每人只有一次，因为没有了生命，什么也就干不成了。在外国作家中，歌颂生命宝贵的人首推杰克·伦敦。他写的《热爱生命》，可以说是一本关于生命的寓言。他常常抱怨说，许多人读了他的《海狼》，却没有发现，那是反对尼采的超人哲学的。尼采几乎一生都盛赞自杀是合乎人的尊严的："自然死亡是在最卑下条件下的死，是不自由的死亡，是不恰当的死亡，是懦弱者的死亡。人应当出于对生活的热爱，寻求另一种死法，要自由、自愿地死去。"杰克·伦敦是知行合一论者，这样认识就这样做，果然于 1916 年用自杀方式结束了 40 年的短短人生。"四十而不惑"，令人困惑的是，生命在他这里，褪去了自身应有的本色。

自杀是英雄回归，还是懦夫逃避，也是要具体问题具体分析。至于川端康成自杀之谜，现在有三种解释：①他死于思想负担过重，因为获奖后年龄有些大，体力智力衰退，再也写不出好的作品；②他为复活日本军用主义作家三岛由纪夫自杀陪死，思想负担过重；③他服安眠药过度，无意打开煤气阀导致死去。究竟为何而自杀，为人们思考留下了空间。

川端康成热爱大自然，却又想什么时候自杀；他在《临终的眼》的随笔中，也不赞成悲观厌世的人，应选择自杀。他的思路是矛盾而复杂的。古稀之年的他，比起而立之年的叶赛宁和马雅可夫斯基，在自杀问题上更难以捉摸求索。

说一个中国作家吧，《创业史》的作者柳青在"文革"中自杀未遂后，深有所感地说，经过这场折磨，他要是写人在自杀前那种思想矛盾心态，就更有亲身体验的深度了。我想，自杀是个充满矛盾的人类自我身心交往的复杂之结，也许这是一个"死结"。自杀之谜，难以有一个满意的谜底。

人生大课堂上应当研究什么？死亡是绕不开的课题。把死亡研究清楚了、弄明白了，就有自知之明，就有了人生的光明前程。我在《两斋文明交往自觉论随笔》第1卷用较大篇幅研究了"人之死"问题，现在又作了一些补充。诺贝尔文学奖得主福克纳说："我不想接受人类末日的说法……人有灵魂，有怜悯和耐劳的精神。诗人和作家的职责，就是写出这些东西。"我想，人文社科和自然科学界人士，也应当深入研究死亡问题。

十一　费特的唯美主义死亡观

费特·阿法纳西耶维奇·阿法纳西是19世纪俄国纯艺术派"代表人物"之一。他以唯美视角观察世界，其中包括对"死亡"这个人生最沉重话题也尽收于美学的永恒探索之中。前边我们谈列夫·托尔斯泰的死亡观，正是托尔斯泰对费特的《五月之夜》一诗大加赞扬，认为"它是活生生的化身，十分迷人，它写得如此优美"。这首诗中有下列渴望生活美的诗句：

月亮揣着晶莹的繁星，
春天那神秘的力量统治着宇宙。——
啊，亲爱的！在这忙碌扰攘的人境，
是你允诺我幸福长久。
但幸福在哪里？它不在这贫困的尘世，
瞧，那就是它——恰似袅袅轻烟。
紧跟它！紧跟它！紧跟它上天入地——
直到它与永恒融成一片！

请看，费特在这里是以唯美主义的超然姿态面对人的死亡。他在诗中，并没有以死亡为个体存在的终极意义，也没有把死亡看作最沉重的人类生存哲学"难以承受之重"之苦，而是把死亡纳入追求大自然美、发现美、再现美的人类与大自然之间美的永恒探索，与大自然融为一体，从而使生命得以无尽地延续下去。幸福如轻烟、如薄云，飘忽不定，这如烟似云的幸福，就是他要追求的美！

他的个人经历中的失落与欲望，使他选择了寄情于美和艺术纯粹的直觉境界。1820年他生于俄罗斯一个贵族家庭，但由于出生于父母结婚之前，在14岁之时，被当地宗教事务所取消贵族身份，从而失去了原来属于他的财富、特权。尽管他有才能，在莫斯科大学语文系以诗歌崭露头角，被别林斯基誉为"在莫斯科诗人中""是最有才华的"，但仍然因身份低下而历尽精神煎熬。直到1873年他53岁时，沙皇才答应他恢复贵族身份的要求。身份歧视的心理压力几乎伴随着一生。为了摆脱痛苦，疏远社会和现实的苦恼，他曾由莫斯科文学界名噪一时的矛盾处境中，回归过乡村田园的隐居生活。这虽不能改变他渴求贵族社会地位这个痛苦的源头，却使他的人生走向了最美的事物，甚至把美的本身当作他的书写对象，包括死亡这个与生活相伴随的主题在内。美对他而言，给予他的不仅是心灵的愉悦与宁静，而且是认识并把握世界的唯一途径。唯美主义使他的世界观中，自然万物、人世沧桑都闪烁着最美的光彩，人生观和人死观都赋予了诗人永恒探索美的领域。

如果说人生经历是唯美主义的生活源头，而叔本华的哲学思想则

第四编 史道：明"学林老树"的人生之道（下）

成为他理论的源头。这两个源头活水是相伴而行、互为交汇而向前流淌，不断融合为费特的唯美主义大河之中。19世纪60年代，他回到故乡，经营农庄，投入人与大自然的交往世界；同时他也进入理论思维世界。农闲之时，他手不释卷，阅读了大量哲学著作，特别是叔本华的哲学著作。对叔本华的代表作《作为意志与表象的世界》，他更是着迷。为此他将这本书翻译出版。叔本华是唯意志主义的开创者，也是西方全面研究死亡问题的最早哲学家之一。叔本华在《论死亡》的开篇中就写道："死亡是真正的励志哲学，是给哲学以灵感的守护神，也可以说是为哲学指明方向的引路者。"叔本华认为，我们的生活痛苦、无聊，没有存在价值，是死亡让我们找到了一个"失去的乐园"。

费特受叔本华的影响最大。作为诗人，他是把唯意志哲学化为唯美主义。在他的哲学和诗歌生涯中，反映了悲惨的人生和苦难主宰世界的思想，而且他认为只有美是快乐的和值得永恒探索的对象。费特在《微不足道的人》一诗中说：

> 岁月不过是劳累和丧失的轮换交替，
> （不全都一样吗：一天或许多时光）
> 为了忘掉你，我投身繁重的工作，
> 眨眼间，我又举着自己的深渊赫然在望。
> ……
> 然而，即使陷入巨大的慌乱之中，
> 失去控制，哪怕只拥有儿童的力量，
> 我都将带着尖喊投入你的困境，
> 从前我也曾同样尖喊着离岸远航。

此诗中的"微不足道者"是诗人的"夫子自道"，它意味着人生的短暂、忙碌和痛苦以及必然走向死亡，他这个小人物也愿"带着尖喊"死去，并投入无限的永恒而不朽。这是叔本华哲学的死亡观：人，作为个体，作为意志的对象，无力改变终有一死的必然命运，甚而欢迎死亡，是平静的选择。因此，费特的哲理诗不仅是叔本华的哲意洽诗，而且有柏拉图美学甚至宗教思想的影子。柏拉图认为，"美本身"是一种绝对的美，这种美具有永恒性、无始无终性、不生不灭性。可以看见，这和唯美主义作家费特的观点是一致的。对死亡之美，费特从生死、和谐与安定心态中寻求永恒性。美与死亡这两件事是世人永恒之物，他在《米洛的维纳斯》一诗中写道：

  全身沾满大海的浪花，
  遍体炽烈着爱的激情，
  一切都拜伏在你的脚下
  你凝视着自己面前的永恒。

诗人在这里把死亡之美堪比爱情的凄凉美，这与他失去爱情的经历有关。他在死亡思考中也表现了抗争的美，在一首《我还在爱，还在苦恼》的诗中，他写道：

  听命于太阳的金光，
  树根扎进坟墓的深处，
  在死亡那里寻求力量，
  为的是加入春天的歌舞。

在费特的笔下，调动了抗拒死亡的超常的生命力，死亡非但不是阴森黑暗和可怖，相反和太阳、春天、歌舞联系在一起。对死亡之美的诗句中，他这样赋予浪漫遐思的诗句："让我的亡灵借助诗歌，飞向星魂做叹息的幽灵！"

费特因贫穷无缘娶他心爱的拉兹契为妻，这是他爱情生命的"死结"。拉兹契葬身火海悲愤死去，使费特因她早逝而对死亡具有特殊感受。他在梦幻中追求与死相遇，力图使爱的完美在梦幻中超越死亡。他在追忆所爱之人的诗歌中吟咏道：

  你已脱离了苦海，我还得在其中沉溺，

第四编 史道：明"学林老树"的人生之道(下)

命运早已注定我将在困惑中生存，
我的心战战兢兢，它竭力逃避去把那无法理解的神秘追寻。
……
秋波之永逝——我不再恐惧大难临头，……

死亡之美，它的美就在于爱慕之人已摆脱生的苦海。对诗人来说，美的永恒不在短暂的人生，而在永恒之人死。托尔斯泰之所以赞扬费特的死亡观，反映那个时代俄罗斯人对灵魂安身立命的思考，死亡与美，在永恒的生死二律背反命题中，至今仍是人类文明交往的主题之一。

清代史学家赵翼在《瓯北诗集钞·杨雪珊自长垣归来示近作叹赏不足诗以志爱》一诗中"入木三分诗思锐，散霞五色物华新"之句。他在《瓯北诗话·陆放翁诗》中，谈起作诗功夫之深时，又有"意在笔先，力透纸背"之句。用脑思考，用手书写，进入诗思意境之"入木三分"；用意先行，笔力透书写之纸背。这里他把写诗艺术功力与书法功力结合在一起了。我对此之所以有所体会，是因为我爱文学，也自然喜欢诗歌，更主要的是我把它与治史治学融合在一起。我有《学王书稿》，习王羲之"书圣"书法。但我写书用手写而不是用电脑完成著作。我总想，回归甲骨文时代先民写字的"刻字"功夫，用硬笔书法闯一条路径。另外，我习惯利用别人打印用过的纸张背面来写作，这既可节约稿纸，又可"力透纸背"去练书法。现在一大堆书稿都是"力透纸背"习字写书的物证。用笔写作，手脑结合，平心静气，气、力、意汇流于笔端从容斟酌论述，又有养生之效，还可以创造硬笔书法之美，真可谓一举多得。我多次讲"诗意治学"，并未引起人们多大注意。其实，治学中的"爱""好""乐"三境，愁、藏、心、情、乐五趣，以及这里的"入木三分"和"力透纸背"诗思意境，许多学人都有所体会。我对此种思维方式、生活习惯积累久了，遂有上述"三境""五趣"以及硬笔刻书的劳动意境，就必自然成为自然诗意乐趣了。

诗啊，有无限的宽度、深意，让人们产生无尽的情思！诗人屠岸对此有句名言:"我没有加入任何宗教,但诗是我的宗教。"他又说:"如果说,我的诗有一种基本主题,就是爱。我爱母亲,爱同胞,爱祖国,爱人类,爱真理。"这真是诗人的"五爱"人生了!诗意人生,诗意治学,诗意学史,其道在爱,由爱而好,由好而乐,史趣由此而历久弥深。

十二 由《散步的人》之歌所想起的

2013 年 11 月 1 日,邵燕祥写了一首《散步的人》之歌:

> 他曾经奔跑
> 向着太阳
> 向着风雨
> 他曾经跌倒
> 不止一次
> 不要人扶掖
> 他又艰难爬起
> 从 20 世纪走到 21 世纪
> 从蹒跚学步到从容漫步
> 这个在中国散步的人
> 这个在天地间散步的人
> 他
> 就是
> 我。

13 行新体诗,只用了一个句号(。),结语是一个字:我。这是一个老字人的步履,是往事与回忆的诗意哲理之歌,也是史以明道之诗。这是诗人的晚年盛开的一朵歌颂生命之花,是诗人用自己的心血、用精神、用生命浇灌而绽放之花。

读他的这首诗,不禁使人想起某位农业劳动模范的话:"小车不倒只管推！"邵燕郊，1933年生于北平，1948年在北平中法大学肄业。他有中央人民广播电台记者、《诗刊》副主编经历，有《到远方去》《在远方》和《迟开的花》等诗集。1984年他51岁时以《开花》一诗，表达自己"拼一生的情思／开放这一次"的激情，道出了自己的鲜花盛开的心态："即使只开放一次／即使只开放一天／能够开花／也是幸福的／因为／是在这可爱的大地上／开花啊！"

这令人想起盛唐时期刘眘虚的《阙题》诗："道由白云尽，春与青溪长。时有落花至，远随流水香。闲门向山路，深柳读书堂。幽映每白日，清辉照衣裳。"这首诗原来是有题目的，但不幸后来不知为何失落，后人给它加了"阙题"（阙，古代用作"缺"字）。失落题目，自然是憾事，但这首巧妙运用景语藏人艺术手法，给读者带来美感和趣味。作者笔下山中"读书堂"的主人，是位专心致志研究学问的隐士。这里花流水香，春光是不会厌老人的！

邵燕郊到了老年，仍然以"花期"来回顾自己的创作情怀："80多岁的老人，把写作比作'花期'，好像不着调。"但他又平和而自嘲地说："我说诗是花。"我想，他的诗意人生是要把内心的"内宇宙"和外界社会"大宇宙"融为一体，从而绽开出的老树新花。

邵燕郊谈向太阳、向风雨奔跑时多次"跌倒"、又自己爬起来继续前行的阅历人生，这是中肯之谈。人的一生，谁没有经历跌倒，跌倒了再爬起的事。人一生都在走路，人生之路可以说是不断地"知行合一"的"学步"过程。前边讲的"小车不倒只管推"，还可以加一句：即使小车倒了，还要扶起来再往前推，不停止地推向前方！不动摇、不懈怠、不折腾，直到步入老境，依然故我地学步行路。

2015年10月10日，我有一首《皮帽为大风所掀》歌：

木秀于林，风必摧之；
帽松于头，风必掀之；
人追帽于大风之中，风必推倒之；

倒后自己努力爬起来，
拍拍土，皮帽再戴上，
发现皮肉轻伤，一笑置之！

这首歌也可名为"四之"歌，附有下述说明："2015年10月10日，岁在乙未，时年84岁，余之本命羊年也。上午漫步于北京松榆南路美景东方小区东门外。突然，狂风大作，此阵风不下于6级，从后面掀掉了头上的皮帽。余追被风吹走之皮帽，为大风所推倒而趴在地上，头、腿、手、脚，均有轻伤，幸无大碍，仍然走回家中。我的生肖属羊年，盖羊年吉祥，大风卷走晦气，因祸得福，跌倒再爬起，精神头十足，绊得头脑清醒了许多，辩证法大获全胜也。"

我还在这"四之"歌前，加了一个序："此歌无仿杜甫《茅屋为秋风所破歌》之意，自然也无'唇焦口燥呼不得，归来倚杖自叹息'之悲，更无'安得广厦千万间，大庇天下寒士俱欢颜'之志，只得一首遇惊无险、注意老年行路安全的经历感怀而已。"

老树经不起狂风吹，老年最应警惕的是跌跤。我这棵老树倒了又站起来，现在想起来有点后怕。我想起了史学家侯外庐因在家客厅走方步作体育锻炼，走一会儿要坐在椅子上休息一下，是他养生的习惯。他不知保姆打扫卫生而移动了椅子的位置，使他一坐坐空，摔倒于地板上，从此一跌倒成为脑中风，最后离开人间。我更想起老伴86岁时，因去双龙超市厕所无坐式马桶而摔成脑梗，虽为轻度，但因年龄太大、不能动手术而在家保守治疗成为大病号。老年人一定要力戒摔跤、跌倒，一旦失足，后果不堪设想，轻则如我的老伴，经常头疼脑晕，生活不便，重则卧床不起，甚至成为植物人而死亡。

北京市育英学校有一处特殊的教育风景：一棵倒下去的大柳树。那是2014年5月20日的一场大风所吹倒的树，经过修理而保存下的树雕。大柳树倒了，还"躺"在原来"倒"的地方，伴随着师生们学习、生活。一块石碑矗立在倒下的柳树旁，镌刻着学生们写的《与时间赛跑》的随笔。这是一棵"跌"而不倒的、拥有文明记忆的树。它以无言的身教，来教化来去走路的人们：在人生道路上要尽量不跌倒、少跌倒、不怕跌倒、跌倒了再爬起来坚忍前行。那是一棵有存在感的大树，是人类与自然交往活动中自然人化的艺术物品，犹如我在本书第1卷《京隐述作集·书前叙诗》的《诗意治学·芭蕉篇五趣》第五趣即《乐趣·松榆之》"互动歌"那样：

芭蕉凋谢叶化扇，去尘消暑结人缘。
栖而不息挥不止，乐在手脑互动间。

是啊！芭蕉叶有"愁趣""藏趣""心趣""情趣"和"乐趣"。它虽然凋谢还要化为对人有"去尘消暑"之情缘的扇子，让人在暑热如"火焰山"般熬煎环境中"栖而不息"，挥芭蕉扇思考，手脑互动，享受文明创造的劳动之乐。

邵燕郊的《散步的人》之歌是一首人生史诗。从上述柳树被大风吹倒，后被人做成树雕，到我这棵老树被风吹倒又爬起来，再到邵燕郊不止一次跌倒又起而从容漫步，再到芭蕉叶化扇结人缘这种情况，人与自然的交往真是多彩。邵燕郊的生命"诗花"使人想起草、树是最易触动诗人感情的，如杜甫在《遭田父泥饮美严中丞》诗中所吟咏的"步屟随春风，村村自花柳"。步屟，即"行走"，这与邵燕郊《散步的人》相呼应，也与上述柳树"树雕"有联系。一举足为"跬"，倍跬为"步"。人从小到老，都在路上行步。但暮年的行步，蹒跚如幼年，不同之处是历经沧桑之后从容而老练。传说夏禹因治水操劳，老年跛足行走，被人称为"禹步"。后被巫医神化为养生法，再后演化为春秋战国时期赵国的"国能"，即特有行走步法技能。传说中的"邯郸学步"也就发生在邵燕郊出生的燕国。该国有一个名叫子余的人，到赵国去学此种技能，学习不得法，非但没有学到，反而连原有的步行都忘了，是爬着回燕国的。学习不能"亦步亦趋"，模仿照搬，而要思考，动脑子，要有创造性。邵燕郊这位生在古燕地、今北京的人，有了《散步的人》之诗，使他成为"在中国""在天地"中散步的人，"从20世纪走到21世纪"，"从蹒跚学步到从容漫步的人"。古燕国的由子若有灵，当向邵燕郊致敬。当然，这只是开个玩笑。

  人老了，各有自己的回忆选择，回忆就是历史，就是走"史以明道"之路，就是学步的人生之道。《散步的人》写的"向着太阳""向着风雨"奔跑的"跌倒"再"爬起"，从而自力更生，独立行走于"道"。其实这就是"史以明道"的以诗明史道之歌。他喜欢写回忆老师的文章，也喜欢王安石的"草草杯盘共笑语，昏昏灯火话平生"的诗句。他是个清醒对待衰老的诗人："我谢绝/所有掩盖着的怜悯：何必/让我以为盖着身心衰老/夕阳还年轻。"当然要记住：老壮不可恃，这是在人类文明交往活动中的"自我身心交往"的"自知之明"。人老要知老，要按老龄规律办事。

十三　从"人走路不稳就要摔跤"的控制系统稳定性比喻谈起

  在自动控制科学领域，控制系统的稳定性是一个绕不开的课题。数学家谢绪恺在32岁时就提出了新代数判据。他形象地比喻说："稳定性是系统能够工作的首要条件，就好像人走路不稳就要摔跤，我就是要尝试用一个代数判断来描述系统的稳定性……因而使用起来更方便，工程的实用价值更大。"

  我把他这个比喻放在《由〈散步的人〉之歌所想起的》一文之后，具有自然科技与人文社会科学相通的意义。高等数学也被比喻为一棵大树，有多少学生挂在了这棵高树上，这是一句流行的调侃话，却引发了谢绪恺教授在92岁时编写"一读就懂"的《高数笔谈》这本通俗、实用的工具书的念头。他对此书的定位是：将数学问题工程化、工程问题数学化，使工科数学通俗化、接地气，用浅显的语言来说明深奥的数学原理。在此思想指导下，他要为学子们写一部"用怀疑眼光探究高等数学的手边书"。这是把大学精神实质表述为"人类文明本真"的话。

  《高数笔谈》是他用一年多时间完成书稿的，该书稿的22万字和100多张图表都是他亲手写绘，并多方征求意见而写成的。他现在又在计划写下篇《工数笔谈》。通俗化写作曾经在前些年的人文社科界学者中有所倡议，有些地方还为此评过奖。我很赞成这种倡议，并且也曾写过此类书籍。尤其是 2015 年中国社会科学出版社出版的《老学日历》就被该社定位于"人生哲学—通俗读物"。我认为这是对自己的鼓励，也引以为荣幸。深入而浅出的书是很不容易写的。这位老学人写成了，而且效果非常显著，是我学习的榜样。他有句感人的名言：自己就像大树离不开泥土，是离不开学校和学生的。好大一棵树！愿他的《工数笔谈》早日面世，老树新花开，走路不摔跤，稳步前行，为学界树立标杆。

十四　人老更应把人生看透

望九之年，望九十即望长寿。石顺义作词、洪兵作曲的这首《人都有老的时候》，朴实、简单、诚恳，由双亲入手，推己及人，直指人性深处："人生一世，草木一秋，谁没有老的时候？"人人都要走向衰老，人人都有如何面对自己、身边人和陌生人的时候。中华文明中早有"老吾老以及人之老"爱老敬老的传统美德，此歌曲谈到的是一个沉重的社会文明话题，有石顺义直指人心之笔力，又有洪兵未成曲先有情的美感旋律，不但会使老年听众流泪，也会使青少年或壮年得到启发和警示。"人都有老的时候，爱却能温暖心头，直到永久"，一个"爱"字，收尾得特别有力。爱，这是大爱，是"爱自然、为人类"之爱，是"知物之明，知人之明，自知之明，交往自觉，全球文明"之爱。爱，这是大爱，是由许多细微、普通之真情组成，因而每个人听了都会为之感动、引发共鸣从而提升文明自觉的程度。

爱，这是大爱，也包括老人的自爱，即"自知之明"。自爱之成为大爱一部分，正是因为是"知物之明，知人之明，自知之明"的人类文明交往自觉，所以才能使更多的人走入文明化。什么是"文明化"，它意味着人类面临现实难题困扰而意识到提升人的现代文明化自觉。现代化实质上是弘扬文明传统、赋予时代意义的文明化，是人的现代文明化问题。老人要长寿，但更要健康，因为健康才有幸福。

这里的健康是身心双健。老年当按老龄规律行事，关注身体，健康身体、健康心态，自爱自强，乐观自处，从寂寞孤独的封闭消极情绪之中解脱出来。

十五　老而乐天和老而进学之道
——补《我的学习观》

2011 年 12 月，在我 80 岁时，写成 66 万字的《老学日历》。书前有《我的学习观》自序，叙述"人老、惜时、爱命、勤学、多思、常写，将些许学习心得留于后世"。该书出版之后，又有两则笔记，供读者参考。

（一）老而乐天

北周庾信《竹杖赋》有叹老之句：

噫！子老矣，鹤发鸡皮，蓬头历齿。

唐白居易却是另有一番情调。他在《老病相仍以诗自解》中咏道：

虫臂鼠肝犹不怪，鸡肤鹤发复何伤！

人老皮肤衰退，乃自然现象，白居易之乐天本色，可佩可赞可敬！

"老"字"土"下面那一撇，就是老而扶拐杖、实际上两条腿变成了三条腿。老年衰退，属正常现象，要承认现实，但要"乐"而去悲。庾夫子《竹杖赋》太悲观了。"子老矣"，确有未老先衰者，那主要是心态问题。例如宋代楼钥在《攻媿集》中就有"公开九秩身方健，我甫六旬心已疲"的述说。

春秋之初，有晋、楚之谚曰："夏姬得道，鸡皮三少。"此谚指夏姬虽三次衰老而三次得道之后,重新获得青春。夏姬,春秋时为郑穆公女,陈大夫御叔妻,三次不如意婚姻之后,仍老而获福。她经人生挫折而悟出乐天之道,皮肤皱折减少。心态好了,老不足伤悲,自然如白乐天所说:"鸡肤鹤发复何伤"了。

(二) 老而进学

2015年12月15日,收到《老学日历》样书后,重读《我的学习观》(自序)之后,有感于老年要记住一个"乐"字,也不要忘一个"学"字,守住一个"勤"字。老而乐天和老而进学都是老龄人生的正道。老而扶拐杖也好、坐轮椅代步也好,杖和椅所载之老人,都应有乐天和进学心态。

这种心态是人生正道。如我在上文结尾处所说的,人生应常怀"应考"之心,做"赶考"的老学生。人要终身学习,"活到老,学到老",学自己有兴趣的东西,适应老龄规律,提高文明交往自觉性,尤其是提高自我身心交往和谐水平。

进学之心是旨在筑牢"文而明之""文而化之"的文化文明的根基。有位老干部叫范匡夫,他把筑起此根基称为"文化屏障"。他说:"假如不是读了那么多的书,我的心态和精神会完全不同。这些年我之所以能够在种种考验面前没有'成千古恨'的'失足',除了党性观念、法纪观念等起作用外,文化防线或屏障对我说来有一种特殊的保护作用。"

"防线"有道德的"高线",有纪律上的"底线",有法律的"红线",还有"自律"、谦诚观念和忧患意识。这一切都要有学习上的自觉性。创新特别需要固本,固本就需要学习、学习、再学习。学习的主题是文化、文明,这是人类的精神家园、灵魂和生生不息的前进动力。"防线"也好,"屏障"也好,既为防人性之恶之愚,更是文化、文明交往的自觉。这种自觉的"觉",根本在勤学、善学。"学"与"觉"字下面一为"子",一为"见",上面是共同的觉悟和自觉思想,因而彼此是相通的。自觉和觉人,学习是源头活水。最后我还是认为:人老勤学而乐天。

十六　月中有桂则明

"日"和"月"二字加起来是一个"明"字。"史以明道"的"明"字即由此而来。中华文明中，对月亮之明有许多传说，"吴刚伐桂"就是其中最有名的一个哲理小寓言。我在《老学日历》第四编第五十九节把"吴刚伐桂"和古希腊故事之中的"西西弗斯推石上山"[①] 相比较，说明东西方文明也有一些相似之处。我的这个发现，已被《光明日报》一些文章中引用，作为东西方文明比较的事例。

在此文中，我想就"月中有桂则明"，就月亮与桂树传说中的"知月之明"再说些想法。"吴刚伐桂"故事见于晋人虞喜《安天论》，唐人段成式的《酉阳杂俎·尺咫》记载更细："旧言月中有桂，有蟾蜍。故异书言，月桂高五百尺，下有一人常砍之，树创即合。人姓吴名刚，西河人，学仙有过，谪令伐树。"月亮以它明亮静谧的清秀形象，特别能引人联想，发人情思。古人对月亮充满想象，对月亮的明亮世界，给予各种美丽动人的故事传闻。"嫦娥奔月"是妇孺皆知的传说，而"吴刚伐桂"的神话与希腊"西西弗斯推石上山"神话，令人从中明悟人类文明交往自觉方面的刚毅坚忍精神。夜深人静，万籁俱寂，在那一轮明月徐徐移动的星球上，东方人思路进入吴刚顽强用斧不停息地砍而复合，合而再砍的韧性思维境界。西方人的西西弗斯"推石"思路中虽不在月亮中想象伐桂的吴刚和月中嫦娥，却还有另一个神话：女神达佛涅，为了拒绝太阳神阿波罗的求婚，宁肯把自己变成一棵月桂树。阿波罗无奈，只得折取桂树叶，编成花冠。据说，西方人给胜利者头上戴"桂冠"的习俗，即由此而来。

"月桂"，四季开花结实，为桂树中桂之一种。月中有桂树，吴刚

---

① 西西弗斯（Sisyphus），古希腊神话中的科托任斯国王。他是个暴君，死后被罚在地狱中把巨石推到山上，快到山顶时，巨石又滚下来，还得重新再推到山上。如此循环不已。这和吴刚"学仙有过，谪令伐树""砍之，树创即合"，"合而再砍不已"相类似。

伐月桂砍而不下。诗人李白则有"欲折月中桂，持为寒者薪"（《赠崔司户文昆季》）的悲悯诗意遐思。科举时代，"折桂"为"登科"的典故。唐代许浑《下第贻友人》诗即有"人心高下月中桂，客思往来波上萍"之句。这与西方阿波罗折月桂枝叶为桂冠而使其为"胜利者"象征有相近之处。《晋书·郤诜传》载，郤诜举贤良对策名列最优，自谦称"犹桂林之一枝，崑山之片玉"。这就成为后世将登科名为"折桂"的最早源头。在中国关于月中传闻，还把桂树与蟾蜍联系在一起，"月中桂"之外，还有"月中蟾蜍"，甚至把桂树与蟾蜍联系在一起。"古祠近月蟾桂寒"，就是唐代李贺《巫山高》诗中所反映的"蟾桂"相连景象。神话中有蟾蜍居窟中，故名月为"桂窟"。还有说嫦娥奔月后，"托身于月，是谓'蟾蜍'"。

和"吴刚伐桂"神话相对立的是徐孺子的"月中有桂树则明"的故事。《世说新语》："徐孺子九岁，尝月下戏。人语之曰：'若令月中无物，当极明邪？'徐曰：'不然，譬如人眼中有瞳子，无此不明。'"月中有桂树，如人眼睛中有瞳仁，人眼中无此物将成为盲人；如果月中无桂树，则不复明亮。这个比喻很新奇，它与北周庾信《终南山义谷铭》的"以桂为月"、唐代方干《月诗》中称月为"桂轮"、唐代王维《秋夜曲》、宋代苏轼《念奴娇·中秋》中别称月为"桂魄"一样，有异曲同工之妙。香桂和明月融为一体的美丽图景，更显明丽可爱。

《世说新语》记载的这位九岁天才少年徐孺子，可谓孺子可爱可敬之人。他的"月中有桂则明"，是富有想象力的、别具一格的创新思维方式的表现。月为万物中之一物，"知月之明"是"知物之明"的一部分，以桂喻瞳仁的"有桂则明"，审美学哲思就蕴含其中。今日的眼科名院——北京同仁医院，谐音"瞳仁"，也是一语双关的妙名。《世说新语》为南朝宋时人刘义庆所作，反映了从东汉末到东晋间学林状况。它所记载的徐孺子故事，寥寥数语，却是文明园林中的一朵鲜花。桂树与月亮关系太密切了。今人遗憾的是，中国邮政2002年发行的《中秋节》、2007年《中华祝福》、2013年《月圆》、2016年《中秋月圆》的纪念邮票，均无桂树。"月中有桂则明"的故事，在提醒人们要同时关注月中桂、吴刚和徐孺子的哲理寓言。

十七　三岁之翁，百岁之童

三岁之翁是神童概略的说法。古代自幼聪颖，知识、智能发育如成人。如初唐诗人权德舆，三岁知变四声，四岁能诗；杨炯十二岁举神童，授官校书郎。韩愈自述："七岁读书，十三而解文。"杜甫自称："七龄思即壮，开口咏凤凰，九龄书大字，有作成一囊。"白居易更杰出，七个月时，已能指认"之""无"（無）二字。诸如这些神童，宜鼓励而不宜捧杀，勉其勤学力行，不可恃聪明而放任自大，使其特殊的才智既开花又结果。

百岁之童，是言老年人性格活泼，如关中民谣所说："老小、老小，老人如小孩，老莱子一个。"举当代的一个例子。理论物理学家、兰州大学教授段一士被称为"睿智儒雅的科学界顽童"。他的教书之道是："言简意赅，珠联璧合，集纳新说，返璞归真。"他的治学之道是"弃其糟粕，取其精华，去伪存真，止于至善"。他家中有很多像磁悬浮、单摆碰等科技小玩艺儿。他九十岁去世，是有幸"坐八"望到九十的高龄学人。北京工业大学教授刘鑫教授在悼文中，称他"还是那个淘气的小顽童"。这的确是个"坐九望百"之老顽童。

《光明日报》2016年12月16日发表杨斌《网络"原住民"：创造未来教育》一文。他想起了"有三岁之翁，有百岁之童"的哲语，并把希望寄托于天生就以网络精神为自然而然、以互联网与生活融汇为自然而然的网络"原住民"一代人身上。这是有道理的。学习是人生的终身课题，又是人类文明交往中具有普遍互动的性质，并且是有问题导向、有广度、有深度的生存生产生活方式。学习是人类社会的双向多元的文明交往活动，是传授知识与被传授知识的互动交往过程。在互联网的"互联"中，一般理解为加法，即"互联网＋"是不够的。互联网是人类文明交往史进入新时期的新技术，它扩大了交往活动范围，使交往更加具有普遍的性质。然而，它没有改变传授知识的旧模式，此种加法还是初步的形式。学习者同时也是教育者的未来学习方式，也没有在教育中真正实现。

在教育上的学习者和教育者的交往活动中，把希望寄托于"原住民"一代人身上，可以期望进入高质量和终身学习的更加自觉的社会生活。复杂问题变得简洁，综合力量将化为转动灵感创新的万花筒。人类文明交往的智慧，也会成为由此及彼、由外到内、由浅入深的联想智慧和好学多行的谦逊智慧。传说中孔子师项橐这位七岁之童，是教育史上的美谈。百岁之翁，尚有向三岁儿童学习之处，此为"善学"。老学人尤其不能自我封闭、自以为是，而要胸怀坦荡、自以为非。"静坐常思自己过"，这就是自省，多省吾身。谦虚使人进步，老学人尤其要学以自省，朱熹把它称为"自治"。《论语·学而》："曾子曰：吾日三省吾身。"朱熹在《四书章句集注》中解读说："曾子以此三者日省其身，有则改之，无则加勉，其自治诚切如此，可谓得学之本矣。"为学之本在于知而笃行，知而践于行，其中严于律己最为关键，这就是"自治诚切"落实于"三省吾身"的知行合一的学习观。

老学人多重视养生，这是正确的。《庄子·养生主》："吾生也有涯，而知也无涯。"这里是把生命和学知相连，作为养生之道。求知识于世界，活到老，学到老。我虽老迈而与互联网无缘，可望而不可即，然心向往之。互联网是人类文明交往中的新生事物。唯新生者才有未来，这是"史以明道"的至理。我愿以有限的生命，用倒计时的年龄，思考互联网在人类文明交往中之理，作为履行治史之道。

用学养生。十年树木，百年树人。一心向学，百岁益坚。植树须植有用树，交往当作自觉人，对自我身心养生之道，亦应如是。

十八　良师良言，"四得"养生度余年

业师周一良先生在北京大学八十老人祝寿会上，有一段精彩讲话，其中"老壮不可恃"的"良言"，传为当时史坛佳话：

春暖不可恃，夏热不可恃，秋寒不可恃，冬冷不可恃，老壮

不可恃，君恩不可恃。

他在解释此段"六不可恃"时，深有所感地说："春暖"说明夏季将至，"夏热"说明秋季将至，"秋寒"说明冬天将至，这是自然规律，不可抗拒。"老壮"不可恃，人老身体日衰，一时健壮，这是好事，但要清醒，不可大意。他说，这是北京大学今天为八十岁老人祝寿的主题，希望大家和我一起注意这个"老壮不可恃"。说到这里，他话锋一转说，至于"君恩不可恃"，就不用我再做解释了。话音刚落，引起会场一片笑声和掌声。这笑声和掌声，表示了与会者对他在那个不正常年代的不幸遭遇的同情和理解。

这令我想起了《史记·商君列传》中的一段记载：

《书》曰："恃德者昌，恃力者亡。"君之危若朝露，尚将欲延年益寿乎？君不归十五郡，灌园于鄙，劝秦王显岩穴之士，养老存孤，敬父兄，序有功，尊有德，可以少安。君尚将贪商之富，宠秦国之富，畜百姓之怨，秦王一旦捐宾客而不立朝，秦国之所以收君者，岂其微哉？

赵良此段"良言"，以《周书》的"恃德者昌，恃力者亡"为理论依据，劝说商鞅积德行善，不可恃秦王一时之宠信，一意孤行而不顾后果，劝他最好还是隐退保身。商鞅恃"君恩"，"良言逆耳"而不行，结果可想而知。这是对"君恩不可恃"的前车之鉴。

恃，是人的主观依赖性、凭借感性，是人的主观上的逞能、任性，而不是有顺应客观规律条件下的人的主观能动性。这种依赖、凭借是靠不住的，是主观与客观脱离的，是不明于客观、又不明于主观的缺乏自觉性的表现。用我的认识和观念，就是缺乏"知物之明、知人之明和自知之明"这"三知"之明的文明交往的历史自觉性。历史是过去、现在和未来连通一体，深知唯物而又辩证的唯物史观。它可以使人们从回归历史的认知上获得人类文明交往的自觉。

以"老壮不可恃"这句良言而论，现在老年学人都在注意养生保健、延年益寿，这是正确的。问题在于一定要把主观能动性和客观规律性统一起来，遵循养生之道，按老年人的老龄规律性，以符合老龄的实际，颐养天年。赵良劝商鞅的良言中，指出他"危若朝露"，曹操也有人生"譬如朝露，去日苦多"的诗句。朝露晶莹透亮，美丽可爱，然它为时不多，就会消失。政治生活中的"朝露"，比之老龄生活中更为复杂多变。老龄衰退，如费孝通先生晚年说过，自己口袋里的生命"本钱"不多了，心里要有数。对年龄上晚年的"朝露"，更应以平常心对待，保持清醒自觉态度，不可老糊涂。

这令我想起2012年西北大学退离休办公室一件往事。当时为祝贺八十岁退休教职工华诞，每人赠宜兴紫砂茶杯一个。这本是好事，然而，在杯上"善语"中却写上了"一饮三百杯"的酗酒歌。尤其令人不解的是，竟然有"拼搏"两个金色大字赫然在目。八十岁的老人了，在他们年老体衰、颐养身心之时，竟然获得此"鼓足干劲"的礼物，真令人啼笑皆非！

周一良老师晚年曾经对我说，老年人应当学习画家刘海粟提出的"三得"延年益寿养生目标："吃得香、睡得着、拉得下。"周老师说，在他看来，还要加上"一得"："想得通"。我觉得这一条最关键，心态健康是根本的健康。周老师一生经历坎坷，暮年的他，是"想得通"的，所以心态一如过去平和通达。我想起我的笔记本中，收录有周老先生叔弢公"化私为公"材料，实为"书林"老树新花，作为本文结尾，附录于后，以资怀念。

附录：周叔弢的"化私为公"

周叔弢有捐赠函云：

敬启者，顷阅报载：

贵馆展览《永乐大典》内列十一册为苏联列宁格勒大学东方学图书馆所遗赠。此种真挚友好及伟大国际主义精神的具体表现，实从古未有之盛事，传播书林永留佳话。仆旧藏《永乐大典》一册（标字韵卷七六〇二至七六〇三），谨愿捐献贵馆。不敢妄希附伟大友邦之骥尾，以传珠璧合浦，化私为公，此亦中国人民应尽之天责也。

与此敬上

国立北京图书馆

周叔弢启，一九五一年八月廿日

附：原影印件

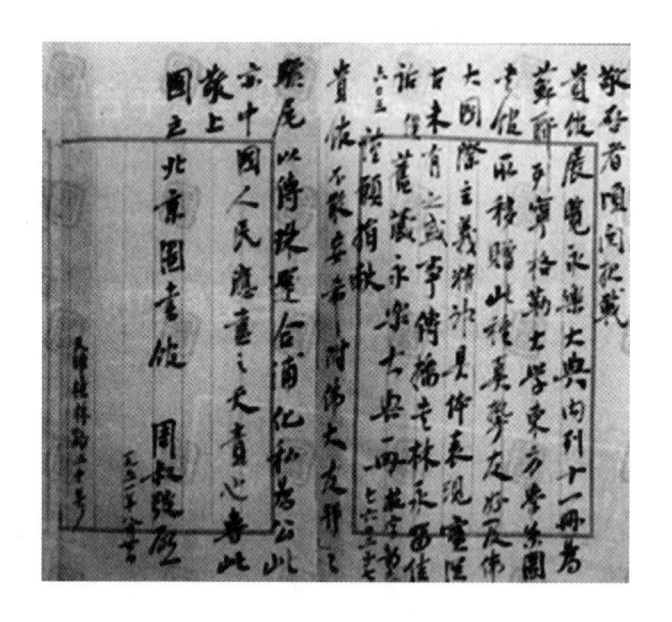

十九　选择的人生

选择是人生的大课题。是啊！人的一生都在选择。人的境遇可以有许多选择，但在很大程度上又是难以选择的，有时很可能也是无法选择的，有些时候是无法改变的。在一定改变不了的时候，自己的心先要静下来，清醒一下。如在待遇不公、横遭批判、祸从天降、平地起风波时，就要视机而行，随遇而安，逆来顺受。因为逆境在不可改变时，就要先顺受，就要面对现实而安静下来，以乐观态度，泰然处之，然后再思考新的选择。选择是人类文明交往活动中常遇常新的课题，这里需要"史以明道"的大智慧。历史是无用中的大用，是人生常用常新的教科书，关键在于你读什么、怎么读、如何用。

二十　诗意

诗意是一种雅意和真实情致，美是其灵魂的意境。对美的追求与向往是为人治学中三种互相区别又彼此联系为一个整体的要素：真、善、美。诗意和美是人所创造的，正如物质文明和精神文明是人类所创造的珠联璧合、浑然一体一样，它们的关系是同步前进。真善离不开美，美也与真善分不开。有了这三种要素，人类就有了自信、自觉，就有了定力，前景就光明起来；有了这三种要素，人类文明面临的一切困难和挫折会逐步克服。

做人与治学，真诚为先。无此基本态度，必然两败俱伤。其首先真实感情、真实的语言，当然离不开善意，也少不了诗意之美。诗意之美不仅仅是文辞章句，而是真诚老实，实实在在的内涵美。治学必须有勤奋严谨之力，真诚求实之心，美雅学养之风。同时，诗意也是一种心灵境界、生活方式，只有真、善相伴，美才有力量。

战士诗人陈辉 1938 年赴延安，1944 年在晋察冀抗日根据地牺牲，年仅 24 岁。他以天赋加实践，创作了诗集《十月之歌》。他埋怨他不是一个"琴师"，然而他写道："祖国啊，/因为/我是属于你的，/一个大手大脚的/劳动人民的儿子。/我深深地/深深地/爱你！"他的歌声为琴曲，回响着那个时代的旋律，是广大历史与现实的交响曲。他认为诗人要"为了更好地为世界，而斗争着的世界而歌"，这也就是"爱自然为人类"的文明交往自觉之歌。《十月之歌》是一位诗意琴师演奏的生命光辉之歌。

的确，诗意栖息的真善美，是感性的体味、知性的认识、智性的理解、理性的把握的思维方式和生活方式，是人类文明交往自觉性的精神状态。这就是诗意真谛所在。我有《文明交往论》《书路鸿踪录》《松榆斋百记》《两斋文明自觉论随笔》《我的文明观》《老学日历》和《京隐述作集》的人类文明交往观念七部曲，也是属于七弦诗意的"琴歌"。

第五编　关中学人治学之道

一　得天独厚、得地独宜的关中文明史脉

关中，是中华文明的一个重要中心地域。具体的界说，名家说法不一。狭义上，或"东函谷、南武关、西散关、北萧关"；或东起函谷、西至陇关，二关之中，谓之关中。

关中，从历史的视角看，是中华古文明鼎盛时期的政治、经济、文化枢纽地区，为中华古农耕文明的轴心地区。以周秦汉唐为代表的十三王朝帝都，均设于此。29座汉唐帝陵至今仍然散布于泾渭二水以北的高原地带。关中民间有陕西的"黄土埋皇上"的俗语，相传关中有"七十二陵"之说。经田野调查能基本确定的有四十二座。"人文始祖"的黄帝陵也在广义的关中地区。周秦汉唐的中华文明盛世的首都在长安，而周开其先河。孔子所钦佩的西周时代为"郁郁乎文哉"，并说"吾从周"，而且以没梦见周公为憾事。

文脉包含着史脉，史脉又连接着文脉。标志着中华文明从未中断的历史典籍之一，是长时段延续的《二十四史》。人们已经注意到《二十四史》，是以《史记》《汉书》这两部史书作为开端的。这两部具有中华文明标志性典籍的作者，不是别人，正是出生于关中的"史圣"司马迁和班固。《汉书》承传《史记》，班固述作于司马迁，书人相接，开启史学传统，为中华文明绵延不断奠定了基础。此后，许多史籍成书于长安地区。宋代关学创建人张载，自成一家，为关中文

脉振兴之星①。明代会通中西、兼人文与科技的关中"通儒"王征，自应名实相副于"南徐（光启）北王（王征）"之称。文脉不断于泾阳吴宓，他也是关中一杰。

在我看来，关中还是中华文明内部交往的相融相合与外部文明交往的相通互鉴的地区。内部交往中的长期互动，相交契合，形成中华民族共同体，关中作为政治和文化中心，自然起着关键作用。关中并非封闭地区，陕西虽不沿海不沿边，但却是启动政治文化开放的关键地区。研究中外关系的学者陈垣，曾在《泾阳王征传》中这样界定历史上关中地区的重要作用："陕西自昔为国都，西域人至者，多取道敦煌，以至于陕，其中中亚文明之枢纽也。"张骞、班超，都是经由这一地区而走向当时的西域，成为开拓进取、向外开放的代表性历史人物，"关中"的"关"字，本身并不是"闭关自守"，而确实含有文明交往的"交关"一词中，具有"交而通"的出入"关口"内涵。汉代扬雄《太玄经·玄测》中，即有"升降相关，太贞乃通"之句。该书的注中解读为："关，交也。""相关"的"关"，是关联，升与降相关的"关"，不是"关闭"的"关"，而是交往中的相互联系。"交关"是文明交往中"交而通"的另一种表达。《汉书·西羌传》谈到"交关"时，指出："通道玉关，隔绝羌胡，南北不得交关。"玉门关的通道被隔绝之后，双方就断绝了交往，就不能"交关"了。隔绝必须打开，"交关"方能通畅，文明方能具有生机。这就是"文明的生命在交往，交往的价值在文明"的历史辩证法。司马迁用了"张骞凿空"一词，凿，即开；空，即通，即开通彼此交往的道路。因此，《史记》中的"张骞凿空"，把张骞开通西域讲得很形象。凿开，打通，"交关"，都是"交而通"的文明交往生动表述。

在本编中，我的学术随笔只写部分关中学人的事。我虽祖籍河南

---

① 南宋吕本中《紫微诗话》：张载与吕希纯同年进士，但张载登科后，隐居毗陵而不复仕。后希纯自中书舍人出知睦州，张载小舟相送数程。别后寄诗云："篱鷃云鹏各有程，匆匆相别未忘情。恨君不在篷笼底，共听萧萧夜雨声。"以表明自己潜心关学创建之志向。

淅川，但出生在"关中白菜心"（泾阳、三原、高陵地区）的泾阳县，中学在泾阳、三原，大学首先在西安，后来才是北京，是地道的关中人。现已至暮年，乡愁越来越浓，真是寓目皆乡思。我没有唐代诗人贺知章《回乡偶书》"少小离家老大回"那样幸运，只能老年做京隐，在松榆小道上散步而"西望长安不见家"了。在无限乡愁中，接触到关中学人的点滴事迹，从中体悟他们治学成果后的文明交往力，可以弥补自己对故土知识的缺憾。这也是老学一课，又是乡愁中一乐，还是"史以明道"中的一趣！

二 关中泾阳王征：学贯中西的通儒

（一）王征论大学之道

王征（1571—1644），陕西泾阳人。他父亲为私塾先生，长于数字，著有《算字歌诀》。我在2012年写《老学日历》初稿中，已经注意到这位学贯中西的通儒，专门介绍了王征的《西儒耳目录》及他的生平简况。他是一位通贯中西文明、学跨自然科技与人文社科的思想开放性大学者，他是儒学大家、研究西方思想自成一家，又是语言学家、翻译家，还是诗人，被称为"中国文艺复兴人士"。他既为儒生，又为官员，既植根于中国文化沃土，又为虔诚的耶稣信徒；他本名为王征，又有西方"斐里伯"（Philippe）别名。他勤奋著述，生平著述过百万言，其学术特点是东西方文明交往的多学科性、跨学科性。当时有"南徐（徐光启）北王（王征）"之称，而民国时的文化名家邵力之则尊誉他为"明末四贤"[①]。客观而论，邵力之把王征和徐光启、李之藻、杨廷筠并列为"明末四贤"并非过誉，而是实至名归的。

王征虽非大儒，但称为学贯中西的通儒，也绝非过誉。就儒学而言，这是他治学为人的底色本体。他论述的"大学之道"，就是一个证明。2015年，我读林乐昌编校、西北大学出版社出版的《王征集》

---

① 邵力之：《真理不灭，学术无国界——纪念王征逝世三百周年》，《真理杂志》1944年第2期。

时，在该书扉页上，曾写有下面一段话：

"王征，泾阳先贤。惜我知之甚少，在《老学日历》中仅存一小题而已"。今阅其博深之论，初读其大学之道，颇有回归历史本体、获得自觉之感，也有进入自知之明的"知今是而昨非"的求知境界。见乡贤而思齐，老而向学之心更加迫切。

2015年6月15日于长安悠得斋

在当时的笔记本中，我摘录了王征论大学之道的几条笔记：

1. 王征指出："明德"为"大觉之门"："夫古人之学，率先修身，而身之修，非道之不能也。其道安在？在明明德，在亲民，在止于至善。明德者，吾身之虚灵而不昧，百体之君，万事之宰，惟精唯一，至纯至粹，益众善之长，而大觉之门也。"

2. 王征四问："夫一身之中，最明者孰如本来面目？其纯何如？其精一何如？其虚灵不昧又何如？"

3. 王征分析明德与不明之变："举凡喜、怒、哀、乐、恻隐、羞耻、是非，皆从此起。内者由之而出，外者由之而入。试观赤子见亲知爱，见兄知敬，何明如之？又何待明之？惟是欲窦渐起，情隙丛生，机械致其纷纭，私意图之障碍，本明不明矣！"

4. 王征论回归"明德"途径："今欲还我本来面目，只是含光例行耀，聚精凝神，时加顾谛之功，常为存养之计，俾本明者复明，则七情中节，四端咸充，万缘皆清，一仁独露，油然亲厚之良，自有动天地万物于一体之怀。"

5. 王征认为，至善即明德："吾未见有不忍人之心，而无不忍人之政也。然其明之实，必非于本体上另加工夫，就是认得本体，还得本体而已。故曰：'在止于至善。'盖至善即明德，即吾所谓本来面目，而心此于此，即所谓明德也。"

6. 王征尖锐揭示"大学之道"被"异化"现状："大学之道，原是'在明明德，在亲民，在止于至善'；今却认作在明明得，在侵民，在止于至瞻。原是'自天子以至于庶人'，皆是修身之本；今却认作自天卿以至庶人,一是皆以荣身为本。此于大学之道,有何干涉?"

《大学》原为《礼记》的篇名,后来单独成书,与《论语》《孟子》《中庸》合称四子书。宋儒朱熹教人读书,须从此四书开始。宋代真德秀著有《大学衍义》,就是以四书中的《大学》为本,援引儒家典籍和史事,并附己说,讲修身、齐家、治国、平天下之道的。孙中山认为,这是儒家的系统政治哲学。这与王征的"不忍人之政"是相通的。欲明此道,王征认为"在明明德,在亲民,在止于至善";而"明德"最为重要。"明德"是"大觉"即自觉之门,觉悟到此点,才是不愚昧、不糊涂,从而做一个明事理的人。他认为,"明德"就是"还我本来面目""认得本体""还得本体",使"本明者复明",即回归赤子童心,回归初心,"即吾所谓本来面目,而心于此,即所谓明德也"。

值得注意的是,王征认为,"明德"是"大觉之门"。大学,不是一般的"学",而是要从"学"中"觉悟"到"吾身之虚灵而不昧"。汉班固《白虎通·辟雍》即有"学之为言,觉也,悟所不知也"的话。觉而明是一个韧性坚持的过程。《尚书·兑命》:"念终始典于学,厥德修罔觉。"意思正是"日有所益,不能自知也。"大"学",一是自觉,二是觉人,如《孟子·万章》中所言:"予将以斯道觉斯民也。"这就是王征所阐释"大学"的"大觉之门","众善之长"。

王征针砭时弊,直指当时违反"大学之道"的官场丑恶现象:明德变成"明得";亲民变成"侵民";修身为本,变成"荣身为本"。至今读之,仍是暮鼓晨钟的警世恒言!

(二)关中科学之星

王征既是中华儒家之道的信奉者,又是西方科技的学习者、传播者和实践者。他有中华文明工匠制作的基因,重于实用特色。自幼即爱科技,幼年即制有空屋传声器、自转磨、虹吸管、自行车等机械器具。由于痴迷于科技试验,学业荒废,直到52岁才考中进士。他又有向外交往的广阔胸怀,明天启五年(1625),《大秦景教流行中国碑》在西安出土，许多传教士接踵来陕，王征帮助他们，居住在西安糖坊街。他随传教士金尼阁（Niola Trigult，1577—1628）学习拉丁文，后又与瑞士传教士邓玉函合译《远西奇器图说录》。他在《远西奇器图说录·自序》中说：

> 丙寅冬，余补铨如都，会有龙精华（Nicolas Longbadi，1559—1654，意大利神甫）、邓璞函（又名玉函，Jeam Terem，1576—1630，德国神甫）、汤道未（汤若望，Jean Adam Schall Von Beli，1591—1669）三先生以候旨修历寓旧邸中。余得朝夕晤请教益，甚欢也。

特别是邓玉函使他受益更多，告诉他翻译此书应注意的诸多事项之后，他才得以完成此书的中译本。

下面一段对话，被王征记录下来（其中的"余"即王征，"客"即他的朋友）：

> 客有爱余者顾（看到《远西奇器图说》）而言曰：吾子向刻《西儒耳目资》，犹可谓文人学士所不废也。今兹所录，特工艺技巧耳。"君子不器"（《论语·为政》），"子何敝焉于斯？"
>
> 余应之曰：学原不问精粗，总期有济于世；人亦不问中西，总期不违于天。兹所录者，虽技艺未务，而实有益于民生日用，国家兴作甚急也。傥执"不器"之说而鄙之，则尼父系易，胡又云"备物致用，立成器以为天下利，莫大乎圣人"？且夫奇人罕遘，绝学希闻，遇合最难。岁月不待，明觌其奇而不录以传之，余心不能已也，故向求耳目之资，今更求手足之资已尔，他何计焉？夫西儒在兹多年，士大夫与之游者靡不心醉神怡。披不骄不吝，奈何吾世而觌面失之？古之好学者裹粮负笈，不远千里来访，今诸贤以绝徼数万里，外籍此图书，以传我辈，我辈反忍拒而不纳欤？
>
> 有客又笑谓余曰："是固然矣，第就子言，耳目有资，手足

有资，而心独无资乎哉？西儒缥缃盈室，资心之书必多，子不译而译此器书，何也？"

余俯而唯唯曰："有迹之器具粗可指陈，无形之理谭猝难究竟。余小子不敏，聊以办此足矣。若夫西儒义理全书，非木天、石渠诸大手笔，弗克译也。此固余小子听所深愿而力不逮者，其尚俟之异日。"

客遂颔然而去。全因录其言，以识岁月。

上述对话，两问两答，言简意赅，表述了他开放而重视实际、关注民生急需的志向；也表述了他对实用技术与科学基础以及思想的形而上学的认识。他录西方奇器的"三不"原则是："不甚关切民生日用者和非国家急需者"；"工值甚巨者"；"繁杂重型者"。他的译文原则是："简明易晓，以便人人阅读。"至于西儒义理，他认为只有"大手笔"才能翻译，他自己"听所深愿而力不逮者，其尚俟之异日。"说得恰当，是实事求是的态度。[①] 先从西方器物层面学习开始，再进入思想意识形态层面，这也是向西方学习的规律。

王征向西方学习之道很具体：

第一，为帮助西方人学习汉语提供了工具书，他主编了《西儒耳目资》。资，帮助。耳听语音，同时要目见字，拼音可以资助；目见字，又使耳听音，拼音可以资助。用拼音既见"耳听"而知字之音，又使"目见"而知字之义，为"西儒耳目"提供资助，所以叫《西儒耳目资》。在中西文明交往中，中西方学者遇到的第一个大障碍就是双方的文字，尤其是汉字。在沟通语言文字这种交往工具方面，许多中外人士都做过努力，如利玛窦、郭仰凤、庞顺阳、金尼阁、徐光启、吕豫石，等等。据杜松涛的研究认为，王征的贡献，是在西方人

[①] 清代道光年间的张鹏鹋，曾为王征的《远西奇器图说录》作序。他到王征家乡访时，"闻父老云：公未通籍前，每春夏耕播时，多用木偶，以供驱使。或春者、簸者、汲者、炊者、操饼杖者、抽风箱者，皆机关转掇，宛然如生。至收获时，鹋制自行车，以捆载棣，事半功倍，时人多争而效之。这些都是他在接触西方科技之前的原创，在中国农业史上变人力为机械方面的创新，具有划时代意义。"

奠定的基础上，以中国人为对象，进行汉字音韵文字解释。王征同西班牙传教士金尼阁共同讨论书稿，写成《答问》129条；同时自己独立写成《释疑》51条，起了主编的作用。此外，他还出面请告老还乡的吏部尚书张问达出资，刊行于世。《西儒耳目资》是我国第一部罗马化汉语拼音方案，既为西方人学习汉语提供的工具书，又是中国人的识字课本。此种中西对照的拼音符号，为我国今日《新华字典》等辞书及小学语文课本定了音准。它用人的耳目感觉器官的交往功能，说明人类文明交往与语言文字关联之密切。

1957年，周恩来总理在《当前文字改革的任务》中说："采用拉丁字母为汉语拼音，已经经历了三百五十年的历史。"王征的《西儒耳目资》即为此在时间上限的标志性成果。此外，王征还有《西洋音诀》等著作，可惜已经散佚。王征自名"了一子王征"。现代语言学大家王力，也自名为"了一"。这自然与王力之"力"有合音为"了一"关系，但也不能不想见王力的"了一"与王征这位汉语拼音开创者"了一"同道之前人之间的关联。王征有《从心令》云："有时节，悲人穷，热心肠，空自焦躁。有时节，畏天命，温功课，惹人嘲笑。倒不如，北窗高卧，塞兑垂帘，一了都了。"这是王征的"了一"的夫子自道。

第二，他学习西方科学技术，从语言文字的"耳目资"，进入技艺制造的"手足资"，完全出于考虑到"岁月不待""民生日用"和"国家兴作"的急需所致，可谓学以致用和急用先学的"大学"之道。尤其可贵的是他此种关注民生、备物致用不仅是一般的劝说道理，而是动手足以践行，至老而弥坚。他66—69岁，整理《崇一堂日记随笔》附录。他在崇一堂听汤若望讲课，每晚学一二段。他回忆听课时，虚心向学的他，细心看老师讲稿："睹其所述奇迹小册，蝇头西字，横行密排，两面细印，计数百页……此日记随笔，不过百分之一二。"70岁时，王征还笔耕不辍，完成《西儒缥缈要略》《额拉济亚庸造诸器图说》。

他的三部关于西方科技图书有必要稍加说道。一是《额拉济亚庸造诸器图说》。按"额拉济亚"，拉丁文 Gratia 之译音，今意译为

"圣宠",把科技创造归之于全能造物主开启学人心灵窗户（牖）的信仰穿透力上。他用中文写这本书，又自译成拉丁文本，远播域外。他在该书《自记》中，针对"现代杀人武器说"，指出："以杀止杀，自古而然。夫敌加于我，我不得已而应之。"这令人想起"武器"的"武"字，本意就是"以戈止戈"的意思。二是《新制诸器图说》。他在该书《小序》中写道："瓮叟抱朴，惊掊浑帝，化人奇肱，巧绝弗得，惧滋揭来，来人心之幻耳。然人心之幻滋甚，弥难方物，初不尽识破之。然而民生日用之常，渐有轻捷省便之方，翻多滞混国通，似千古尚象制器之旨，不无少拘。"他每叹强体力劳动，视人"若畜"，所以用推广机械制造之力，表示他以机械创造取代体力劳动的志向。科学家刘仙舟在《机械工程学报》1958年第6期称此书为中国"第一部机械工程学"。三是《远西奇器图说录》。王征用中华传统中"仁民爱物"来解说各种实用器械的宗旨："有志于仁民者，其尚广为传造也。"同时，他强调，"制器"用于"农田、治水、运输、练兵、实战中的运用"，以及机械工程学"为人世所急需之物，有志于经济事务者，不宜轻视耳"。

他重视科学技术，反对鄙薄科技偏见，主张"备物致用，立成器以为天下利"，对发展生产力、改善国计民生的思想，具有深远意义。他的下述言论，特别具有人类文明交往自觉眼光："学原不问精粗，总期有济于世；人亦不问中西，总期不违于天。"这是求知识于世界的"大学"之道。

第三，畏天爱人，全忠全孝。王征笃信天主，尤其是在暮年，特别关注精神生活，倾心于人生的最终关怀。1635年（明崇祯八年），他65岁时，隐居于西安樊川北坡之"简而文"居所。"简而文"取自《中庸》33章："君子之道，淡而不厌，简而文，温而理，知远之近，知风之自，知微之显，可与入德矣！"文以载道，宜删繁就简，这是"简而文"的要言不烦学风。王征是隐居而不闲，尤其是思考中西文明交往问题中的天人关系，更为专一。用他自己的话说，就是"独时时将畏天爱人念头提醒，总求无愧于寸心"。他曾书写一联自警曰："头上青天，在在明威真可畏；眼前赤子，人人痛痒总相关。"

这令人联想到康德的名言："有两种事物，我们越思索就越感到敬畏，那就是天上的星空和心中的道德律。"两相对比，尤其是他关注民生、关心人民，畏天而亲民，在"明明德"方面感到他已进入人类文明交往新境界。他在给表弟张炳璿（仪昭）的书札中，谈到年老在幽静居处写成的许多译著图书时，用"撇脱尘土俗缘，料理云霄清事"，用以表明自己的终极关怀和信仰世界。此时，他用心体验"造物主特恩启牖"，使他打开思想窗户，老学不止、笔耕不辍，研究科技文明的深层精神，思考上帝对"西儒力艺之学"用心，其旨在"传以救世"。他人隐心不隐，人老信仰天主与"究天人之际"相结合而形成了《畏天爱人极论》的新成果。他"肃心持志"，"独钦崇一天主与万物之上的宗教信念"，认为"智者不信耳目而信心，乃能推见至隐"。我走笔至此，进一步思索他的"了一"之宗旨是来自"崇一堂"传教士汤若望讲授心传。请看他在《崇一堂日记随笔·小引》下面一段话：

盖天主十诫首云："一钦崇一天主在万物之上"，故尝谬拟一联：
自以天生人、生物以来，两间无两主宰；
从有地有王、有圣而后，一总是一钦崇。
遂取此义名堂，聊旌一念"钦崇"之意云。

按"天主十诫"即基督教的诫文，为希腊文 Déka Lógoi 的意译，即"十条诫律"的简称。天主十诫第一条：崇拜唯一上帝而不可崇拜别的神。王征的"崇一"，所崇即上帝天主，也是他所"了"的"一"，自与前述王力之"了一"名同神异，也许是偶然重合而已。明代郑鄤阳在《畏天爱人极论·序》中说："王子（王征）经济大手，别所结论，多奇绝……天者，古之常谈，今之绝学。王子《畏天爱人极论》，直揭天以语人，反复若千万言……其言'天主'，亦犹'帝'也云"，即"起初生天生地生人，生物之一大主"。王征的"崇一"是一神教的宗教信仰特征。现代学者陈垣写有《泾阳王征传》，其中对清康熙年间的《泾阳县志》有一处特别不满。这就是该县志删去了张缙彦所书《王征墓志》中"公（指王征）通西学，与利玛窦之徒罗君善，造天主堂居之，著有《畏天爱人极论》，为前人之未发。"陈垣指出："夫服膺耶稣而可讳，则耻为君子矣！余纂《中国基督教史》，掇拾诸书，为补传如此。又叹明季诸儒之事西学，多在强事服官以后，老而不倦，为不可及也。"陈垣这种为学的博大胸怀，是"真君子"的"大学"之道，是对人类文明成果的尊重，是中西文明交往的自觉，也是对王征贡献的肯定。

总之，王征向西方学习这三方面是统一的，其宗旨不离爱民忧国，其根深植中国传统文化土壤之中，又在对外交往中开阔视野、充实自身。

（三）"简而文"和老学乐而不疲的生活

陈垣在上述《中国基督教史》中，发现"明季诸儒之事西学多在辞官以后，老而不倦"的现象，并叹自己"不可及也"。王征在这方面，可以说是一个典型代表人物。他进入老年阶段，尤其在退隐之后，学习西学，著述甚丰。前面已经说过，这里不再重复。关于他的"简而文"的专一精神，那是"学习大道至简又不简，乐在于手脑互动间"。他的退隐生活相当充实。首先是回忆总结为官时政事及其心境，写成《两理略》4卷。其次，也是主要的"自立功课"，即"闭门读书，日译西文"，完成一本又一本西方科技图说。此外，他还有"俟之以异日"，由"耳目资"、到"手足资"、再到"心脑资"，去翻译"西儒义理"之书，为人类文明交往做更多贡献。

他的这种积极的向学心态，从下面两段自述中可以看出：

第一段：他老年以学为乐，自立功课，"闭门读书，日译西文，完成《额拉济亚牗造诸器图说》"。"见之者每笑白发衰弱，复作青春学子，岂其老苦未尽，抑亦书债难还？然则，我固乐此不疲。"

第二段：他自述中谈到自己老而偷闲学少年，引起下述对话：

"客有之者，笑谓余曰：'向者吾子从百危险中，业已备尝百苦。今七十老矣，幸得优游林下，此正佚以老时也。谓宜追欢行乐可矣，奈何兀坐书窗,日日手抄录,楷体细字,仍效少年之所为?兹又津津乎有味苦修之迹,而录之若是,岂其老苦之未尽耶?吾窃为子所不取。"

"余应之曰:'爱我哉?我宁不知自爱?愿素性淡宁是甘,殊自乐此,不为苦尔?……思修士皆有志于天上人者,不吃苦而能之乎?嗜苦如饴,不改钦从一念。……况发愤忘食,乐以忘忧,吾夫子尚然不知老之将至,余何人斯,敢自偷闲学少年乎?'"

"客乃呵呵大笑:'老少年!老少年!'旋即索录其书而去。"

这正如他的《河渠叹》诗中所云:"爱人方是自爱,便人正以自便。"也正如他在《和焦涵一老中丞年兄见赠原韵》诗中所言:"老我桑榆景,居诸悲易过。吁天膝每研,忧国泪恒沱。"但是,这种可贵的爱国情怀,却逢人老力衰,所以他又有《秋意》之咏:"不识东篱意,虚劳采菊心。蕊寒金气迸,根瘦草垂吟。"当然,这位诗人仍以诗自况,老隐于山而作了如下《山居自咏》:

身似贫,心则富。还思百岁等朝晡,喜得藏修处。

我再见滈河如带西流去,寂寞笑杀王维杜甫……且咏吟,山川记,胜诗千首。

晚年的王征,这位"简而文"、深隐关中山水之中的老学人在治学上并未止步。他不懈地学习西学,吁天忧国、修筑耳目、手足"资学通桥"(如司马光《资治通鉴》治史那样的"资治通鉴"诗意生活),栖息于长安大地上。谁也料不到,当他架起中外之桥、并正走向以身心示范高潮时,突然一场政治风暴来临了。

(四)临终关怀的"双重气节"学人

1644年(明崇祯十七年),李自成称王于西安,国号大顺。王征时年74岁。"耳顺"之年的王征,正面临"不顺"之灾。他早在李自成大举网罗地方知名人士之前,就清楚自己该做什么事了。首先,他为死亡预先做了三大准备:

第一,自题墓碑。墓碑上写着以下几个大字:"有明进士奉政大夫山东按察司佥事奉敕监海军务了一道人良甫王征之墓。"

第二，旁又署一联：

> 自成童时，总括者弟忠恕于一仁，敢谓单传圣贤之一贯；
> 迄垂老日，不分畏天爱人之两念，总期自尽心性之两间。

第三，他又写了绝命诗一首：

> 老天生我意何如？天道明明忍自健。
> 精白一生事上帝，全忠全孝更无疑。

他把上述碑文、对联和绝命诗交给儿子王永春之后，就准备着最后时刻的到来。这就是他用绝命诗文表述自己的人生最终关怀。

闯王李自成的使臣到后，早已执高丽佩剑，并且坐于所事天主教堂的王征，毅然拔剑而起，准备自尽。使臣上前，夺剑制止时，反被剑刺伤其手，因而大怒，欲将其押回处置。儿子王永春提出自己代替父亲去见李自成时，他安慰儿子说："儿代我死，死孝；我死，死忠。我不能不痛惜我儿，愿以忠孝死，甘如饴也。"从此，他自己绝食七日，临终前执其表弟之手，深情地吟诗道：

> 忧国每含双泪流，思君独抱满腹愁。

他死前仅以此"忧国""思君"诗句告别人间、再绝无一语，含笑而亡。他以中国传统士大夫的文化气节，完成了人生归宿。门人敬谥曰："端节"。后来，清高宗追谥为"忠节"。[①]"了一道人""畏天

[①] "端节""忠节"，还应包括他为官端正、为民之心和忠于职守的品德。王征曾任职广平（今河北永年县）、扬州推官和山东按察司佥事。他在广平任内，兴办水利、疏通清河，"灌溉田至千顷"。在扬州，为民请命，抵制官府掠夺和聚敛。扬州官吏为权阉魏忠贤大造生祠，地方官员乡绅争先恐后叩拜。唯独王征和淮海道台来复（陕西三原人），力反修建，并拒不往拜，时人誉为'关中二劲'"。

爱人""一生事上帝"等教节之语，虽未见于两谥的"端节""忠节"之中，但他用自己说到做到的行动，和遗联遗诗践行了他"端""忠"的"双节"志向，宗教信仰和政治信仰，在他身心深处是统一的。

最后，录《咸阳文物志》下述《王征墓》全文为结语：

王征墓，位于三原县张家坳官道村，王征（1571—1644），字良甫，号葵心、了一道人。明代科学家。累官至山东登莱兵备佥事。译著有《远西奇器图说录》，著有《新制诸器说》，二书合刊，简称《奇器图说》。英国科技史学者李约瑟在《中国科技史》中称其为"中国第一个近代工程师"。

墓封呈圆丘形，底径5米，高2米。1992年4月被公布为陕西省重点文物保护单位。（三秦出版社2008年版，第12页）

三　泾阳先贤郭蒙泉的学道诗

诗言志，诗文载道，史诗明道。诗与史，诗与道，关系密切。诗意伴随着人的一生。自从孩提呱呱哭声落地，那一声啼哭便是诗的声音。汪曾祺曾乐观地称自己是"哭着来，笑着去"，这哭笑的来去，就是人生的诗意情趣，是一个人生命、生存的开始和结束。这是人生之道。下面我们共同品味郭蒙泉的学道诗。

泾阳先贤郭蒙泉，名郭郛，字惟藩，蒙泉是他的号。他生有诗才，他生命中的诗意表现得极为强烈。他的学习之道常以诗表述，述而又作，人们从他的诗中明白他的"大学之道"。例如，他自幼入私塾学习，八岁即进入诗境。老师当场出题，练习对联。上联考题为："晓风拂水面"。他随即应对为"朝日射岩头"。他"大学之道"的"大"，就在于从孩童直到八十八岁去世时，从未中断；而且学习上重在根本。此种根本，是用"学道诗"来表述的。

他有三首学道诗，有必要加以介绍：

第一首:"学道全凭敬作箴,须臾离敬道难觅。常从独木桥上过,惟愿无忘此心趣。"这是一首"敬学""涉险"和"心趣"的学道诗,其精神全在于一个"敬"字。有崇敬学习之心,以敬重学习为本,终身学习,才能为人类文明创造出优秀成果。"大学之道"的"道"在敬,在敬重学习事业。《礼记·学记》首先谈"敬业",专心致志于学习;其次谈"乐群",即交往要文明:"一年视离经辨志,三年视敬业乐群。"《论语·学而》:"敬事而信,节用而爱人,使民以时。"《诗·大雅》:"敬慎威仪,维民之则。"都是讲人群、人民、恒敬于人类。"须臾离敬道难觅"的理在此。

　　第二首,"近名终丧己,无欲自通神。识远乾坤阔,心空意见新。闭门只静坐,自是出风尘。"这是一首"六句五言体"诗,是诗人少用的诗体。我很欣赏此体,而且也试作多首,其原因在于它的意境比"四句诗"多了转折迂回的艺术手法,又较"八句诗"体例精练而留有思考空间。此诗一、二句用"近名"与"无欲"对比开始;三、四句又用"识远"与"心空"相连;五、六句再用"只静坐""出风尘"结束。全诗诗眼在"意见新"三字。五、六句看似结束,实际上却留下多种想象,令人遐思不已。

　　第三首,"莫道老来积德难,古人虽老志不朽。富公八十尚书屏,武公九十犹求友。老来闻道犹未迟,错过一生宁不怞。从此努力惜分阴,毋徒碌碌空白首。""大学之道"核心在"明明德",老来学习之道也在于"积德"。明此大道,便会对活到老、学到老的学习观坚定不移。心中有民,手中有笔,劳动而诗意栖息于大地,过好每一天,白头不惭愧、不悔恨。

　　以上三首"学道诗"从不同角度讲了学习之道:既讲了敬爱学业、创造创新,又讲了积德好学;既讲了坚强而不畏"独木桥",又讲了坚定坚守,"努力惜寸阴";既讲了"识远",又讲了自律慎独。"莫道老来积德难,古人虽老志不朽",这一句尤其对"老来闻道"非常关键。"关学"创始人张载在《芭蕉诗》中道出了其中的奥秘:

　　　　愿学新心养新德,旋随新叶起新知。

四　冯从吾的《关学编》及其语录

冯从吾墓地就在今西北大学北校区新村周围。我在西北大学读书时，就常在他墓地的石人石马座上坐过。他的墓堆很大，像一座土山。后来，那里修西安交通医院，坟堆被平了，修了一座纪念碑，就设在医院住院楼小园内。好多人不注意它的存在：原来《关学编》的作者，还与西北大学为邻，冯夫子就静静长眠于交通医院内地下。

冯从吾的《关学编》是很有写作特色的。他在书中列举的人物，只论学术而不论升沉与崇卑，因此，在张吕诸大儒外，诸多乡贤都被列入，免去被湮没无闻的遗憾。

"关学"是一个学派，是一个学者的群体，其关键字是一个"学"字。张舜典在《关学编·后记》一开头就写道："夫天覆地载，日照月临，凡有血色，莫不有性命，而道在焉。道在而由之知之，则学在也。奚独以'关学'之名也？"他在"后记"的结尾处又写道："书成，人无不乐而传之。然则，是学也，是何学也？诵是编而印诸其心，即心即学……奚止论关中之学，即以论天下之学，论千万世之学，可也。"这个"后记"，以"学"为魂，谈关中之学、天下之学、千万世之学，首尾呼应，文短意长，把"坤灵淑粹之气，自吾乡发"而走向"天下西北脊"的大学派气象，写得十分得体，使得读者对"关学"有了全面的认识。

"关学"的源流概括当数清初三大儒之一的李二曲。他说："关学一派，张子开先，泾野（吕柟）接武，至先生（冯从吾）而集其成，宗风赖以大振。"冯从吾不但著有《关学编》这部关学史记式的关中理学史，以"史以明道"的眼力，使"关学明，而濂洛以下紫阳之学明，濂洛以上羲、文、周、孔子之学亦明矣"（李维桢语）。冯从吾的治学思想也颇有见地。他的《都门语录》多为针砭时弊而发，对治学之道颇具关学学风。叶向高在《都门语录》序中开篇即指出："世之病讲学者有二，曰伪；曰迂……伪者对真者而言。天下事无独必有对，有阴必有阳，有善必有恶，有君子必有小人，有真则不能无伪。凡事皆然，何独讲学？若迂之为言，则自古圣帝明王制礼乐经纬天下，何事不近乎迂？今之科举，以时艺士，其迂尤甚，而世不能废，何独讲学而迂之，而欲禁绝之？夫伪学口夷（伯夷）行跖（盗跖），不必论矣！"这真是"史以明道"之哲言，大有对立统一的辩证意蕴，尤其对言行不一的"口夷""行跖"，即口是心非的"伪学"的批判，发人深省。

下面摘引冯从吾《都门语录》及其他语录，以作为关学研究参考：

（一）《都门语录》

1．"有粹然之养，有卓然之识，有嚼然之守，有恃然之节，此谓之真人品。"

2．"无驰于功利，无堕于玄虚，无溺于辞章，无夺于毁誉，此谓之真学问。然必有此学问，后能成此人品。"

3．"砥节砺行之人多愤世嫉俗，平心易气之人多同流合污。只因不知学问，可惜负此美质。"

4．"对小人'当容'，还是'当远'？论度量，当亲君子而远小人；论交与，当蔽君子而远小人；论立朝，当进君子而退小人；论学术，当成君子而化小人。"

5．"良知圣凡无异，而圣凡之分在致与不致之间。良知是本体，治学是功夫。"

6．"讲学不专门是教人，实是自家请教于人，若曰专是教人，是讲教非讲学也，教只是学中事。"

7．"君子所以异于小人，惟有此学；中国之所以异于外国者，惟有此学；人类之所以异于禽兽者，惟有此学。故曰：'人之所以异于禽兽者几希。'又曰：'逸居无教，则近于禽兽。'"

8．"口之于味也，目之于色也，耳之于声也，鼻之于嗅也，四肢之于安逸也，禽兽与人同，故孟子不言'性'而言'命'。仁之于父子也，义之于君臣也，礼之于宾主也，智之于贤者也，人与兽异，故孟子言'命'不信'性'。孟子道性善，盖直从人之所以'异于禽兽者几希'论耳。"

（二）《门人语录》

1."学者先要改变气质，从容不迫，毋自满自夸，自由受用，且不害事。"

2."真正为己之学，只要收敛身心，向内求一头脑，自有所得。"

3."惟学者大著志愿，硬着肩头，深心默识，则学道之初志始不虚耳。"

4."学问只要一真，更须一正，合此二字，始可与学。"

（三）《关中四先生语录》

"荣不足以骄，辱不足以刲，利不足以歆，害不足以怵，常不足以惊，方见学力。"

上述三项语录，每一项各条都是治学警句，值得反复品味。以最后一项中荣不骄、辱不刲、利不歆、害不怵、常不惊这"五不"的"学力"，就是学以明理、史以明道之良言。他说："圣人之学，心学也""圣贤学问总只在心上用"。他创建关中书院，目的就是"明学术，醒人心"，"讲学即讲德"，使该书院为当时全国四大书院之一。他还有为己之学中把收敛"身心"、向内求"头脑"，将"心"与"脑"统一，都是治学警言。诸如以上种种为人治学办学语录，如无深厚学术修养，讲不出这种语言。

五 三原学派创始人王恕

王恕（1416—1508），陕西三原北城人，享年93岁，是九秩高龄寿星。他为官历经明朝八代皇帝，任19种不同官位，主要为行政监督工作，政绩卓著。他敢于直谏不阿，时有"两京十二部，独有一王恕"时评，以称赞他为官心中不忘民生的本心。他处事的原则是："凡遇事可行者，不计成败而行之；可言者，不计利害而言之。"他晚年不忘研究总结为官经验，并回归历史，从中获得自觉，为后代积累政治智慧。他晚年还搜集史料典籍，编有《历代名臣谏议录》224卷，又有《石渠意见》等著述。他的大量政论，是一宗宝贵的政治文化财富。

王恕不但作为一代政治名家，使人肃然起敬。他还是一位理学家、教育家。他晚年退隐回乡，成为"乡隐"，创立了以程朱理学为宗的"三原学派"。由他领衔的"三原学派"，培养了高陵吕柟、三原马理、朝邑韩邦奇、富平杨爵、蓝田王之士等杰出学者。"三原学派"的主要代表人物之一，是他的第七子王承裕。在他的支持下，王承裕创办了三原弘道书院。他所弘立道之道是"放心"之道，即"事、理、心"三者连贯如一，而且要"验之以行，考之以心"。他同弘道书院学员一起论学，坚持他"用心术学"的观念。三原弘道书院培养出了如大书法家于右任等一大批人才。我在《京隐述作集·第一集》收录该书院旧址照片，可参考。

我多次到三原参观弘道书院旧址，每次都追思这位"三原学派"的创始人。提起"文化三原"，不能忘记他的治学为人和为文明所做的杰出贡献。

六　关西夫子杨爵

杨爵（1493—1549），号斛山，陕西富平人。一生两次入狱，即1541（嘉靖二十年）—1545年（嘉靖二十四年）和至家十日旋即复逮，3年后始归故里，前后八年。他一生讲学著书，代表作有《周易辨录》《杨忠介集》等。他以"关西道学开创者"而称道于学术史，其主要思想与实践业绩有七：

1. 人文、天道与人道："天地人之道，中而已，《易》之全体、大用、可识矣。"（《周易辨录》卷二·离）"所以主之者，必有其人，岂可尽归于天运哉？"（同上：泰）"人谋之与天运未尝不相为流通也。"（同上，蛊）"'天文'，天之道也；'人文'，人之道也。人道本于天通，而天道所以为人道也。"（同上，贲）"'中孚以利贞'，通始合于天矣。人通之本于天，天道之外天所谓人道也。'柔性之谓道'，而性则命于天，天人合一之理也。"（同上，卷四"中孚"）

2. 人心、诗意与治学："人心原是书之本，会寻真趣便能虚。心书与道相忌处，身居天下之广居。"(《题云津书院》)"隐显从心无下上，险夷信步有西东。"(《次绪山韵五首》)"不教闲虑在胸中，便与长天一样空。信步踏来皆乐地，开襟满抱是薰风。庭前柏色拂云绿，墙角葵心向日红。更有一般好景象，应时黄鸟啭幽丛。"(《初夏二首次韵》)"月朗风清皆自得，鸢飞鱼跃在其间。"(《遣怀二首用杜工部韵》)"从来克己最为难，克去超过人鬼关。""正见胸中好景象，天光云影半空闲。"(《七言律诗二次绪山韵三首》)"留心剪枝叶，枝叶更浓鲜。努力勤于耒，共耕方寸田。""心能乐取善，善自我心全。""荆榛不自剪，令我此心迷。洞识虚明体，超然即在兹。"(《五言古风四丁宁赠钱员外绪山》)他有"人心原是书之本，会寻真趣便能虚"之警句，他强调心与自然互动和谐，但未有张载《芭蕉》诗突出"新"字与心的关系。

3. 追求卓越、志存远大：在去世前自书墓志铭中有"做天下第一等人"，"干天下第一等事"，与今日追求卓越的（天下第一）相当。他的人生观是："吾人处世，安乐则心存安乐，患难则心存患难，有何不自得于心耶？于今日之幽囚而安顺之，亦吾百年中所做之一事也。"

4. 逆境著书、狱中向学：《周易辨录》四卷，为其在狱中与周怡、刘魁、钱绪山、赵白楼等人讨论问题之作。此书以64卦为序，进行阐释，详说人事。他还有《狱中诗集》，也是与难友钱绪山、赵白楼"数相论难，情兴感触，发为诗歌"。他的狱中著书的心境：①狱中"意不在诗与文，而在勿忘今日患难相与之心也；②"史以多凶多惧之区，而为进修之地者，亦在乎心之存不存何如耳"；③"吾以验吾心所安之胜何如耳"。他在狱中思学之理："平生所为，得失相半，求欲寡过而不可得，幽囚既久，静中颇觉省悟，始有向学之心。"

5. 全本体、通本性与立人之道："学所以成性而已，人有寸长，取为己有，于其所短，且置勿论。""天下万变，'真妄'二字可以尽之。偏蔽者妄矣，本体则真矣。学所以去偏蔽之妄，全本体之真。全则通本性，性统乎天，立人之道始无愧矣！""平生所为，得失相半，

求欲寡过而不可得，幽囚坎坷，静中颇觉自悟，斛山始有向学之心。"（斛山，杨爵也，以上见《斛山论学》）

6. 为善一念、无我无私："病潜隐处最难医，拔去深根思匪夷。舜跖相悬初未远，差之千里自毫厘。""一原万象皆同有，要把心从此处知。善到公时多少大，须知无我是无私。"

7. 囚徒、囚室与囚诗：他作有《夜将晓梦过原次寮隐居》《赋诗为次寮赠》。在《夜将晓梦过原次寮隐居》诗云："莫道山林无可乐，只鸡斗酒有余情。觉来却是圜窗梦，卧听燕山杜宇鸣。幽累缚我家何在，世事令人身自轻。一枕黄粱心未了，长天目断片云横。"此诗以狱中被囚人之心，梦隐士居处山林之乐，末句"长天目断片云横"，显然联想到唐代韩愈被贬，其侄送别诗中"云横秦岭家何在"的悲叹，而杨爵却另有"世事令人身自轻"的伤悲而不怨的宽阔襟怀。他另有诗《梦陈寮》："十载燕京做客鬼，今宵入我梦中欢。孤儿总髻头角秀，老母痛如心上剜。郊外点香人共送，墓门启柩众同看。亲朋哭汝灵车罢，各赠青钱纸数竿。"他多次诗赋"寮"字。按"寮"原为小窗、僧舍，后通称小屋为寮，宋陆游有"囊空如客路，屋窄似僧寮"诗句。杨爵诗中的"寮"当为囚室，他此类诗应为"寮室囚徒"的哀怨之歌。

以上7项，其文道、史道、哲道论述，警句如暮鼓晨钟，发人深思。尤其是用一个"中"字，概括《易经》天地人"全体、大用、可识"之道，使三者交往而相通，将其归于"天人合一"之理，可谓高屋建瓴。

七　李柏的诗意治学

上文末引用杨爵的《夜将晓梦过原次寮隐居》诗与我晚年处境不同、心情迥异，然有一点相通，即诸多友人逝去，使人隐居而不安居。这使我想起从《李柏集·后记》中读到赵馥洁与程灵生的唱和李柏隐居的诗。今日京隐喜见蓝天白云、京华青山绿水万象、红日高照，兹录其诗如下：

第五编　关中学人治学之道

（一）赵馥洁：《访雪木先生太白山隐居处》（唱诗）

层峦叠嶂隔红尘，石骨嶙峋涧水深。
霭霭白云堪结友，交交黄鸟最知音。
溪浮槲叶流青韵，月旁松林鉴素心。
雨打风摧陵谷变，依然气象耀高岑。

（二）程灵生：《白山拨云》（和诗）

白山拨云看红尘，石骨难掩松林深。
民族万方皆亲友，人间千家是知音。
手捧槲叶翻新韵，指弹月玄展素心。
先生隐罢凡百变，今已红日耀高岑。

李柏（1630—1700）为"秦隐"，隐而全力治学，其诗栖息风节与成果斐然。他是陕西眉县人，与盩厔李颙、富平李因笃合称"关中三李"，是位特立独行、有诗人气质的大学者。他从小就告别科举教育，19岁时步行百里到盩厔与李颙通谱定交，潜心学习关学。一生多耕读于家，特别是结庐于寒冷的太白山。陕西提督学使许孙荃称李柏为"餐冰饮雪、意气珍然"，到老仍是"葛巾草服，如野鹤闲云，所居容膝，而图书万卷、四壁纵横"，称赞之为"古隐君子"。他用"少年病狂，中年病傲，老年病懒"以自况，此病乃"狂怪"性格而非病症，此种颇具特征的"狂、傲、懒"三性使他活得很有个性。

李柏学术上的成就是《槲叶集》。治学时因山中缺纸，以槲叶代纸，故称此书名。他是诗人，有自己的审美意识，"挹彼空中露，洗我莲花心"，认为"非以尘外之思了尘中心，则莫品诗"，是以大自然的美洁，浇灌人间的淫、浊、懦等病，使诗作不染俗尘。在天地间享受诗情画意，是人生最大快乐。他的诗理性多于感性，诗歌如文章一样，对唐宋明王朝君主专政多有批评。在《穆公墓》中反对人殉制度，反对专制横霸；在《天王诗》中，以崇祯刺杀女儿为例，反对君主以天下为私。尤其是《衡峰望日歌》中，呼吁"天帝"筑日城照上方，使"万古乾坤永不夜，长教欃枪灭角芒"！这是呼喊光明、告别黑夜之诗句。

　　李柏还用太白诗来表达他的学术思想。"太白冷寒滋雪月"，滋润了他的心灵；他又用此种诗来表达自己的思想。他隐居于太白山，这种隐居仍是以孔子为师的隐士。道家隐居名士巢许、严光那种清静无为不是他的追求，不可为师只可为友。逃隐于桃花源的秦人，他也同情其求生风范，但他更欣赏陶渊明这种"归隐"和留下的辉煌诗篇。这种辞官的无奈，与他也有天壤之别。他嘲讽卢藏用一类走"终南捷径"的"官隐"。他也鄙视王维的"禅隐"，认为是"坏名教者也"。他更批判石季伦之流的"肥隐"，认为其奢华程度甚于不隐。他更鄙视冯道之流的江山易主而不改其事主做官成隐之徒。他还藐视隐于朝的"通儒"。对所有这类隐士，他在诗中都一一批判。

　　的确，李柏是自觉的真隐士，他自警：隐在不可富，蓄道德、蓄学问是真正的富有。他的隐有社会责任担当。钱仪吉说，宋明以来有许多自称"太白山人"的"隐者"，有些就是"摘洞林之识，沉谋蹈巢"的阴谋政客，有些是"载淑之冠，风施在召"的政治演员。对比之下，唯李柏是高大纯洁的太白隐士。他的诗超越禅境，观察宇宙的自然与万物和自然灾害与万物的双重作用，而且也有自然力与人力彼此互动作用的创造。

　　他风格独步而不媚俗，诗味淡、廉、闲、静、乐，这是一种清高肃穆的精神。他在囚禁狱中，有《秋燕》之诗："辞社还寻高处藏，留予常系五云乡。时来时去天机在，羡尔一双羽翼长。"

　　请看他的《临终自书墓志铭》："吾生平所期，欲作天下第一等人，而行不迷；欲干天下第一等事，而绩未成，今临终书此以诒墓，愿吾子孙与吾身后，择吾善者而从之，其不善者而改之，此其意也。在人世五十七年，亦不谓不寿，但懿行不足垂万世，功业未能善当时，是谓与草木同朽。"

李柏在《曲江》诗中的"兴亡千古恨，江水自悠悠"一句，也许可作为他一生长恨之叹和对人事与自然发展规律的初步感知。这是历史自觉、文明交往自觉新起点。

八 关学名家马理罹难于关中大地震

生于明代成化十年的关学名家马理（1473—1556），字伯循，三原人。他以易学、礼学和实学思想称著于中国学术史。我主编《中东国家通史》的约旦卷的后记中，引用过他在《陕西通志》中关于中东伊斯兰教的记载。他在《陕西通志》的序中，说到"河套、西域"地区，"具有城郭、物产""图志，爱收藏焉"；"稽诸圣迹，爱别而记焉"。当时，我读书至此，猜想他很可能与同乡讨论过绘制从沙特阿拉伯到土耳其一段宗教徒行走的地理路线图，并在《陕西通志》中收录下来。但这位老乡的记载疑团甚多。我本想在西北大学出版社2016年出版的《马理集》中，找到有关此事的线索，可惜仍无收获。当然，马理的收录工作，价值不可没。尤其是，陕西穆斯林在中东的活动所留下的印迹，为后来的研究者留下了悬念。马理在序中只提到了"释、老"，却未提伊斯兰。他以"雍人"自居，其言论颇涉及中华文明的外部交往见解，仍有其意义。

1556年1月23日（明嘉靖三十五年十二月十二日）午夜，陕西关中发生大地震，震中在渭华地区，波及西安、延安及山西平阳等地区，小雁塔为之裂缝。据说，死亡人数达83万，为世界有地震记录以来死亡人数最多的一次。薛应旗在《谿田马公墓志铭》中记载："嘉靖三十五年乙卯冬十二月十二日亥时，关中谿田先生马公卒。是年，全陕大地震，山域倾圮，榱屋折木，士民死者以数万计。"李开先在《谿田马光禄传》中称："先生及其配偶同压于土窑中，时年82岁。"乔世宁在《马谿田先生墓碑》中述说，马理当时虽然年寿高迈，但身体尚健，笔耕不辍，"犹能灯下作细字，篆隶精超古法，自成一家，学士家无不珍藏之。"马理在《幽居》一诗中，也夫子自道地咏唱道儒释三家圆融之歌：

> 数间茅屋倚枯槎，钓水樵云只一家。
> 箧有藏书两三卷，《黄庭》《周易》与《南华》。

马理，明正德九年（1514）进士。历任吏部考功司主事、稽勋司员外郎等职。晚年在商山书院教授经学。一生著作颇丰，有《四书注疏》《尚书疏义》《陕西通志》等。如果没有大地震，如果大地震中马理逃过这一劫，他会为中华文明增添更多成果。当然，这些"如果"是不存在的，在大自然面前，人是很渺小的。但是人是有思想、有主观能动性的。人可以在顺应客观规律的努力下，战胜自然灾害。元代的萧奭斗在其《勤斋集》中的《地震问答》一文，从地震灾祸方面人们会体会到"天人之学"道理。他写道："故人之一身，气则天也，形则地也，心则人也。故《礼记》曰：'人者，天地之心也'。"关学创始人张载要"为天地"这个大自然"立心"，正因为天地人三者的相互交往中，人是关键因素。因为人是能认识客观规律，也能运用客观规律去改造大自然、改造社会的。

九　省过、求知、自养的朝邑大家李元春

李元春，清代学者，生于乾隆三十四年（1769），卒于咸丰四年（1854），享年86岁。他不但活到"坐八望九"之高寿，而且著书70余种，可谓著作等身，他还是爱书如命的学人，为朝邑刘氏主编《青照堂丛书》，收89种丛书，从中汲取精神营养，增益智慧。

李元春论学的自我名言是："惟存一公心，然后可以论人，亦然而可以使人论己。"他的人生格言是："延世一日则一日省其过，一日自求其所不知、不能，是以所自养也。""公心""省过"是他自我修养原则。

他的《余生录》中有许多精彩佳言，兹录几则如下：

1. 今年迫七十，视见人世复几日，幸而目不遽瞑，自谓皆余生耳！然一日生存即生平之事业未终，吾身不苟也，吾言亦不可已也。

2. 人身之私，名利二字尽之。其实，名亦利也，故圣贤皆以利对义。

3. 古人言三不朽："曰立德、立功、立言，不曰立名，名岂有立之心乎？"三不朽，皆吾当尽之事，理自应不朽耳！如已有不朽之心，便是为名。

4. 立言著书，最似近名，不知前人所未言而吾已言之；或前人言之有而吾言以正之；或前人言本不误，后人驳之反误，而吾又言以辨之，皆以发明前人、留示后人为道之公心也，非为名之私心也。一涉私则著述皆谬矣！

5. 吾今七十，夜间犹能书小字千余，日光下犹可作芝麻字。人问何以养之？自思唯生平寡欲而已。老年无他营，亦无他苦，惟夜间多不能寐。吾笑语人曰："俗言老人爱钱、怕死、不瞌睡"，吾不犯其二，犯其一也。

6. 孟子曰："养心莫善于寡欲。"吾则曰："养心莫善于存理。"吾生平嗜欲固少，然此心虽静坐，或夜寐，非思书，则理想，自觉书理最能养心。今七十益自信，少闲则心不快，但心疲有不自知者，知其疲则固置之而已。

回过头来看，李元春的"存公心"而后"论人""使人论己"的"名言"和"延世一日"则"省过"一日，则"求知"一日，所以"自养"的"格言"，的确是老年日学不息之大道理。他说："立言著说"，"皆以发明前人、留示后人为道之公心也，非为名私心也。一涉私心而著述皆谬也"。此是会心之言，"公"字当头，责任在肩，使命在笔，力量在勤，文以载道、史以明道、哲以论道。走笔至此，我想起了自己八十八"米寿"之年，还回味四年前在《老学日历》中关于"学行记"的题词：

博学而约取，审问而问学，慎思而自得，明辨而鉴裁，笃行而为公。

这是我对"博学、审问、慎思、明辨、笃行"的补充,名曰"学行记"。学而行是学人的生活逻辑和思维方式。我想,老学人的充实生活,如前面提到的王征、王恕等人,现在又有李元春,都是此种学行记中的知行观,也是李颙"知之明、守之定"①的关学精神。知不明不能守定,不能守定非知也。老年用功,不能自伤,要善养心,知行合一,这是李元春长寿之道。

十 爱国的关学名家牛兆濂

牛兆濂(1867—1937)为关学转型时期大儒。他"以绍孔孟圣教,明天下人伦"的保守卫道士姿态,来挽救民族危机。在日本侵略者铁蹄蹂躏我国东北三省之际,他呼吁国共两党消除政见,共同抗击外敌。有两首诗可证,也有《复牛温如》函为证。兹抄录如下:

(一)《复牛温如》

堂堂中土,天必不忍弃,亦不忍绝孔、孟子道,故窃尝妄谓中土有一存经之人,则中国可以不亡。何者?教存则国存也,时局至今,而当事此尚不能破除意见,以坐视吾国之亡,试问吾国若亡,尔等欲为亡国之奴乎?彼必明正其罪曰:"此卖国之贼也。"欲偷生之旦夕乎?愿我同胞,同心协力,喋血东洋,誓决一死,则倭奴虽强,察见吾国内情,必别为计议,不敢如向来之蔑视矣!如此理甚明,而当局不悟,可悲也夫!

---

① 明末陕西盩厔(山曲曰"盩",水曲曰"厔")、关学家李颙因家乡为山水之曲的盩厔便自名"二曲"。通晓经史百家的李二曲,刻苦自学,拒不为官,以阐明关学为己任,汲取朱熹、陆九渊及陆王"心"学之长,丰富了学派内涵。

(二) 阅墙谣

兄兄弟弟伟儿郎，赢得门庭作战场。金液大江流不尽，和烟和语过重洋。本是同根一体亲，朝朝煮豆饷东邻，却愁枝叶凋零甚，顾影谁为御侮人。阅墙兄弟本非他，外侮急时愿止戈。万事到头须自悟，算来毕竟不如和。撤去藩篱即一家，同心御侮福无涯。眼看巨浪滔天起，况复中华尽散沙。

(三) 《我明告你》

今日中国，惟你与我。今日中国，非你即我。
外人借口，亦惟你我。外人利用，还是你我。
你认得你，我认得我。我不管你，你不管我。
我想并你，你想并我。同一中国，何分你我？
你也非你，我也非我。有我有你，无你无我。
我能爱你，你能爱我。我不谋你，你不谋我。
以我保你，以你保我。你为了你，我为了我。
你我不分，中国一人。中国有人，中国其存。

1937年7月，卢沟桥事变爆发，71岁的牛兆濂因北平失守，在极度悲愤中逝世。时人称他为"牛才子"，以其诗文延誉关中、德纯学粹、布衣粗粮，素食不改其乐，讲学不辍，著述颇丰。除《吕氏遗书辑略》《芸阁礼记传》《读近思录类编》《蓝川文钞》等论作外，还有《续蓝田县志》。作家陈忠实在小说《白鹿原》中，有先生形象，改称为"朱先生"。陈忠实在"牛"字下面，加了一个"人"字，称"朱先生"。"朱先生"，秦时大儒牛缺之影，《无量寿经》中"无能胜故"的"牛王"之喻，人中"牛王"也！

第六编　史道：一以贯多与多以养一的交往互动之道

一　议史一文：弘扬中华民族伟大的抗战精神[①]

在"八一"建军节前夕，习近平总书记在主持中共中央政治局第二十五次集体学习时，提出了开展系统深入研究中国人民抗日战争的重要任务。他要求全国各族人民牢记用鲜血和生命铸就的中国人民的伟大历史，牢记中国人民为维护民族独立和自由、捍卫祖国主权和尊严建立的伟大功勋，牢记中国人民为世界反法西斯战争做出的伟大贡献，弘扬伟大的抗战精神。我作为一个长期从事世界史、中东史和文明交往问题研究者，想着重从中国人民抗日战争和世界反法西斯战争交往关系方面谈谈自己的体会。

2015年是中国抗日战争和世界反法西斯战争胜利70周年。研究二者之间的关系，适逢其时。然而，这是一个重大研究课题，需要大量准确翔实的资料，需要深入细致的思考，需要国内国际方面的合作方能完成。现有研究成果是进一步研究的出发点。世界反法西斯战争的东方主战场是中国抗日战场。学术界对它的研究还不够系统和深入。现有的研究成果同抗日战争的历史地位和历史意义相比，有着很大的差距。许多基本数据是不准确、不翔实的，甚至是相互矛盾和缺

[①] 此文是我在2015年8月18日中央文史馆"纪念世界反法西斯战争胜利70周年座谈会"上的发言修改稿。

第六编 史道：一以贯多与多以养一的交往互动之道

乏实证的。第一手史料还较为薄弱。在研究方向上，需要加强有现实意义和深远历史价值的重大课题研究，要用事实来批驳歪曲历史、否认和美化侵略战争的错误言论，警惕威胁世界和平的邪恶势力死灰复燃。在研究思路上需要有通识观念，即不仅把 1931 年九一八事变到 1945 年抗战胜利这 14 年作为一个整体贯通下来思考，而且要把这 14 年的历史进程放在第二次世界大战整个人类历史进程之中结合起来统一思考。

人类历史上迄今只经过两次世界大战，而第二次世界大战比第一次世界大战规模更大、影响更深远，其更重要的意义在于它的性质是反法西斯的世界大战。在这场有关人类命运的世界大战中，中国人民抗日战争从始到终都站在斗争的最前沿，成为反法西斯世界大战的重要组成部分。对这次战争的历史进程，国内许多史书多沿用重欧轻亚的观点，把 1939 年 9 月德国入侵波兰作为它的开始。对 1931 年九一八事变，仅仅作为东方战争策源地形成的事件之一，甚至没有放在"走向大战"进程的叙述之中。"走向大战"是从意大利侵略埃塞俄比亚战争开始的。事实是，在此前的 1931 年开始的中国东北抗日战争，已经揭开了世界反法西斯战争的序幕，从此已经走向了大战。从 1936 年的西安事变，1937 年七七事变到 1941 年珍珠港事件开始的太平洋战争之前，中国是世界反法西斯东方唯一战场。太平洋战争以后，中国仍然是世界反法西斯的主战场之一，它不但和日军主力作战，而且派远征军出境作战，并且在 1943 年进行了盟军在缅北第一次成功的大陆反击战。1945 年 9 月 2 日中国代表参加了日本投降签字仪式，第二次世界大战至此结束。

回顾 70 年前，中国抗日战场、美国太平洋战场的东方战场和西方的欧洲战场、苏联战场以及北非战场之间相互支持、彼此依托，共同组成的正义同盟团结努力取得了世界反法西斯战争的伟大胜利，改变了战前的国际秩序。中国是 1942 年《联合国宣言》的促成者和签署国，是 1943 年美苏中英四国《关于普遍安全宣言》和中英美三国《开罗宣言》的参加者。1945 年中国又和美英苏一起主持制定了《联合国宪章》。这一切说明，中国为战后国际秩序设计与创建国际组织做出了自己的贡献。尤其是在抗日战争中所创造的持久战思想和实践，抗战中中国人民所表现出的爱国主义热忱、血战到底的英雄气概和战斗必胜信念等艰苦卓绝的抗战精神，支撑了世界反法西斯战争的东方主战场，动摇了日本的战争根基，为战后国际秩序的建立打下了牢固的基础。正义的中国人民抗日战争，是弱国能战胜强国军事哲理的伟大实践。中国赢得抗战，赢得和平，也赢得国际地位。我们必须弘扬中华民族这种伟大的抗战精神。

中国人民自1931年起不屈不挠地坚持抗战14年，更多是中国的自力更生，而非单纯依靠国际援助。抗战胜利后，在中国社会舆论中对此就有许多热议。1945年7月26日，《中美英三国促令日本投降之波茨坦公告》发表后，日本拒绝无条件投降。8月6日和9日美军分别在广岛和长崎各投下一颗原子弹，于是有人认为日本投降是屈服于美国原子弹的"屈原"。也有人认为8月8日苏联出兵中国东北，迅速打败日本陆军精锐关东军，致使日本败于苏军武力的"苏武"。更多人认为，日本法西斯是败于坚持14年抗战而且越战越强、神勇无比的专吃小鬼子、驱逐小鬼子之神的"钟馗"（中国）。① 这些看法都有一定道理。

美国学者弗兰克·迈克瑞的看法则抓住了主要之点。他认为，太平洋战争爆发之前，中国是在几乎没有外部援助情况下独立坚持抗战的。后来中国成为美英盟国，合力确保了最后战胜日本。他说，中国人民付出的代价是实实在在的，如果不是中国在战场上拖住日本相当大的兵力，它不但可能会"南侵"得更早，而且很可能会"北犯"苏联，甚至会"西侵"中东。他的看法得到了第二次世界大战中英国首相丘吉尔的证实。丘吉尔说："中国一旦崩溃，至少会使日军15个师团，也许有20个师团腾出手来。其后大举进攻印度，就确实有

---

① 陕西户县甘河镇，流传钟馗豹头环眼、铁面虬髯，文武双全，行侠仗义。因其貌丑，而被唐明皇赶下殿试，怒而碰柱自杀，化为逐鬼之神，为明皇护驾。唐明皇后来觉得自己不明，乃命吴道子画自己梦中钟馗形象，封为镇宅驱鬼之神。西安刘志明有《钟馗打鬼歌》，其结语为："我愿世间多钟馗，打鬼除魔世道清。"刘志明认为，钟馗既打内鬼，也打外鬼。

第六编 史道：一以贯多与多以养一的交往互动之道

可能了。"而且，如果日本进军印度洋，"必然会导致我方在中东全部阵地的崩溃"。

中国抗日战争的胜利，是依靠中国人民大团结和世界人民大团结的胜利。胜利来之不易，大团结弥足珍贵。美国总统罗斯福生平坚持要求：像惩罚德国法西斯一样，日本的投降必须是"无条件的"。但是，杜鲁门总统为了不使日本变成"共产主义新阵地"，而使日本有条件地保留天皇制并使自己独占日本。此种"有条件"的默许，延续至今，成为日本右翼分子不承认失败的历史根源之一。苏联在抗日战争胜利前夕，与日本政府接触中，态度动摇暧昧，以"日方若提出具体条件"为由，"可由苏联居间工作"。斯大林因此甚至推迟一天出席波茨坦会议。可见苏联扮演的角色，并非人们看到的后来派兵援助那样爽快坚决。回顾上述"苏武""屈原"之说，虽属形象调侃之议，但也说明国际反法西斯统一战线，和国内一样，最重要的还是独立自主、依靠本国人民力量。

中国抗日战争的胜利是正义对邪恶的胜利，是自由对奴役的胜利，是光明对黑暗的胜利，一句话，是人类文明对野蛮的胜利。人类文明交往之路是曲折复杂多变的。回顾反法西斯第二次世界大战初期，反动的、邪恶的德、意、日法西斯势力何等嚣张。日本侵略者的铁蹄长驱直入，烧杀抢掠，横行华夏大地。德国法西斯仅用了一年时间就侵占了欧洲14个国家。人类文明岌岌可危。在此重大历史关头，中华民族以伟大的抗战精神和坚韧不拔的英勇行动，鼓舞着被法西斯奴役和损害的国家和人民。中国和苏联、美国、英国以及全世界人民一道，共同承载着维护人类文明和世界和平的神圣职责。人类文明交往总是在与野蛮、残暴、愚昧的较量中前进的。这种空前的反对人类共同敌人的正义大同盟，是打败法西斯轴心国的重要条件，是人类文明历史上光辉的正义坐标，值得人们永远珍视。历史发展的总趋势是不可抗拒的，但总是有逆潮流而动的反动势力螳臂当车。历史昭示人们，法西斯主义、军国主义是反人类、反文明的邪恶势力，他们企图以侵略扩张实现自己的贪欲，最终必然为人类文明交往的历史车轮所压碎。中华民族的全民族抗战的历史意义就在于从历史经验中获得智慧，使中华古老文明从衰落中走向复兴，从觉醒中走向自觉，在凤凰涅槃、浴火重生中走上新的征程。抗日战争的胜利，是人类文明交往的雄伟颂歌。

现在，学习、宣传、研究世界反法西斯战争的历史，具有十分重要的意义，有许多当前困惑的问题可以从中找到答案并得到历史启示。恩格斯说过："一个富有生命力的民族，受到外国侵略者压迫的时候，它就必须把自己全部力量，自己的全部精力，用来反对外来敌人。"这种外部交往的紧急关头，正如我们的国歌中所昭示的："把我们的血肉变成新的长城。"我们要铭记法西斯主义、军国主义给人类文明带来的深重灾难，居安思危，面对各种形式的侵略、威胁，从中汲取历史教训，获得文明自觉。我们坚决主张清除日本法西斯主义、军国主义思潮生存的社会土壤，为亚洲和世界和平奠定坚实基础。我们要永远纪念为挽救人类文明而英勇战斗、流血牺牲的英烈们，他们是"丹心已共河山碎，大义长争日月光"的人类文明之光。

习近平总书记指出："在中国人民抗日战争的壮阔进程中，形成了伟大的抗战精神，中国人民向世界展示了天下兴亡、匹夫有责的爱国情怀，视死如归、宁死不屈的民族气节，不畏强暴、血战到底的英雄气概，百折不挠、坚忍不拔的必胜信念。"这种抗战精神是在反对侵略过程中升华的可贵民族精神，是中国人民以巨大的牺牲换来的弥足珍贵的精神财富。

参加过中国远征缅甸抗日诗人穆旦（查良铮），在日本投降不久，写下了一首怀念战友、表达中华民族伟大抗战精神生生不息的诗篇《森林之魅——祭胡康河上的白骨》。我引其中一段，作为发言的结束：

> 静静地，在那被遗忘的山坡上，
> 还下着密雨，还吹着细风，
> 没有人知道历史曾在此走过，
> 留下了英灵化入树根而滋生。

穆旦的诗，结束了我的发言，而李瑛纪念抗日战争胜利 70 周年的诗《战争故事》却成了它的续篇：

> 铁和火的战争
> 已埋在废墟下
> 七十年埋着生锈的弹壳和
> 不生锈的眼泪、鲜血和白骨
> ……
> 让历史告诉我们
> 七十年前那血的真实
> 正催开一个民族生命的花朵
> 遍地开放！

诗为史诗，文为史言。须知历史问题从根本上说，是对历史本身的认识问题。历史是人类之师，它最终将告诉人们如何正确认识自己。

2015 年 8 月 18 日于北京香山饭店

二 松榆斋一记：《文明交往散论·史记编》

记忆、记录、记载，都是历史。记忆往事，记录实事、记以载史，其脉络和线索是历史的理论思维。理论思维之脉线，把记忆、记录、记载的碎片，连缀贯穿，成为历史整体之网络。下述五节，均来自我的《松榆斋百记》，作为《史以明道》的史记一章。

（一）序论

> 又是一年秋风乍起，
> 又是一年秋雁迁航。
> 重步京华松榆南路，

再留京华美景东方。
我坐在临窗的书桌旁，
面向晨曦，面向太阳。

重返松榆斋，萦绕我脑际的问题，依然是人类文明交往问题。这条思路始于我20世纪进入中东研究领域之时。中东地区从远古起，就是人类文明交会地区，直到当代，成为"热点"，表面看是政治、经济问题，然而究其深层，仍与各种文明交往焦点有内在联系。因此，人类文明交往这条理论线索不仅贯穿了我早期的著作《阿富汗史》《二十世纪中东史》和《阿拉伯国家简史》，而且还是我正在由商务印书馆陆续出版的13卷《中东国家通史》所思考、所应用的中心理念。在《中东国家通史》中，我在各卷的"卷首叙意"中，概其大要；在每一卷后，都有一个"编后记"，细陈中东诸国具体文明交往特征，力图总结出一些规律性问题来。

关于人类文明交往问题，我在《文明交往论》《书路鸿踪录》和《松榆斋百记——人类文明交往散论》中，则以各类历史与现实的个案和不同文体，记述自己之所得。此次再居松榆斋以后，数周间，又有十几则笔记，择其五则，作为补记，跋于散论之后，作为"百记"中的"史记编"。

（二）文明交往是历史深层的互动

文明交往是越过时间、空间界限的历史深层活跃的社会运动。

文明交往表现于历史的不同社会层面，它又通过不同的社会层面的演变，在漫长的时间中留下种种记忆、记录和记载。文明交往的历史观念在历史发展运动中具有特殊的地位。

文明交往留给每个人的痕迹，深深印入心灵深处，深深渗入血液之中。其表现往往是无意识的，其根源又是深远的，其主渠道是内部传承和外部传播所存在的社会生活许多具体方面，如通过语言、习俗、衣、食、住、行、宗教、信仰和迁徙而凝固下来的文化基因。

这些基因构成的各种文明中，几乎是难以磨灭的特点，时不时促使文明之间或文明之内的彼此对立和冲突的加强，其最尖锐的形式便是暴力，特别是最高表现形式——战争。

文明交往活动分为同一文明的内部交往和不同文明之间的外部交往。布罗代尔在《地中海史》中，谈到地中海中心的海域和沿海地带时说："在互相交叉、互为补充的两种交往活动中——一种是近距离的对内交往，另一种是远距离的对外交往——内部的交往尤其频繁。这正是第勒尼安在民族、文明、语言、艺术等方面的混合交融十分深入的原因。"他谈的正是文明内部和外部交往的历史深层互动性。

（三）横观历史

纵观历史，对研究文明兴衰固然重要，而横观历史，对考察文明交往尤为重要。

法国的阿兰·佩雷菲特在《停滞的帝国——两个世界的撞击》一书中，叙述马戛尔尼访华时，关于"中华帝国"的衰落问题，谈到了一个"电梯比喻"，用来同18世纪历史作横向比较。他说，18世纪的世界史有一种双重的动向，即"相对的运动与静止"，这种动向经过长期比较才能发现。譬如孩子在自动电梯上是逆向而上，如果停下来，便下来了。要是往上走，他就停在原处。只有几级一跨地往上爬的人，才能慢慢地上升到前边。在人类漫长的队列中，各个国家也是这样：静止不动的国家向下退，不紧不慢的国家停滞不前，只有那些紧跑的国家才会跑到前列。

他所说的"逆向而上"的电梯，有点像"逆水行舟，不进则退"的比喻。因为电梯自动向下去运行，人们想上楼，停止不动必然向下退，不紧不慢向上走，就是停滞，只有加紧向上跑，才会前进。他用中国、法国和英国三国作了横向比较，认为中国是向下退，而法国是停滞不前，只有英国通过大银行、大工业和大宗买卖协同作用而领先于欧洲。他没有说俄国，其实俄国也在追赶。因此，乾隆盛世确实远胜过前朝的朱元璋。纵向比不行，只有同时代的横向比较才会发现"中华帝国"的帝王，没有欧洲帝王那样觉悟到急起直追世界潮流，而在"吾皇万万岁"呼声中盲目乐观于自高自大的天朝。他们不懂得闭关难以自守，也不懂得落后就要挨打，只是把这个教训留给后代，让后代蒙耻含辱、苦寻良策，奋发图强。傲慢、狂妄与固执在文明交往之树上结下的恶果是麻木和老化，这也导致创新之火"被自己文明的灰烬压着，正在熄灭"（佩雷菲特语）。

横观历史，还要改变观察历史的思维方式，把单向思维变为双向，以至发散思维。从清朝的康乾盛世的表象，看出它内部的衰败，从中国近代受侵略的历史研究中，把谴责外国侵略和谴责自身结合起来，从而摆脱受害者的心态，从唯物史观角度研究落后的根源。中国的失败，是落后的封建主义弱国的失败，列强的胜利是先进资本主义的胜利。落后就必然挨打，弱国总会被侵略。从自省、自责、自究，方可自立、自强，找出民族复兴、兴国强国之路。

（四）交往铸造城市

城市是文明交往更具体、更微观、更生动的个案分析和比较研究的单位。

民族的主体性固然重要，但民族不是历史的唯一主体，现代民族国家也不是唯一分析文明交往的基本单位。

现代化、全球化这样宏观的问题，需要有更多样、更细致的具体微观研究方法。

城市无疑为现代化、全球化研究提供了一类核心单位。其实不仅仅对当代史，而且对远古文明、中古文明和近代文明，城市研究都是不可或缺的核心单位。只不过是城市化浪潮迅猛推进，在当代令研究者强烈地感到城市问题更迫切罢了。

城市是文明的标志之一。城市的中心是文化，而文化是围绕在人与城市这个文明交往链上运行的。文化，即人文化于物，人文化于事，人和物交往的中轴化于时间和空间之内。各种不同的文化，城市与乡村、宗教之间、内外之间、现代与传统之间，在城市中形成了持续的冲突，也不乏合作与融合，这一切都共存于一个共同的交往过程中。

在这个过程中，城市文明与文化类型的表现状况怎样呢？人类学家芮德菲尔德（Robert Redfield）1956年出版的《农民社会与文化》

第六编　史道：一以贯多与多以养一的交往互动之道

中，已经提出了以城市为中心的上层"大传统"与散居于城市之外的乡间的"小传统"的理论。"大传统"为"高文化""学者文化"，"小传统"为"低文化""通俗文化"。他在分析城市文化类型时，没有把城市与农村分裂开来，而视为文明交往中的统一体，这是他的高明之处。后来，欧洲一些学者把这两个传统的理论，修正为"精英文化"与"大众文化"，并指出"小传统"在交往过程中，总是处于被动地位。

实际上，传统不是随意作为客观对象而任意处置的东西，传统无处不在，是城市文明之根。实际情形也是如此，城市和农村内部也有若干不同文化类型，各类城市和农村之间的关系，也各不相同。从文明交往角度看，文化传统尚有更大、更普遍的"物质文化"与"精神文化"层面。表面上，城市是一个由地理环境、社会结构、交通安排、居民分布、社区构成等形成的物质构造空间。这个复杂的空间始终贯穿着人的活动。《空间的生产》的作者列斐伏尔（Henri Lefebvre）提出了"空间实践"（spatial practice）概念，道出了"城市与人"关系的关键之处。仔细观察城市的历史与现状、内部与外部，其中存在的各类人群、各类价值取向、各种生存方式，都无不镶嵌在一定的空间之中。"社会空间"，是"城市与人"关系的具体化。城市，特别是一些有代表性的城市的活跃的互动交往关系，往往从一个独特的，也是不为人们注意的视角与方式，具体地反映了一个国家寻求现代化独立道路的轨迹。也许还反映了一个国家在全球化大环境下寻求自己位置的智力积累。现代化、全球化伴随着城市化，城市化又丰富着现代化、全球化。研究者从城市化进程中，也可以发现文明交往的新思想和新生活的新资源。21世纪的现代化和全球交往文明化，在推动着新型城市的成长，从城市成长中人类文明交往的曙光将日益显露出来，而且总会在文明自觉中克服城市化存在的各种困难，消除丑陋，剔除弊端，创造美好景观。

（五）步入历史深处

人类文明交往在人与自然、人与社会、人与自我身心的交往活动中，在物质文明、精神文明、制度文明、生态文明的交往活动中，在各个不同民族、不同宗教、不同国家之间的交往活动中，体现着历史的内在联系。

人类文明交往是文明的生命所在，因而对人类文明交往活动的研究，应该走向历史的深层，走进深层的复杂性和矛盾性之中。这需要大量的历史资料的收集、鉴别，做细致的中观和微观的研究和思考，进而从历史的高度，透过具体问题的具体分析，考察其变化的普遍性和特殊性。

我愈是思索人类文明的交往问题，愈感到深入历史研究的重要性。我愈来愈感到，唯有步入历史深处，才能在更广阔的时间和空间中去深刻认识和理解人的本性。

2004年6月，由生活·读书·新知三联书店出版了《米沃什词典》的中译本。米沃什这位波兰诗人也写了一篇跋，其中写道："因为我们生活在时间之中……在时间的洪流中我们用有涯之身企图保留一点永恒不变的事物，几乎是不可能，那些我们以为永不消逝的东西，不过是记忆废墟中的残留物，人类用它们来建筑诗歌，而用人性的东西填满宇宙。"

这位诺贝尔文学奖得主于2004年8月14日在克拉科夫逝世，享年93岁，是位高寿学人。1980年获奖时得到的评语是："他以不妥协的锐利笔锋，把人们在一个充满严重冲突的世界中的处境，淋漓尽致地表达了出来。"这不仅是对他"不妥协的锐利笔锋"的赞叹，也是对他作品中有关人类文明交往的感悟和有关人性的尊严问题的概括。在这个开放的世界，在这个快速而深刻巨变的世界，面对汹涌而来的各类思潮，最需要的是独立而冷静的思考与判断，而不是跟着思潮亦步亦趋；是步入历史深层，而不是停在现实表层。

所谓历史深层，就是我在《松榆斋初记》中所说的"正在凝固历史层"和"已经凝固历史层"。从某种程度上讲，人类历史很像地球的地质构造，深埋在地层下的积累物，沉淀着长时段的历史因素，需要研究现实问题的人，从"尚未凝固历史层"出发，去探究其深层根源，方能深入问题的根本。须知，现在和未来的发展，是过去和

第六编 史道：一以贯多与多以养一的交往互动之道

现在历史进程的结果。历史深处孕育着文明交往的宝藏。

我在《历史学需要脚跟硬的理智者》一文中，曾经引用了中世纪阿拉伯史学家艾布·哈桑·马苏第（？—956）在其名著《黄金草原》中一段有关人们都乐于同历史学交往的话。他指出，历史学"是一门雅俗共赏的学问，既可以使普通人感到陶醉，也可以使思想家们入迷，平民和贵族一样都喜欢与它交往并受吸引而转向它"。品味这段话，使我联想起马克思和恩格斯在《德意志意识形态》中关于"我们只知一门科学，这就是历史科学"的名言。这里讲的是"大历史"，是包括人类史和自然史的历史科学，也就是人类物质文明、精神文明、制度文明和生态文明之间的交往历史。步入这样"大历史"的深处，不但需要"大胆略"，而且需要"大智慧"，因为这是"历史向世界史转变"的文明交往普遍化的人类史新时期。坚定的步伐需要稳固的脚跟，因此，我把自己在这篇文章后面写的一首小诗，抄录于后，作为跋记的结语：

> 治学之路是活的，
> 只要学人的脚跟坚硬坚定，
> 这条路就有生命。
> 路，
> 没有绝境，
> 路，
> 不怕坎坷幽径，
> 路，
> 不管风雪阴晴。
> 脚，
> 无畏无惧地选择方向，
> 纵使误入隧洞，
> 走出来，
> 将是一片光明。

2004 年 8 月 28 日于松榆斋

三　中东史林一大问：中东研究的"九何"之问

《中东问题研究》出版了。它为中东学界提供了一个新的交流场所，开阔了一块新园地。科研百花将在此盛开，科研硕果将在此结成。这是令人满怀期望和欣喜的事。

2014年，西北大学中东研究所度过了它的"五十知天命"之年。在这五十年期间，它先后出版过下述杂志：《中东资料编译》《伊斯兰动态》《中东问题参考资料》《中东》和《中东研究》。2015年，它又出版了《中东问题研究》，在"中东"与"研究"之间，增加了"问题"二字，把"问题"这个科学研究的关键词置于刊名的中心位置。关注问题意识，这对于中东研究事业，是一件意味深长的事。

问题为何物？问题是人类的自觉意识，可称之为问题意识。科学研究中的问题意识，可以产生好奇心和兴趣感，可以产生独立思考的质疑批判精神。问题意识始终导引着研究的思维方式和研究发展方向。问题意识的自觉程度，决定着研究成果的质量高低。疑惑和问题在于开动大脑机器，多思深思。如《论语·季氏》所说："疑思问，忿思难，见得思义。"科学研究的生命活力始终是直面问题，即发现问题、提出问题、分析问题和解决问题。问题意识与科学研究，如影随形，不可分离。有建树的学者，总是自觉把问题意识，视为科学研究的生命。如果头脑中没有问题意识，学者的学术生命就结束了。

科学研究中的问题意识的自觉，从根本上说，是人类文明交往的自觉问题，它受着文明交往互动规律的制约，它属于人类文明交往中的"知物之明、知人之明和自知之明"范畴。因此，我在思考这个规律性问题时，把它归结为"九何而问"：何时？何地？何人？何事？何故？何果？何类？何向？何为？"九何而问"是对问题意识自觉性的细化，是从时间、空间、人间、事件、原因、结果、类别、走向和行为九个方面的连续性追问。问题从时间上讲，是时代

第六编　史道：一以贯多与多以养一的交往互动之道

声音的回响。问题从本质上讲，是事物矛盾性的表现。处事治学都要从实际出发，也就是从实际矛盾问题出发，用对立统一规律观察、解决实际矛盾为归宿。"九何而问"也可以作为中东问题的研究思路导向。

"九何而问"是问题意识的一般性总概括，如果具体到中东研究，那就要有中东研究具体的"九何之问"了。中东研究的"九何之问"可以做这样的发问：第一层面之问是地区总体之问：何谓中东？何来中东？何去中东？第二层面之问是国家、民族、宗教之问：何国？何族？何教？第三层面之问是现状历史理论之问：何题？何史？何论？以下对这三个层面的"九何之问"，稍加展开论述。

首先说第一层面的中东地区总体之问。

谈起中东地区概念，似乎是约定俗成、不言自明而不成其问题的事。然而，实际上，问题并不那样简单。作为地缘政治概念，"中东"始终成为持续细化、深入研究和不断重新审视的问题。时代在变化，历史在发展，人类在进步，中东地区的政治、经济、文化、社会内涵和外延，比过去任何时期都要丰富，中东地区的时间、空间和人间领域因科技的发展而联系得更加宽广，中东地区的内外交往因素也随之复杂而多变。正因为如此，中东问题研究者都有这样的体验：在研究中东各类问题之后，往往会发现自己的思路又回到了地区研究总体这个原点上。1982年3月，商务印书馆出版了我的《阿富汗三次抗英战争》，从此我进入了中东研究领域。1987年2月和1992年4月，西北大学出版社先后出版了我的《现代民族主义运动史》和《东方民族主义思潮》，我的研究领域由南亚扩大到中东地区。1991年，我在河南大学出版社出版了《中东国家和中东问题》，在绪论中曾从中东地缘政治、自然及人文社会生活等方面，研究了中东地区问题。经过了近三十年的中东断代史（包括世纪史）、国别史、伊斯兰与中东现代化专题的研究，特别是2000—2007年商务印书馆出版了我主编的13卷《中东国家通史》之后，到2010年3月人民出版社出版我主编的《中东史》，在绪论中又回归到"何谓中东"这个中东地区的"原问"上来。这是一个深度回归、回归本体、获得了自觉的过程。

回归中东"原问"就是回归中东地域总体，总体的三个"原问"，除了"何谓中东"之外，还有"何来中东"和"何去中东"。这种总体三问，实质上是全面的哲理层面之问。它如同古代西方哲学中人的原问一样：我为何人？我从何处来？我向何处去？中东地区是一个广泛的概念，它既包括地域性，又包括时代性，但中心应为中东人群，是三者综合的统一体。中东地区又是一个动态概念，它不仅仅是自然地理、政治地缘、人文社会生活状况的独立叠加，而且是时间、空间、人间普遍交往互动的地区整体性社会形态。中东地区整体层面的哲理性轮廓，是以一区多样、同区异国、常态区域时变的形态显现出来，并且体现着一与多、同与异、常与变的多种互动演进关系。"何谓中东？何来中东？何去中东？"这三何之问，是从称谓、来源和去向这三方面的源流走向和名称上提问的，进而言之，是从人类文明交往的哲理角度提问的。这三何之问是把文明史、哲学史、中东研究、哲学研究结合起来，从较高的历史通识观点，对中东地区总体问题进行思考，其意义如我在《中东史·绪论》中所说："在于汇总这一地区历史和现实中连续性的文明创造，把许多个别孤立事件联结成一个整体，给予每个独立事件在文明交往链条上的确定的位置。"为了使中东地区研究更具全面的整体性，继《中东国家通史》的西南亚和北非埃及内容之后，西北大学中东研究所科研群体继往开来，正在进行北非其他中东国家史的写作，使中东史更趋全面系统。总之，全面、整体、互动是何谓中东、何来中东、何去中东这三问的辩证性哲理特征。

其次说第二层面的中东地区、国家、民族、宗教交往关系之问。

中东地区不是中东国家的简单相加，而是这些国家的有机化和与内外联系。中东研究的对象是中东地区，属于综合性地区研究，而地缘政治居于关键地位。现代民族国家的建构、现代化改革与传统创新、经济社会文化的全面发展、各民族国家内部和外部交往，特别是现代性与伊斯兰性之间交往融汇，成为国家、民族、宗教三问基地上问题丛生之林。在全球化时代，中东与外部世界的交往，面临着直接碰到的外国势力介入很深的政治现实状况，又有从过去继承下动荡不

第六编 史道：一以贯多与多以养一的交往互动之道

已的内部政治秩序变迁。此外，还有天灾、疫病等自然因素的不可忽视的作用。在这种内外交往既定的复杂条件下，中东国家、民族、宗教之间良性与恶性、和平与战争、冲突与和解、分裂与合作问题，如乱麻交织，需要研究者理顺和思考，从中多多发现文明交往互动的规律性东西。

如果说，第一层面的中东地区三问是地区哲理层面，第二层面的中东地区三问可以说是属于地区政治和社会层面。国家、民族和宗教三者是这个层面的相互联系、彼此依存、相互作用的重大因素，而国家作为人民认同体和内外交往的行为主体，起着至关重要的作用。人类文明可以作为一个研究单位，但它是通过王国、帝国、民族国家来体现的，三者结合起来，用文明交往自觉贯通三者，才能反映世界历史发展的规律性。在我主编的许多著作中，许多都以国家为书名体现研究思路，如《中东国家和中东问题》《阿拉伯国家史》《中东国家通史》等，其缘由在此。民族国家就是主导民族和其他民族的多民族组成的政治共同体。即使同一阿拉伯民族，也有沙特、阿曼、埃及、伊拉克、利比亚等不同国家的阿拉伯人的区分。这正如同一个伊斯兰文明，也有阿拉伯—伊斯兰、土耳其—伊斯兰、伊朗—伊斯兰等许多亚文明的区分一样。政治层面的问题当然不限于国家问题和一般的民族、宗教问题，还有政治制度、政党、政治组织、政治思潮等方面的问题。在中东地区，民族主义思潮问题，不但同建立发展民族国家相联系，而且具有时代性、民族性和宗教性相结合的鲜明特征，并且赋予政治文化浓郁色彩。文化是民族主义的内在血脉，与时代思想潮流所向的世界历史趋向，二者结合，如鲁迅在《文化偏至论》中所说，如此则"国人的自觉至"。中东社会结构、宗教文化传统、历史发展阶段等社会固有特征和自身的政治民主化紧密相关，其中的问题是如何找到符合各国国情以实现自己的现代化政治发展之路。总之，复杂、曲折、艰巨是何国、何族、何教中东三问的政治社会特征。

最后说第三层面的中东现状历史理论之问。

谈起中东研究，其出发点是中东的现状问题。中东的现实是矛盾丛生、动荡不宁、战乱不已，此种老大难问题正是中东研究者的好奇、兴味、乐趣和职责之所在。我初入中东研究领域之时，既有这样的感受："在人们的视野里，早已被中东地区神秘的过去、动荡的现实和迷惘的未来所吸引。"① 中东研究者在入门时首先要明确的问题是"为何"？而入门之后，进一步要明确的问题是"何为"？西北大学中东研究所五十年所庆时，我曾有寄语："何谓知天命？就是知自然和社会客观发展规律性和发挥人的主观能动性的内在有机统一。"第一，知天命，就是"知天职使命"，即知"以研究中东问题为天职志业，并且为此而学习、学问和学思，为此而尽责、尽力和尽心的使命担当。"第二，知就是知"以问题意识为导向，从现状出发，追溯历史源流，站在历史的基点上，审视现实，进而展望将来的研究思路和学术理念"。还有一知，即知理论思维，以我个人有限的体悟，就是"知事明理，以自知之明、知人之明、知物之明，交往自觉，全球文明的文明交往自觉观，去观察人类文明与中东文明之间的互动联系"②。这三知就是我体会的中东研究者"何为"之道。

"何题""何史""何论"是中东研究的路径与理念层面。中东研究立足和面对中东现状问题，而深入研究现状问题必须深知该问题的历史背景与发展线索，进而运用独立的理论思维得出创造性见解。"何题"是选择何种研究课题。以我之见，是选题于有开拓性的、有一系列问题可供长期研究的大课题，作为学术生命的生长点，然后持之以恒地在此课题的生长点上从小到大、从少到多地生根、开花、结果。"何史"是何种历史观念，即历史感；"何论"是理论思维，是思想的穿透力。这两点是现状问题研究者最不可缺少的科学品质。要使现实问题研究到位，必须穷究该问题的历史根源，以接现实发展的流向，提高研究问题的自觉性。黑格尔在研究哲学问题的讲话中，要求哲学家回归哲学史本体的自觉，就是这个理论思维自觉。我自己在

---

① 彭树智主编：《中东国家和中东问题》，河南大学出版社1991年版，第1页。
② 彭树智：《所庆寄语》，见《艰苦创业五十载，而今迈步从头越——西北大学中东研究所成立五十周年纪念文集》，西北大学出版社2014年版，第3页。

第六编 史道：一以贯多与多以养一的交往互动之道

探研中东问题时，所写的大都是历史著作。这确实是一个回归本源之道，因为现实—历史—未来是一个相互联系的互动环节。这也是研究问题所需要的历史自觉。[1] 另外，要深化现状问题的研究，必须有理论思维的指引，方能站得高、看得远，所得的结论不仅独创，而且能经得起时间的考验。研究中东问题所得的结论应当是自己思考之所得，最好是从现状、历史的有机内在联系上有总的理论建树。这是一种研究现状问题所需要的理论自觉。这种学术研究中"何题、何史、何论"的自觉思想境界，用王安石的"不畏浮云遮望眼，只缘身在最高层"的诗句，可以形象地说明第三层面的中东现状历史理论问题意识的重要意义。

以上三个层面的中东研究九何之问，是我在《中东问题研究》创刊出书之际的一些思考。实际上，学术即学问，学问为学而问、为问而学，学习和问题共生同进，如《荀子·大略》所云："诗曰：'如切如磋，如琢如磨'，谓学问也。"切、磋、琢、磨，就是在学习中对问题的精研深究；也就是《中庸》中的"博学之，审问之，慎思之，明辨之，笃行之"的学习观。此种学习观，我在《老学日历》一书中，把它补述为"学行记"：博学而约取，审问而问学，慎思而自得，明辨而鉴裁，笃行而为公。这样，"审问"和"问学"互动，并且把约取、自得、鉴裁与为公置于从博学到笃行的整体实践运动链之中了。

综观中东地区研究，它不能脱离全球问题，更与人类文明进程息息相关。中东地区从古到今是东西方文明交往频繁、各种矛盾复杂交织之地，其实质是人类文明交往中良性与恶性互动的矛盾运动的表现，核心是文明交往自觉问题。中东地区各类问题的发现、提出、分析和解决，都有赖于深入研究人类文明交往互动规律性问题及其在该地区的各种具体表现。从这个大处着眼，从问题具体表现的内容与形

---

[1] 埃及前驻华大使穆罕默德·贾拉尔2015年3月在福建泉州举行的"21世纪海上丝绸之路国际研讨会"上说：中国和阿拉伯国家的历史交往，是"两大文明间进行联系沟通的典范"，让"历史成为未来的向导"一语，已有历史自觉的体悟，表明中东人在思考文明交往的历史规律性。

式分析着手，细心研究因为交往而通和避免交往而恶的历史经验与教训。在此基础上深入总结，对话、谈判、协商、和解、利益相融以及互信、互让、互相尊重、共同发展的历史智慧。文明交往的历史告诉我们，善于妥协的民族，往往少有大的震荡，社会才有实质的进步。现在伊朗核武器谈判正在进行，我想起了2014年5月11日伊朗总统哈桑·鲁哈尼的电视讲话："我们希望告诉世界，不要轻视伊朗；他们必须尊重伊朗。"中东地区历经盛衰荣辱，各民族自尊和尊严理应受到尊重。各种文明交往良性互动表现都值得总结。中东的命运，应当掌握在自己手中。人类历史表明，文明历程有发生、发展、繁荣、衰落和复兴阶段。现在，中东正在走向民族复兴，这是中东"何去"的走向趋势，其路径是交往的文明化，是对文明交往规律认识、理解、践行的自觉。这是一个需要几代人持久研讨深究的特大课题。中东在思考，世界在思考，中国学者也在思考。对此，作为中国的中东问题研究者，理应沉下心来，独立思考，不可人云亦云，不可跟在别人后边亦步亦趋，不可失去质疑批判的科学创新精神。要有问题意识和创造精神的自觉，也需要求真的韧性追求和虚心学习于全世界之道。这是我们的职责所在，我们理应做出自己的贡献。

在中华文明宝库中，对于问题研究有许多智慧哲言，现摘录三段，以作为本文的结束，并以此祝愿《中东问题研究》的面世和它在国际学术交往中步入世界学林。

  问知求教："今众人之所以欲成功而反为败者，生于不知道理而不肯问知而听能。"（《韩非子·解老》）

  互相通问以明智："士欲深明博察、以垂荣名，而不好问讯之道，则伐智本而塞智源也。"（刘向：《说苑·建本》）

  研究辨析："研究义理之精微，辨析古今之同异。"（陈亮：《甲辰答朱元晦秋书》）

2015年3月24日于北京松榆斋完稿

四 忆史一瓢：孟郊的落第与民选

唐代大诗人孟郊（751—814），字东野，湖州武康（今浙江德清）人。少时即为隐士，隐于河南嵩山，一生穷愁遭遇，为诗多苦吟之音。诗史中他是一位典型的悲愤诗人，存诗400余首，有《孟东野诗集》传世。大文学家韩愈与其深交，这一点与另一位大诗人贾岛相同。但他诗风险而奇，与贾岛注重词句锤炼，刻苦求工风格迥异，故有"郊寒岛瘦"之称。孟郊诗在《历代诗话》好评较少，然而宋代谢翱的三首《效孟郊体》却被程千帆评价为一代精品。据现代学者范新阳研究，孟郊"十七年间六次落第"。落第在历史上对许多向望"进士及第"的士人来说，是经常的厄运，而如孟郊屡试不第者极为鲜见。正是此种厄运经历，成就了他诗歌的一大生活源泉。

孟郊的第一次《落第》诗是："晓月难为光，愁人难为肠。谁言春物荣？独见叶上霜。雕鹗失势病，鹪鹩假翼翔。弃置复弃置，情如刀剑伤。"以凌云雕鹗自诩的孟郊，科举落第，而那些鹪鹩般不学无求之徒，却走旁门左道而进士及第，因而发出了"情如刀剑伤"般撕心裂肺的诗情。第二次落第后，他在《再落第》诗："一夕九起嗟，梦短不到家。两度长安陌，空将泪见花。"此诗虽小，痛苦深长，如王夫之评此"乐景写哀"诗时所说："以哀景写乐，一倍增其哀落。"孟郊的落第诗还有《下第东南行》《下第东归留别长安知己》《失意归吴因寄东台刘复侍御》以及《赠别崔纯亮》。

孟郊是个韧性很强的人，六次落第，他并不放弃，虽有"本望文字达，今因文字穷"的叹息，但仍在永贞十二年第七次考中了进士，这时他已四十六岁。进士及第后，他写了一首《登科后》诗："昔日龌龊不足夸，今日放荡思无涯。春风得意马蹄疾，一日看尽长安花。"宋代彭乘在《墨客挥犀》一书中对此评说是："东野下第诗曰：'出门如有碍，谁云天地宽。'晚登第，乃作诗曰：'春风得意马蹄疾，一日看尽长安花。'夫名利之重轻，人所不能免，东野尤甚。"对这首"快诗"，彭乘此种讽刺性评论，似嫌欠理解孟郊心情。也有人认为"一日看尽长安花"是一种"诗谶",好花既然一日看尽,那孟郊盼望青云直上也就到此为止了。果然,他仕途不顺,虽然"昔日龌龊"(窝囊)已过,得来的却只是一个小小的溧阳县尉。失意之余,他放荡于山水吟咏,公务有所废弛,县令因此只给他半俸。

正是在溧阳为官时这位常年漂泊的孟郊,体会到人间最值得记忆的莫过于母子分离,因而写下了千古独步、情意深长的母爱颂歌——《游子吟》。他在此诗的题目下,特意自注:"迎母溧上作"。这正是这首诗千百年来传承不衰,感动了无数人。1992年8月19日,我在《参考消息》上读到下述报道:

> 泰国《星暹日报》8月9日报道:题《香港选出十大唐诗》(记者夏霜)香港一家文化机构不久前举办了一项"最受欢迎的唐诗"选举。

结果由孟郊的《游子吟》以最高票夺得冠军。该诗云:"慈母手中线,游子身上衣。临行密密缝,意恐迟迟归。谁言寸草心,报得三春晖。"这首诗所以能够在盈千累万唐诗佳作中脱颖而出是因为它描写母爱,发扬孝道,而语句浅白,真情流露,感人肺腑。

上述选举由香港获益出版事业公司主办,共选出10首最受欢迎的唐诗,除了榜首的《游子吟》之外,其余9首依次为:《清明》(杜牧)、《静夜思》(李白)、《登鹳雀楼》(王之涣)、《登乐游原》(李商隐)、《春晓》(孟浩然)、《赋得古原草送别》(白居易)、《悯农》(李绅)、《早发白帝城》(李白)、《回乡偶书》(贺知章)。这10首唐诗都是短小精悍、情真意切的佳作,都是传世名篇。

这个报道被《参考消息》冠以"情真意切 千古不衰 香港选出十大最受欢迎的唐诗"标题转载。我读此消息后,即把它剪贴在《唐诗鉴赏辞典》封里(此书为中共西北大学委员会1986年6月25日奖给我的老伴,其称号是"优秀共产党员王淑兰同志")。同时,我在剪报页旁还写了一首随感小诗:"孟老子登头榜,诗仙李白得双奖。面对香港唐诗选,诗圣搔首应怅惘。"实际上,杜甫的落选,早在唐朝同时代的《河岳英灵集》《中兴间气集》和《箧中集》都出现过。杜甫晚年在回顾被主流诗坛轻视的事实时，也情不自禁地咏出了"百年歌自苦，未见有知音"（《南征》）的感慨和叹息。

杜甫"怅惘"落榜为失落，而孟郊高居榜首，那自然是民选的状元了。九泉之下，他应该"榆柳萧疏楼阁闲，月明直见嵩山雪"（《洛桥晚望》），而再不去"老客志气单"［《秋怀》（其二）］和"即此悔读书，朝朝近浮云"（《游终南山》）了。原因就在于这次是"民选"，是20世纪80年代的"民选"，比起他817年历七次考试才中进士更有历史意义。还有比这更重要的，他在民选中登头榜，这是中华文明内部交往的传承之光，弥足珍贵。

五 陶庵一梦：文史学人张岱之梦

人生离不开追求，追求的目标实际上是一个梦想。这梦想可能不一定能实现，但在面临既定的现实条件下，各个人的主体性都有不同的表现形态，以体现自己的人生价值。梦是世界上最宝贵的东西。文史学人之梦是一生所经、所见、所闻和所思之事的文明交往记录。

明代末年和清代初年的文史学人张岱，从始到终，作为一位有为的学者，撰述之多，创造了梦的纪录。他一生留下600余万字著作，其中《石匮书》与《石匮书后集》300卷，约300万字，是明代通史性著作，其他史著200余万字。因此他首先实现的是史学梦想，而这种梦想是他抗清失败后的一种人生选择。1645年4月，清兵破扬州，导致屠城。张岱参加鲁王抗清，面对事败后的现实，他在《陶庵梦忆》自序中说："陶庵国破家亡，无可归止，披发入山，骇骇为野人。故旧见之，如毒药猛兽，愕室不敢与接。作《自挽诗》，每欲引决，因《石匮书》未成，尚视息人世。"为实现史学梦想，他在政治和社会重压之外，又面临经济重负：一家十八九口人，"三餐尚两粥"，"寒暑一敝衣，捉襟露其肘"。在此等艰难条件下，他用了40个春秋，写成《石匮书》，可谓气节坚而骨气硬，以韧性步伐走完了漫长而悲壮的史学之梦旅。

张岱和许多明亡之后的文史学人一样，是忠于明王朝而又有浓厚汉民族意识的人。历史感和现实感的痛苦闯入了他蛰居隐处的反思梦中。黄宗羲的《明夷待访录》、王夫之的《读通鉴论》都是这一代文史学人留下来的名著，张岱不如黄、王二人的思想深刻，但有二人相同的历史性的矛盾。更为有特色的是，他在文学上的成就独树一帜。张岱的梦堪称文史学人之梦，文史而兼备，这是他的突出特点。

　　他写《陶庵梦忆》的时段，据考证在1645—1646年，时年49—50岁。上海古籍出版社1982年将《陶庵梦忆》与他70岁古稀之年的作品一起出版，其中《西湖寻梦》集为一册重新点校出版，把史学梦旅和文学梦旅记录连在一起。在这里，我们感受到他的文学与史学，喜悦与愤怒，哀叹与欢快，都从人学这个基点上，用情感之笔，深入思想的深层之中。虽然他的文学著作总共只有100多万字，在生平著作中只占1/6，然而有两本书却令今日文学界反映强烈，以至于说他的文字被文学家赞扬为"真是好得不能再好"。第一本是《陶庵梦忆》，文字上以简洁著称，艺术技巧上以动静对比见长，他总结自己注重"勾留之巧、穿度之奇、呼应之灵、顿挫之妙"。其中写意境如雪景之精到的《湖心亭看雪》，仅用150字写尽了雪中之海、炉中之火，以及天、云、山、水、人间之美；而《金山夜戏》仅用180余字描绘了从静到动再到静的跌宕场景，确为"大梦交瘥，犹事雕虫，又是一番梦呓"。他那雕琢而不见轻薄的坚实文风，集中在他第二本，从少壮到60岁的《琅嬛文集》这本书中。这本书10多万字，文体包括序、跋、记、启、疏、檄、碑、辨、制、传、赞、祭文、墓志铭等多种文体，可贵之处在于他用理性的推断能力、新颖的表现手法和独特的思想及情趣，使这些文体一改官样死板的旧规，使之成为耐人寻味的性灵小品，从中可见他化腐朽为神奇的功力。

　　张岱的史学著作，记述的是明史之梦；张岱的《陶庵梦忆》和《西湖寻梦》是自述人生之梦；而《琅嬛文集》其实也是从梦境走向待圆的文史之梦的进程实录。细查《陶庵梦忆》最后一卷（第8卷）最后一篇（第121篇），其篇名就是《琅嬛福地》，文中竟描述的是对自己墓址的选定。他梦中到一石屋，前有溪水松石，名花丛生，屋

第六编 史道：一以贯多与多以养一的交往互动之道

内积书满架，多蝌蚪、鸟迹、霹雳篆文。在《琅嬛文集》之前，他已先写《琅嬛福地》，写的其实是一个历史梦：晋太康年间，张轨之子张茂游山，被一老人引入藏书万卷的书屋，最后一密室即名"琅嬛福地"，尽藏秦汉以前秘籍。这不是他终极的书路之处又是什么？他卒于1680年冬天。84岁高龄的张岱，以梦忆、寻梦和书梦而终。梦啊梦，你萦绕多少人的心灵。曹雪芹以悲欢离合的《红楼梦》体现了艺术人生价值。1963年8月26日，马丁·路德·金以雄壮博爱的《我有一个梦》的演说成为过去千年世界十句名言中的第一句。弗洛伊德的《梦的解析》深入人心理意识层面去追求梦的秘密，而科学家解释梦是人在睡眠时体内外各种刺激或残留在大脑里的外界刺激引起的影响活动。

张岱的梦，是文史学人之梦，实际上是用文史之书来追忆梦幻与回忆往事之间的差异。因为书具有区分这种差异的职能。书是记忆，书体现着想象力。斯宾格勒在《西方的没落》中对书的评价很独到："书是人类文明中最令人叹为观止之物。"据说马其顿国王亚历山大枕头下总是放着两件东西：荷马的史诗《伊利亚特》和剑。其实，每本有价值的书都满载着逝去时光的含义。文史学人的人生的独特之处，在于他们的人生是书路人生。读书、教书、写书、编书，是他们的全部岁月。此种心志，愈老弥坚。他们的晚年未了之情，多半是写书，为后人留下一份文化遗产。张岱的文学、史学著作的成书史，也是文史学人的大梦之缩影。

梦是日之所思，梦是夜之所想，梦是过去之所忆，梦是现实之影像，梦又是未来之幻想，总之，梦是人生如影随形的相伴过程，梦之终结，即人生过程之终结。难得的是梦中有醒，梦中有悟，这才是梦的真谛。张岱用贬义评袁崇焕为"终日梦梦"。汉史学家班彪也以"诚知觉寤"的"知"和"觉"来评英雄本色。"大梦谁先觉，平生我自知"，是诸葛亮的智慧。人生有两个世界：此岸世界和彼岸世界。彼岸世界更美好，梦想就是对彼岸世界的追寻。在追梦、寻梦、忆梦过程中，此岸生活会变得更有活力、更美好。张岱《湖心亭看雪》中有一段精彩的人生梦幻般的小品意境，我用它来终结本文，以与读者共享这人与自然和谐交往的艺术美和乐趣：

> 天与云与山与水上下一白，湖上影子惟长堤一痕，湖心亭一点，与余舟一芥，舟中人两三粒而已。

六　波斯—伊斯兰文明一书：昂苏尔·玛阿里的《卡布斯书》

昂苏尔·玛阿里的《卡布斯书》被称为伊斯兰文明的"百科全书"。它的波斯文书名为《卡布斯书》，很类似我国司马迁的《史记》，最早名为《太史公书》，可称为《昂苏尔·玛阿里书》。不同的是"卡布斯"为昂苏尔·玛阿里名字的"习非成是"的误植。中译本按意译为《卡布斯教诲录》有其道理，但我觉得用《卡布斯书》更为符合该书的本意。

昂苏尔·玛阿里（1021—1101），享年80岁，《卡布斯书》写于1082年，时年61岁。此书为波斯—伊斯兰文明的代表作之一。它开篇为《绪言》，全书共44章，以优美的文笔、睿智的思想、劝诫的语气，论述了波斯中世纪伊斯兰信仰、伦理道德、社会生活、风俗习惯、科学文化、国家管理、经济、军事、哲学等问题。书中特别强调人"需要文化和秩序"，强调"知识"高于"认识"。他用波斯文的"了解"一词来解释"认识"。他指出："当遇到新生事物时，便需要'了解'；'知识'则是一种学问。"这个见解对于历史深层了解有启发作用，也对研究波斯—伊斯兰化的问题有帮助。这里，我只就下述问题述说一些体会。

（一）善与美问题

昂苏尔·玛阿里在该书中的《论感念父母之恩》一章写到"择善"，他的独到之处是从人与人之间的交往关系，来谈这个问题："凡不知择善而行者，定然得不到良善的回报。因为人们决不愿同忘

第六编 史道：一以贯多与多以养一的交往互动之道

恩负义的人交往。"这令人想起了古希腊哲学家的名言：哲学者，择善之学和善择之学。人际交往的文明化，是从择善和善择开始的。

昂苏尔·玛阿里在同书《论高贵有赖于才智》一章中，谈"择善"问题最集中。他写道：

> 不要给那些忘恩负义的人半点仁慈，他们终不免会将你背叛。但却应实现善愿，择善而行。常言云："'善待他人，便是积德积福。'良言隽语和乐善好施是一对孪生兄弟，而它们是与时代息息相通的。做过的善事不曾后悔，在你到另一个世界之前，不论善恶，都会得到报应的。假如你善待别人，而使他们欢欣怡乐时，你的心中定然感到舒畅惬意。但当你虐待他人，为他人带来痛苦时，你则将心情沉重，抑郁不舒，所以你对人不要心怀恶意、刁钻促狭……很明显，在你离开此世到彼世之前，不论你的善举或恶行，都会得到报应。"

同书同章在以善叙述开头后，他就转入了美和善的结合：

> "一个人的至美至善主要包括：学识宏富、品德高尚、谦逊慎行、纯真正直、清心寡欲、温文尔雅、忍耐若愚、知耻知羞。""知羞知耻是善的前奏，无耻是恶的开端。""对于他人的善举要感恩，千万不要忘恩负义。""与人为善，也会得到人的善待。这就如同照镜子一样，如果一个人的长相美，那么他从镜子中所看到的形象也就美。一个人的行动也如此。与人良善者，必有好报。""假如谁从镜子里明明看到自己面貌丑陋，但却不以为然，反而以丑为美，他的装扮定然是丑上加丑。就像病态与丑陋相结合而加倍的丑陋，但当你去诱导、劝诫他时，则要和颜悦色，善言以待。"

同书同章进而把文明交往、言行与智慧结合在一起，善、美、智三者在他那里是融为一体的。如书中有以下述说：

一个有宏富学识的人，是不会不讲文明、语出污秽的。他也不会把愚鲁视为善美。作为智者，假如言谈粗俗，他再才高学深也没有用，没有人愿意聆听他的教训。

昂苏尔·玛阿里的论述，集中谈论了善与美的追求历程中的张力问题。我认为，在人类文明交往史上，善、美、智是一个交织进行的递进过程。人类的文明交往史，实际上是不断弃恶扬善、求真和审美，从而不断完善自我的历史。保持张力，要时刻用善意审美，用审美向善，同时要把善美建立在求真和爱心与戒心相结合的基础之上。

在保持善、美同真之间张力的平衡合理关系中，还要注意善和美的内涵特征。善和美是人类生活中的情感和理智之间的交汇特征的体现，是爱意和美感的心灵结晶。梁启超对此有一段值得注意的话："人类生活，固然离不开理智；但不能说理智包尽人类生活全部的内容。例如，人类的情感生活，尤其是美感和爱意，就难以用科学方法加以统一设定，这就不能不尊重人类的主观与直觉。"他很正确地批评了丁文江的"科学万能论"；同时，我们也不能因此走向另一极端：情感、美感、爱意的万能论。真、善、美是科学与情感的统一，是人的主体能力与主体性的统一，是人性在人的全面发展中的逐步实现。人的体力、智力、情感，都是文明的交往力。保持张力，就是把这些人性化的交往力置于真、善、美追求的恰当适度位置上。

人间圣贤、宗教圣徒的理想人格，侧重于道德维度的"持善"；当今科技、产业尚智崇能，侧重于"寻真"，二者各有片面性。介于二者的是"求美"。审美人格可以把持善与寻真统一起来，引导人们扬弃单向度的追求。二者融会，可使人格健全，即享受感观快乐与保持道德良知、提高信念。审美乃人的本善和本真精神的升华，无须借助神的意志，它既使人厚德载物而自强不息，又可物我一体而积极进取。

黑格尔在界定美和真的关系时曾经指出："美就是理念……美与真是一回事。"我认为，美和真、善都同人的良知和本性。性美、性真、性善，在人的初始就与性丑、性假、性恶相对立而存在、相比较而消长。这里真为基础,善是关键,美乃境界。真与善只有在美中才能实现更深层次的水乳交融。我们也可以用同一逻辑思维推演:美就是理念,美与善也是一回事。美本身必须是真的,也必须是善的。尽管善、美与真有区别,但当善与美在它们这种外在存在中,直接呈现于意识,并且它们的概念是直接和它们外在现象处于统一体时,真这个理念不仅是善的,而且是美的了。善是什么?善是德性,是理智德性和道德德性。亚里士多德认为理智是通过时间和经验的训练而成长起来的;道德则是习惯的结果。美是什么?美是灵性,是理智灵性和感悟灵性。在理智上所求的美,是求真美、创新美、严谨美、关联美;在感悟美上是求善美、和谐美、多样美、包容美、形式美。善的德性、美的灵性和真的理性,这"三维"在合理张力中常处于不为人发觉的隐蔽状态。只有在求真之维、择善之维、审美之维升华到人类文明交往自觉化的水平时,才是保持三者张力的最理想状态。不过,在现实中它们之间常处于辩证的矛盾状态,并且在对立统一的相互联系中发展。

假、丑、恶一直是作为真、善、美的否定因素存在的,而且是在否定、否定规律中进行。这正如人生中死和生同时存在,并在病、老状态中互相斗争、彼长此消的向死而生、最后走向死亡一样。交往文明化就是在此不能糊涂。追求真善美的人,一生宁肯清醒死,也不能昏睡生!当然,最理想的是一生都处于不懈追求真善美的文明交往自觉的精神状态之中。

(二)老年和青年的哲理

《卡布斯教诲录》确实是一本富于生活哲理的书。该书第九章《论老年和青年》,尤其富于哲理,而且有科学精神,还具有人类文明交往活动中的一些普遍精神。

老年人多智慧,青年人多朝气;老年人多冷静思考,青年人多"狂劲"(古希腊哲学家亚里士多德语)。这几点是他的基本论点。该章还有以下要点:

1. "要趁年轻时候,尽力工作,而不要虚度年华,因为到老年就后悔莫及了。"（这与中国谚语"少壮不努力，老大徒伤悲"，以及俄国作家奥斯特洛夫斯基《钢铁是怎样炼成的》中主人公保尔·柯察金的那句晚年"回首往事"碌碌无为而恼恨的意思相同。）

2. "要尽量消除年轻的傻气。朝气使人奋进，傻气却只能给人带来祸害。"（分清蓬勃的朝气和愚笨的傻气。）

3. 年轻时易产生"骄气"，因而要头脑清醒，"要想到死亡"。这与我的"倒看人生"的"从后面""从终点"看现在的思维方式相同。（这一点很重要，不易做到，但必须做到，才是文明人。）

4. "不要整天同年轻人混在一起，也要同老年人交往。在你的相好和朋友中，应当有青年人，也有老年人。""然而，你不要同昏聩的老人交朋友。"（扩大交往范围，有各种朋友，不亦乐乎！）

5. 面对老年的现实："人到年老时，若还是冒充年轻，便像在失败的时候，奏乐欢庆一样。"（老壮不可恃，要遵循老龄规律生活。）

6. 具体细分"老年形态"三例：

（1）五官大门逐渐关闭。五官即五种感觉器官，"不论是视觉（眼）的大门、语言（舌）的大门、听觉（耳）的大门、嗅觉（鼻）的大门、触觉（身）的大门，以及所有欲望都要紧紧地关闭"。（此处应包括五官之外的"心"觉在内，即大脑之思考的觉悟、情怀、心灵感悟是不可缺的。）

（2）人的年龄以10岁为单位的变化："我曾在一本书上读过：人一旦到34岁，都是处于上升的发育阶段。从34岁到40岁是属于既不上升又不下降的持续阶段。这正像午时的太阳，移动得很缓慢。之后便开始下降，从40岁到50岁，便感到一年不如一年；从50岁到60岁，便感到一月不如一月；从60岁到70岁，便感到一星期不如一星期；从70岁到80岁，便感到一天不如一天；一过80岁，每过一个小时，都感到比前一个小时增加了痛苦。生命的顶点是40岁。过40岁，便开始走下坡路。但这不像下梯子，一蹬一蹬的，而是像来时那样，逐步地下降，并且每小时都伴随着令人同情的痛苦和难受。"（现代医学研究证明，36岁是女性延缓衰老的关键年。从这一年开始，妇女的肾动力、五脏六腑功能日衰，经常出现体虚怕冷腰酸腿疼。)

（3）以太阳作比喻生命："人的生命犹如太阳。青年时期，就像太阳位于东方的地平线上，到了老年，就像太阳转到了西方地平线上。太阳一旦偏西，就气息奄奄了。"（这是上面以10岁为单位中有关太阳运行规律的具体补充。除太阳比喻之外，他还提到，老年如白昼，"白昼过完后，该进行的是昏礼，而结束一天的宵礼，是在晦暝的夜里"。)

这三个老年形态事例说明，人到老年，受生理规律制约，"不能随心所欲了"。孔子所说的"七十随心所，不逾矩"是指明老龄规律的客观性与人的主观能动性的"规矩"，是指心理、理性的成熟，而不是生理的衰退。

这三个老年形态事例说明，生理年龄虽不能完全以10年计，正如孔子曾以10年计算人的社会年龄（三十而立，四十而不惑，五十而知天命……）一样不那样绝对；但是五十、六十以后的衰退，却为现代医学所证明。卡布斯说："吉卡乌斯王啊！到了老年，你的精力也会丧失，63岁后，你竟也缺乏了明智。"但他还是认为，老年要使生活稳定下来，"仍旧到处流浪是不明智的"。

这三个老年形态还说明，太阳的运转，影响着哲人的思路。但卡布斯太悲观，认为太阳一旦偏西，就气息奄奄了。这和，"夕阳无限好，只是近黄昏"的"夕阳红"的心态不同。说青年时期，如太阳升起于东方地平线上，却和毛泽东的把青年比作"早上八九点钟的太阳，正在兴旺时期"相似。

古希腊哲人苏格拉底说过："上天赐人以两耳两目一口，欲使其多闻、多见而少言。"我想，上天更赐人以大脑，让人们把所见所闻加以细致思考之后，再慎而言之和敏而行之。如果大脑停止了思考，那人生的太阳可就真正落山了。

（三）生活有度

度是社会生活中的文明交往哲学。人的一生，生活有度最重要，但"度"也最难掌握，然而，又必须努力掌握。

古波斯哲学家卡布斯从伊斯兰教的角度谈到了生活有度的哲学。他认为不能用下命令的办法，戒掉饮酒的习惯，但他主张：要得到真主和人间两个世界的理解，最好不去饮酒。他提到了饮酒"节制"和"规矩"的具体限度。

在卡布斯看来，青年人不同酒徒交往，便不会养成嗜酒恶习。"独自一人，胜过交往坏友。"饮酒不能成瘾，就要掌握好"度"。他写道：

"不管怎样，假如一定要饮酒的话，就要知道怎样饮酒，因为如果不知道怎样饮酒，酒便是毒药；而若知道怎样饮酒，酒便是防毒剂。实际上不管什么食品和饮料，如果吃喝过量，便成了毒药。"他引用了一句诗："假如超出了一定的限度，抗毒剂也会变成毒品。"

卡布斯提倡饮酒的注意之点，如吃饭时可以"饮点酒"；参加朋友婚礼时可以饮点酒，即使醉了，也不会生灾；即使饮酒，也不要饮烧酒；永远不要把两三种酒混在一起喝；不论饮什么玉液琼浆，都不可喝醉；不论何时都不可酩酊大醉。总之，"不要贪杯恋盏，要适可而止"。这就是说，饮酒要适度，正像不论吃什么佳馔珍馐都不要过饱的道理一样。卡布斯的劝告，与我国春秋时《管子》一书提出的"饮食节"养生之道相同。节制，就是适度。劳逸也要适度，一切生活都要适度。适度的要旨，在于戒贪。善于在两极之间调适平衡，这适用于对待一切事物。

卡布斯举饮酒为例，说明酒在生活中的诱惑力最大，最难掌握度。所以他在"论饮酒的规矩"中劝他的儿子说："虽然我知道你未必能听得进去这些话，不会因为我的劝说便不再饮酒，但我仍不能不说。"这真是老人无奈的感慨！

度的掌握，从生活上讲，在于节制，在于管住自己。明代医学家江绮石说："节嗜欲以养精，节烦恼以养神，节愤思以养肝，节辛勤以养力，节思虑以养心，节悲哀以养肺。"我还可以加上节酒可以养肝，节烟可以养肺。生命若失去天性，欲望就会膨胀，因此，节制首先要节制欲望。然而节制的关键在于知和行的统一，即韧性和自觉。宋人周守忠说："知喜怒之损性，故豁情以宽心；知思虑之销神，故损情而内守；知语烦之侵气，故闭口而妄言；知哀乐而损寿，故抑之而不有；知情欲之窃命，故忍之而不为。"人类对自身知之越深，理解得越透，行动的自觉性越强，也就有了韧性节制的后劲。知是对事物规律的认识，行是对规律的实践。在生活上，顺应自然规律最重要。过度，就是违反了自然规律。《寿世新编·养心说》主张："未事不可先迎，遇事不可过忧，既事不可留住，听其自乐，应以自然，任其自去，此养生之道也。"这些话对生活有度问题的理解，有很大的启迪意义。度，离不开他律，但关键是自律。

度，从实质上讲，是和谐平衡的问题。不和谐、不平衡则失度。生活中的劳逸适度、饮食均衡、生活有规律，交往中的言因时而发，事因时而行，都是讲和谐平衡性问题。度是全面平衡，力戒片面性。以城市建设为例，片面追求共性则缺乏鲜明个性；片面追求现代化而忽视传统。这两个片面性超过了应有的限度而成为弊端。文明的发展，何尝不是如此。萨顿在科学史研究工作中，认为希腊人智力活动与他们的政治智慧和道德水准之间不成比例，是古希腊文明衰落的重要原因。这实际上也反映了不同文明之间和相同文明之内的交往发展不平衡规律。平衡—不平衡—平衡，是度在发展中的逻辑，是度的哲学。

七 《掌文日书》一言：用历史说明宗教

我在《掌文日书·2018年7月27日》（手稿）写有《用历史说明宗教》一言，兹录于后。

任继愈是中国当代马克思主义宗教学的创始人。他研究宗教的基本观念是"用历史说明宗教"。这是因为宗教的神灵信仰不是基于神灵的本身，而是基于历史的发展和现实的需要而形成的。以神的本身而言，什么神必须崇拜，什么神不可以崇拜，从来都是政治上的胜利者说了算的。他以周朝为例,文王最初祭纣王父亲太甲,而灭商以后,周人抛弃了信仰殷商的祖先,而信仰"文王在上,于昭于天。周虽旧邦,其命维新。"(《诗经·文王》)

神的尊荣,归根到底是人赋予的。任继愈的历史观念中,最值得注意的是人类的群体的自觉,最觉悟大众的历史使命。他在《李贽改革悲剧给后人的启示》一文中说:"马克思主义哲学不同于过去一切哲学,就在它提出了对群众的认识。群众愚昧,在不自觉的环境下,孤军奋战,成功的可能性很小。这就是社会的进步,靠人民群众,而只有觉悟了的大众才更有力量。"

《国际歌》中,有一句话:"从来就没有什么救世主,也不靠神仙皇帝,要创造人类的幸福,全靠我们自己。"任继愈认为,应当对封建神权、家长制、宗教神学观念,进行批判,对社会主义民主必须发扬。他在《中国传统文化的光明前景》一文中指出:"人民只有生活在高度的民主空气之中,才能充分发挥其聪明才智,才会以主人翁的精神来致力于四个现代化的伟大事业。"

的确,只有觉悟了的人民,才能充分发挥自觉创造历史的作用。这是人类文明交往所昭示的真理。人类文明交往自觉,是最根本的历史自觉,信哉!

八 人生一悟:面向太阳的审美自觉

哈利勒·纪伯伦(1883—1931),这位 20 世纪阿拉伯移民作家的代表人物,以诗、文、画而被称为中东文坛"三绝"。

他的诗富有哲理。他最关心的文学主题是人类文明交往中的爱与美。他有这样发人深省的诗句:"当你背向太阳的时候,你只能看到自己的阴影。"

我把他的这句正题诗,用反话来表达:"当你面向太阳的时候,你定会看到自己的希望。"

希望,是面向太阳而产生的内在力量。公元前 4 世纪,马其顿的亚历山大大帝把他的财产都分给文臣武将而出征前身无钱粮,但他处

第六编 史道：一以贯多与多以养一的交往互动之道

于困境而不愁，反而信心十足地说："我最重要的力量是希望！"希望终于使他用战争的交往方式、通过商贸和文化交往渠道，把希腊文明传播到尼罗河至印度河流域的广大地区，促成了人类文明史上著名的希腊化时代的到来。

死亡，这在人类苦难阴影中居恐怖可怕之首位。我们不妨把思路转向14世纪，当时鼠疫夺去了欧洲1/3人口的生命。那时，薄伽丘却在这场毁灭性的灾难来临时，在《十日谈》中，以冷静乐观的态度，来藐视死神的巨大阴影。正因为他的心灵面向太阳，因而对美好的未来充满希望。苦难，伴随着人生。我在《苦难的人生哲学》中写道："苦难啊苦难，人生如意者二三，不如意者七八，不如意时，自己应开启思想门窗，让阳光照耀自己的心灵。"

面向太阳，显示着健康的心境，体现着向上的精神，表现着脚踏实地的信心，象征着前进的力量。面向太阳，实质上是一种积极的、自觉的人生审美观。

审美需要自觉，但自觉不完全来自美学的原理，而主要是来自人生的实际体验和体悟。

事实上美学也不都是纯学理的东西。审美是生活中的文化自觉，是人对社会、人对自然、人对自身的文化自觉。

审美的自觉，从文化生活层面上突出表现为强烈的、持续的、理性的发现意识。发现意识对人的审美自觉至关重要。发现意识是发现美的意识，是在不为人们注意或注意不够之处而加以观察并进行沉思的意识，是一种享受人生美、自然美的乐趣意识。当你用这种意识去面对生活的时候，当你用审美眼光去观察自然的时候，你的心灵阳光就会穿透事物的表层，深入内涵而步入独立精神的生存栖息地。

面向太阳，你就会发现理想之光对现实差距的缩减力量；面向太阳，你就会发现胜利之光排除困难的照射力量；面向太阳，你就会发现人文之光对心灵世界的净化力量；面向太阳，你就会发现科学之光在鼓舞着你前进的步伐，智慧之光在帮助你摆脱自己阴影的纠缠，科学使你感受光源、温源的熏陶和洋溢着对美好事物的向往。

探索，是在黑暗和苦涩中行进，它尤其需要面向太阳。17世纪和 18 世纪的牛顿，是面向太阳的科学家，后人在他的墓碑上镌刻着下面的文字："自然和自然规律隐藏在黑暗之中。上帝说，让牛顿出世！于是一切都沐浴在阳光之中。"19 世纪和 20 世纪的科学家居里夫人则声言："我属于这类人中的一员，他们认为科学非常美丽……一个科学家在实验室里不仅仅是技术员，也是一个面对自然现象的孩子，自然对他来说，像是一个童话故事。"这些话包含着多么美的自然情趣啊！这情趣就是心中充满了阳光！

纪伯伦在《泪与笑》这篇优美的散文中写道："太阳从那些草木葳蕤的花园里收敛起它金色的余晖……这时我注视着沉睡的大自然，细细地察看，于是我发现其中有这样无边无际的东西，一种用金钱也买不到的东西，一种不能为严冬的悲凉所扼杀的东西，一种在瑞士湖畔、意大利的游览胜地所找不到的东西：它是那样坚忍顽强！能挺过严冬，在春天开花生长，在夏天结果繁荣。我发现那东西就是爱情。"

纪伯伦的发现意识是何等热烈而深入！即使在太阳落下和月亮从地平线上升起的时候，他心灵还是面向太阳，在灿烂阳光的炽热照耀下，发现了人生和自然的爱与美！

人的确是渺小的。人比 12000 公里直径的地球是渺小的，人比 120 亿公里直径的太阳更是渺小，人比之于宇宙，用沧海一粟来比喻，恐怕还要渺小多少倍。然而生活在地球上的善良人们，面向太阳，仰望太空，便可以胸怀宇宙，心底宽阔，在生活中不为情所困、不为苦所累、不为命运所惑、不因失意逆境而灰心失望，从而使世界上少一份悲凉，多一份欢乐。据医生讲，太阳光照可以帮助人体钙质的吸收。由此推而至精神世界，人来世界一趟，犹如处在密织的交往之网中，风吹着他，浪打着他，名诱着他，利迷着他，权锁着他，位胶着他，如果时时面向着太阳，增强自己的钙质，在那沉沉浮浮的动荡状态之中，能以心对天、以口问心：你是不是可以稳住自己的灵魂，保住自己的尊严呢？即使人类中那些损人利己者、算计别人者、贪污腐败者、盗窃杀人者、掠城夺国者和制造恐怖而殃及无辜者，也不妨面向太阳，让阳光荡涤自己的灵魂，使世界上少一份痛苦灾难，多一份安宁祥和。

第六编　史道：一以贯多与多以养一的交往互动之道

人生其实就是一种交往，无时无地不在同周围自然与社会环境进行物质和精神的交往。人的个体生命结束了，整个人类群体的生命交往活动仍在延续，社会文明仍在发展。人类共享的文明交往的长河，川流不息。美国诗人惠特曼曾有"一滴水温柔着爱"的诗句："我爱，和平地归回到海洋里去吧！／我爱，我也是海洋的一部分，我们并非隔得很远，／看哪，伟大的宇宙，万物的联系，何等的完美！"惠特曼说得对，大爱交往万物。文明交往的自觉力量，在鼓舞着我。我愿作一滴水珠，融入江河，迎着太阳，奔向浩瀚的海洋，汇入人类群体，享受着不息生命的欢乐！

人生是美丽的，太阳是美丽的，面向太阳的人生是最美丽的。

九　未寄信函一封：送别研究生王军

1. 信封面

100122

中国北京朝阳区
松榆南路38号院3号楼304室
彭树智

贴邮票处

Hony Shi（鸿石）
6926 Winch st.
Burnaby，BC
V58 2L8
Canada（加拿大）

2. 信函内容（一）

鸿石：

　　惊悉王军逝世，不胜悲伤。当时即成诗哀悼，并多次致电不通；又问有关人，给的电话也不通。遗憾之余，只好用王军过去给我的地址，写此信一试。希望能联系上您。

　　另附《送别王军》诗及说明，以表师生深情厚谊，也望您节哀顺事。

如能收到此信，望速来电或来函，以释我心悬念。即致问好！

彭树智

2018年7月5日于北京寓所

3. 信函内容（二）

送别王军（六句七言体）

彭树智

春节犹听越洋话，
五月人逝温哥华。
润民别时花正红，①
今又白发送华发。
白云悠悠飘枫叶，
万里游魂应归家！

[说明]

2018年5月25日，得知旅居加拿大学人王军不幸逝世。知命之年，患不治之症，令人唏嘘不已。他是我的硕士研究生，毕业后有意深造，报考我的博士研究生，因考题泄露，几位应试者均取消成绩。此事王军并不知晓，当时形势所致，我也不便告知。但这对王军确实不公。去年想起必须告知，说明真相，等待今年王军回国，办妥此事。不料他突然离去永别，令我遗憾终身！又思及改革开放初期，有研究生张润民当年不幸事，今又有另一位研究生先我而去，谨以此短诗遥致哀悼！哀哉！痛哉！伤逝！悲逝！

---

① 张润民，我的博士研究生，在云南大学西南研究所工作，未完成博士研究生学业而早逝。我有《哀润民》诗，其中有"白发人送黑发人"之句。他的早逝，如陆机《逝赋》中所说的"夙殒"，是青年失足坠楼，令人遗憾不已。

附录　史道即述作传承创新之道

在《京隐述作集·第一集》的附录中，我辑有《文以载述道》及附录，收录了同道者的述作。在本集中又收录了《树人启智——彭树智先生八十华诞纪念文集》中六篇述作论文。史道与学术之道一样，都是继往开来的事业。两集均以此结束，实际上是新的开始。我在西北大学中东研究所五十周年所庆寄语中，以"知天职使命、知治学路径、知所风所训、知理论思维、知人文关怀"的"五知"体悟，奉献同行共勉。本编仍将此"五知"再次提出，以志不忘史界天职使命，以明不懈努力而任重道远的文明交往历史观念。

一　彭树智与世界史研究[①]

孟庆顺　王铁铮

彭树智先生以其对世界历史，尤其是南亚、中东近现代史的精深研究享誉我国史学界。五十多年来，他勤奋耕耘，坚持不辍，取得了令人瞩目的学术成就，共出版著作三十余部，发表论文一百八十余篇。彭树智教授是1986年国务院批准的博士生导师，长期担任西北大学历史系主任、文博学院院长和中东研究所所长，2003年改任名誉所长。

---

① 本文根据《世界历史》1995年第3期发表的《彭树智与世界近现代史研究》一文修改和补充而成。

刻苦求学　勤勉任教

彭树智先生在一篇治学经验中曾写道："总结 30 多年求学治学生涯，我认为最根本的是学风问题。我把正确的学风概括为八个字：勤奋、严谨、求实、创新。"① 后来他在谈到科学研究时，又补充了"协作"学风。这十个字正是彭先生治学生涯的写照。

彭先生的学术成就得益于他在求学岁月的刻苦学习。1931 年 10 月 6 日，他出生在陕西省泾阳县一个农家。1950 年考入西北大学历史系。稳定的政治环境，良好的学习条件促使他如饥似渴地汲取新的知识。他相信，不管天资如何，只要勤奋耕耘就会有所收获。因此，他在读到清代学者赵翼《廿二史札记》中"少时学语苦难圆，只道工夫半未全，到老始知非力取，三分人事七分天"一诗时，用同韵四言诗批注道："水滴石穿，绳锯木断。勤奋学习，其效自见。"正是靠这种持之以恒的精神，他完成了十五万字的大学毕业论文《印度民族解放运动史》，并被保送进北京大学攻读亚洲史专业研究生。在三年研究生学习期间，他更加执着于科学研究，没有回过一次家，也没有游览过北京名胜。他的毕业论文《1857—1859 年印度大起义略论》七易其稿，得到了指导老师、苏联专家柯切托夫的肯定，也得到周一良和季羡林两位导师的好评，并被推荐发表在《北京大学学报》1957 年第 4 期上。

1957 年，彭树智先生被分配到西北大学任教，从此开始了他的教学、科研生涯。但在极"左"思潮盛行的情况下，开展科学研究困难重重。1960 年他对"只有无产阶级才能领导民族解放运动"的正统观点提出了不同看法，当即被扣上"修正主义""反毛泽东思想"的帽子而遭到批判，并被剥夺了讲课和从事科研的权利。

彭先生有一个对任何科学工作者来说都十分可贵的品质，即在任何坎坷逆境中都顽强地寻找科学研究中的"生长点"。他主张，一个史学工作者应该"自觉地选择有开拓性、上下左右能联系、有发

---

① 彭树智：《勤奋、严谨、求实、创新》，兰州军区《育才报》1987 年 1 月 21 日。

展前景的"重点、难点和空白点问题,作为自己的科研"生长点"①。在"文革"十年间,他原有的"生长点"无法再继续。他想,专业不能研究了,但马列著作还是可以读的。在阅览《马克思恩格斯全集》《列宁全集》的过程中,他产生了研究共运史上有争议人物的念头。因此,当多数史学工作者把宝贵的青春耗费在"大批判"上时,他正在集中精力研究巴枯宁、伯恩施坦和考茨基,后来产生了他戏称为"意外收获"的重要成果,即《叛徒考茨基》《修正主义的鼻祖——伯恩施坦》和《无政府主义之父巴枯宁》三部政治评传,共百万余字。

党的十一届三中全会后,科学的春天降临祖国大地。彭先生在继续研究印度史的同时,又开拓了民族主义运动和思潮及中东史等新领域,他的科研进入创造和收获的高峰期。他先后出版了《现代民族主义运动史》《东方民族主义思潮》等重要著作及众多学术论文,并主持编写了《二十世纪中东史》等中东史系列著作,为我国南亚、中东史学科的建设做出了突出贡献。②

彭树智先生1984年担任西北大学历史系主任及1987年创办西北大学文博学院并任第一任院长后,极为重视教材,尤其是世界史教材的建设。他认为,高校教师应把教学、科研结合起来,"教学和科学研究,如车之两轮,为鸟之两翼,两相结合,则相得益彰;两相脱离,则两败俱伤"。而加强教材建设既是教学、科研相结合的重要途径,又是教育改革的重要环节之一。彭先生先后主持编写了《世界历史教程》和《世界史系列教程》等七种教材,满足了不同层次学生的需求。他指出,教材是教学之本,对教材应有高要求,教材"应当有唤起学生心灵志趣的要求,使之成为一种艺术品",教材要"启发吸引"学生,要能促使学生"乐于独立思考"和"勇于创造"。他说,这"应当是我们走向未来的教育哲学"。在他看来,当代世界史研究

---

① 彭树智:《漫谈当前世界现代史研究与教学》,《中国世界现代史研究会通讯》1986年第3期。
② 彭树智:《深化教育改革与加强教材建设》,《西北大学学报》1988年第2期。

的欠缺是我国史学界不应有的疏漏。"我们出于史学工作者的社会责任，决不能容忍在当代史的一系列重要问题上的遗忘和无知了。"① 随后他主持编纂了《当代世界史讲座》一书，产生了重大影响。② 与此同时，他还积极参加吴于廑、齐世荣主编的六卷本《世界史》的讨论，参加了该书近代卷亚洲部分和现代卷亚非拉部分的编写，并主编了现代史编下卷，为全国世界近现代史教材建设做出了贡献。

彭树智先生的辛勤耕耘得到了应有的报偿。他先后 11 次荣获国家级和省级各种奖励，其中，1986 年获"全国教育系统劳动模范"称号和"人民教师奖章"，1991 年被评为陕西省有突出贡献专家，并享受国务院的政府特殊津贴。他还曾兼任中国世界现代史研究会副会长、中国中东学会副会长、陕西省历史学会会长等职。

创建现代民族主义运动史理论体系

彭树智先生的学术成就集中体现在南亚中东史、民族主义运动史及国际共运史研究上。彭先生早期从事印度近现代史研究，起初主要研究 1857 年印度反英大起义，后扩大到 1908 年独立运动及甘地研究等问题上，先后写成《印度革命活动家提拉克》（商务印书馆 1982 年版）一书及一系列重要论文。他从全新的角度分析了甘地的思想，首先是从整体性的角度探讨了甘地思想的特点。他认为，甘地的思想充满了矛盾性、复杂性和独特性。围绕印度民族传统思想这一轴心而汲取和融会其他众多的思想资料，鲜明地表现出甘地思想体系的独特性。从整体上看，甘地思想体系中的哲学思想、政治思想、经济思想和社会思想构成一个统一体。甘地主义基本上是民族资产阶级的思想体系，其主流是积极的、进步的，但又包含着小生产者的观点和要求，渗透着宗教意识，因而在理论上和实践上充满了矛盾性。③ 其次是从甘地的"自治"思想出发分析其国家观。他指出，甘地在理论

---

① 彭树智：《史学工作者的社会责任和当代史研究》，《史学情报》1988 年第 4 期。
② 参见张宏毅《〈当代世界史讲座〉的启示》，《世界历史》1989 年第 6 期。
③ 彭树智：《甘地思想的整体性和独特性》，《历史研究》1985 年第 5 期。

上是国家反对者，在实践中保留了国家的五个要素。但是，这些要素已经经过甘地"印度自治"理论的改造。甘地国家观的最独特之处，是他的非暴力国家的高度分权的社会结构，特别是这个机构的最广大的基层结构——小而独立的、自给自足的村社治理思想。① 最后是从甘地的道德观研究其农村经济思想。甘地力图以人道主义的道德观为中心，建立一个用爱和善取代仇恨的新社会。彭先生认为，他以农村经济为模式而展开的对未来社会的道德化批判，是善良的，而实际上是空想的。但是，甘地把生产型的人和道德型的人融为一体的设想，表明了重视人的价值和消除物对人的奴役、实现人的自身解放的愿望，也包含对人的自我实现和对人的个性的重视。② 这些思想独特而新颖，表现出作者在甘地研究方面的最新成果。

中东现代史是彭树智先生20世纪80年代以来的重点研究课题。他的研究范围涉及中东主要国家，著有《阿富汗三次抗英战争》（商务印书馆1982年版）等多种著作，但中心问题是中东国家的现代化改革及民族主义思想体系。他在研究土耳其现代史时一反旧说，认为凯末尔领导了土耳其的反帝革命和民主改革，他是一个为土耳其民族独立和社会发展做出了杰出贡献的伟大人物。作为土耳其民族资产阶级的思想体系，凯末尔主义的主流和基本内容顺应了土耳其历史前进的方向，因而是进步的、反帝的、反封建的、洋溢着进取精神的思想体系。③ 对青年阿富汗派的理论和实践，彭先生也作了高度评价，并指出，它的基本思想是反帝的民族主义，它领导的独立战争和现代化改革，对争取和巩固国家独立、发展经济和文化事业都是必要的，成为阿富汗向资本主义过渡的出发点。④ 阿拉伯民族主义源远流长，影响重大。彭先生认为，在阿拉伯民族主义思想发展轨迹曲线上，政治中轴无疑是阿拉伯民族的独立运动，而其理论核心则是民族国家问题，其发展总趋势是建立阿拉伯世界的民族主义

---

① 彭树智：《甘地的印度自治思想及其国家观》，《史学集刊》1989年第1期。
② 彭树智：《甘地的农村经济思想及其道德观》，《南亚研究》1989年第2期。
③ 彭树智：《凯末尔和凯末尔主义》，《历史研究》1981年第5期。
④ 彭树智：《青年阿富汗派的历史作用》，《历史研究》1983年第4期。

国家体系。① 上述研究成为开拓之作，或深化了原有研究，总之使国内的中东现代史研究跃上一个新台阶。

另外，彭树智先生特别重视中东史学科的建设。长期以来，在中东史领域，国内只有一套内容较旧、观点不尽客观的国外中东史译本，我国学者撰写的著作极少。彭先生力主改变这种状况。进入20世纪90年代以后，他主编的中东史系列著作陆续问世，即《中东国家和中东问题》（河南大学出版社1991年版）、《阿拉伯国家简史》（福建人民出版社1991年版）、《二十世纪中东史》（高等教育出版社1992年版）和《阿富汗史》（陕西旅游出版社1993年版）。这些著作体现了彭先生的指导思想，表现出下述特点：一是注重历史的综合性特征。如《二十世纪中东史》主要"反映中东地区20世纪密切联系的整体发展过程和历史综合的特点"（绪论第2—3页）。《阿拉伯国家简史》则"力图说明阿拉伯民族怎样由原始的、闭塞的、各个分散的人群，逐渐发展为彼此联系的、综合的和整体的阿拉伯世界"（序言第1页）。二是密切联系现实。《阿富汗史》《中东国家和中东问题》均写到20世纪90年代初期的中东风云动荡的当代形势。三是广泛汲取国内外的最新研究成果。《二十世纪中东史》和《阿富汗史》尤其表现出这一点。四是对中东史的特点、分期等众多问题提出自己的看法，还探讨了城市化、社会生活、社会思想等往往被人们忽视的领域。

在深入研究南亚、中东史与其他历史问题的基础上，彭树智先生创建了现代民族主义运动史的理论体系。这主要体现在《现代民族主义运动史》（西北大学出版社1987年版）和《东方民族主义思潮》（西北大学出版社1992年版）两书中。前一部著作摆脱了"民族解放运动史"的模式，创立了民族主义思想体系、政治运动与改革运动三大部分相互联系的新体系。作者不拘泥于原有结论，用类型分析法归纳出民族主义运动的五种领导形态，即除了以往肯定的无产阶级之外，

---

① 彭树智：《阿拉伯民族主义思潮的发展轨迹》，《世界历史》1992年第3期，《新华文摘》1992年第9期转载。

还有民族资产阶级、小资产阶级、爱国封建王公和部落酋长；并用大量篇幅论述了亚非拉各国的现代化改革运动，拓宽了民族主义运动史的研究领域。该书因方法新颖、内容深刻而受到国内学术界的好评。①彭先生在《东方民族主义思潮》一书中，从东方政治文化的角度，集中探讨了东亚、南亚、东南亚及中东地区的民族主义思潮。他认为，从1905年开始，东方像西方一样也走向建立民族国家的历史趋势，最终在20世纪60年代建立了东方民族主义的国家体系。因此，东方民族主义的兴起是具有世界历史意义的现象。该书深入研究了东方民族主义思想体系的来源、内容和特点及其实践中的经验、教训，对一系列重大问题提出了自己的独到见解，反映了作者研究的深度。

在彭树智先生早期的学术成果中，对国际共运史有争议人物的研究占有重要地位。在这一领域，彭先生发表了大量论著，其中最具代表性的是《修正主义的鼻祖——伯恩施坦》（陕西人民出版社1982年版）和《无政府主义之父巴枯宁》（陕西人民出版社1988年版）两部专著。《伯恩施坦》一书是我国学者撰写的第一部有关伯恩施坦的传记。它在系统研究伯恩施坦的理论与实践的过程中，首先肯定了伯恩施坦的马克思主义阶段，纠正了多年来对伯恩施坦完全否定的倾向。彭先生抱病完成的《巴枯宁》一书，资料丰富，分析深刻，全面揭示了巴枯宁由民主主义演变为无政府主义的复杂过程，多侧面概括了巴枯宁思想和政治活动的特征。评论者认为该书"突破了以往研究世界近代史的旧框架"，是"深入研究国际共产主义运动中有争议人物的一大突破"，也是对"巴枯宁学"研究和第一国际史研究的新贡献。②

勤奋、严谨、求实、创新

彭树智先生的显著成就同他正确的学风密不可分。他总结说："从求学治学的角度来看，勤奋是基础，严谨是要求，求实是原则，

---

① 参见王春良《〈现代民族主义运动史〉评介》，《世界历史》1989年第1期；延艺云：《新思路，大视野》，《史学月刊》1989年第3期。

② 管敬绪：《我国研究社会思潮的新成果》，《中国社会科学》1990年第4期；汤润千：《科学立论，旗帜鲜明》，《西北大学学报》1990年第3期。

创新是方向。这种学风贯穿着三种基本精神：献身、科学和进取精神。"① 他在解释当代科学社会化趋势和整体化发展的特点时，把协作精神升华为"大力协同攻关"的思想。这种学风和精神形成彭先生学术研究的原动力，而他的下述治学特点，则使他的研究达到一定的高度和深度。

首先，是重视理论思维。他曾在一篇文章中谈道，"我觉得从事历史科学的任何一个专业，都必须有历史哲学的修养"，只有这样才能具备"广博和深远的历史洞察力"②。这种洞察力表现在选择课题方面，即为"科学的鉴赏力"，也就是选择值得深入研究、具有发展前途的研究方向与课题的冷静分析与辨别能力。③ 彭先生长期讲授《马克思主义史学名著》课程，从事国际共运史研究，从马克思主义理论中获益匪浅。在《马克思对世界史研究的贡献》一文中，他系统总结了马克思运用其理论研究世界历史的经验和成果。④ 他借鉴恩格斯对"当前的活的历史"的分析，将当代世界历史分为由高到低的三种递进层次，即最早稳定下来的当代人类社会经历——新型历史、刚稳定下来不久的当代人类社会经历——最新型历史及最不稳定的和正在形成的当代人类社会经历——现状历史型，⑤ 反映了他对当代世界史的理论思索。

其次，注重整体分析。他认为，历史研究的整体观即可反映近代以来人物与历史密不可分的现实，又可避免孤立、片面的错误。他对甘地主义等重要问题进行了整体研究，取得了显著效果。如《从伊斯兰改革主义到阿拉伯民族主义》一文从中东全局纵览了伊斯兰改革主义与阿拉伯民族主义的关系。文章认为，阿拉伯民族主义作为一种地区政治文化，在思想渊源上同伊斯兰改革主义相交融而生，在政治背

---

① 彭树智：《勤奋、严谨、求实、创新》，《育才报》1987年1月21日。
② 彭树智：《历史科学的发展与历史哲学的创新》，《人文杂志》1988年第1期。
③ 参见彭树智：《东方民族主义思潮》，西北大学出版社1992年版，第1—2页。
④ 彭树智：《马克思对世界史研究的贡献》，《世界历史》1990年第5期，《新华文摘》1991年第1期转载。
⑤ 彭树智：《当代世界史研究的几个问题》，《史学月刊》1988年第3期。

景上应阿拉伯统一运动之运而发,在经济基础上伴同民族经济的成长而成长,在文化上随着现代化与传统的矛盾的发展而发展。近代伊斯兰改革主义构成阿拉伯民族主义的重要源头和出发点。[①] 整体的综合分析使该文全面、系统、立论深远。

再次,强调中外历史的结合。在《现代民族主义运动史》等书中,彭树智先生用大量篇幅论述了中国民族主义与其他东方国家民族主义代表人物的相互联系和影响。他主编的《二十世纪中东史》和《阿富汗史》都有专门章节论述与中国的关系。他的《〈民报〉与印度的独立运动》(《南亚研究》1982 年第 1 期)一文,在发掘大量原始史料的基础上,评述了中国同盟会机关刊物《民报》在支持印度独立运动方面的重要作用。《孙中山与亚洲民族主义思潮》(《西北大学学报》1987 年第 2 期)则把孙中山的民族主义在亚洲这一大环境中予以考察,认为孙中山作为三民主义思想体系的创立者,比之于同一时期亚洲其他民族主义思想家,具有更广阔的视野、更深刻的历史洞察力和"与时共进"的追求真理和服从真理的进取精神。这一结论是在比较研究的基础上作出的,因而更具有说服力。

最后,尽量汲取一切新方法,并在实践中加以运用。彭树智先生心胸开阔,思维敏捷,随时吸收、积累新知识是他的一个显著特点。他指出:"应当学习一切有用的理论和方法,包括西方的理论和方法。"[②] 他把新方法运用于自己的研究工作中。比如,他用类型分析法按地域特征将两次世界大战之间的亚非拉改革运动分为中东地域型、北非地域型、拉美墨西哥型三种类型;将亚非拉民族主义思潮分为革命民主型、宗教道德哲学型、世俗改革型、综合型等类型进行分析。[③] 他还从南亚文化圈中的地域民族心理探讨了甘地的"人格神"主宰等理论;用比较研究方法分析东方各种民族主义思潮的不同特

[①] 彭树智:《从伊斯兰改革主义到阿拉伯民族主义》,《历史研究》1991 年第 3 期。
[②] 彭树智:《漫谈当前世界现代史研究与教学》,《中国世界现代史研究会通讯》1986 年第 3 期。
[③] 彭树智:《两次世界大战之间亚非拉民族民主运动的类型分析》,《世界历史》1982 年第 3 期。

点；用层次分析法揭示了纳赛尔从埃及民族主义到阿拉伯民族主义再到阿拉伯社会主义层层深化的思想历程。① 在《二十世纪中东史》等书中，他借鉴西方社会史的研究方法，增添了社会生活史等新内容。

开拓创新、执着追求

彭树智先生的治学之路始终贯穿着一种不断开拓和创新的执着追求的精神。多年来，彭先生主要致力于世界史的研究。同时，他也不断向新的研究领域延伸与扩展。

自 20 世纪 90 年代以来，伴随全球化趋势的加强和我国新时期改革开放政策的深入发展，彭先生开始综合古代世界文明的发展来思考和研究人类社会的"历史交往"问题。1994 年，他先后发表了三篇具有代表性的成果：《一个游牧民族的兴亡——古代塞人在中亚和南亚的历史交往》《阿富汗与古代东西方文化交往》和《伊朗和中国古代物质文明的西传》。这些研究成果根据马克思主义的唯物史观，对"历史交往"的内涵、类型、形式、分期及其作用进行新的探索与归纳。彭先生认为，"交往"是一个专门的哲学概念。所谓"交往"，就是"人类主体之间的相互沟通、相互理解、相互交流和相互作用，它是人类存在的基本方式和发展的基本活动"。"它同人们对客体的物质生产活动共同组成了人类历史不可缺少的两个方面。"同时，他还指出，应把"交往"作为世界史横向发展的联系线索，"把交往活动和生产活动的发展结合起来，把交往和交换综合观察，就会更全面地反映人类社会发展的客观面貌。交往既包括物质交往，也包括精神交往。物质交往，首先是人们在生产过程中的交往，这是精神交往的基础。从某种程度上说，人类历史就是一部不断打开闭塞状态，走向世界普遍联系的交往史"②。

彭先生提出的上述见解基于客观而缜密的思考。特别是从研究方法上看，他没有停留在一般单纯的理论阐发上，而是密切结合历史事

---

① 彭树智：《纳赛尔与阿拉伯世界》，《学术界》1988 年第 5 期。
② 彭树智：《阿富汗与古代东西方文化交往》，《历史研究》1994 年第 2 期。

实,进行具体的剖析,从而得出相应的结论。例如,《一个游牧民族的兴亡——古代塞人在中亚和南亚的历史交往》一文,通过远古游牧民族塞人的兴亡过程,分析了人类历史交往的第一时期,即原始交往和自然经济农耕文明的传统交往时期,并进而引申出人类历史交往的五个发展时期。文章指出,"塞人的历史交往使它扮演了双重的历史角色;它既是早期游牧民族对农耕世界的侵袭者和劫掠者;又是这两个世界文化交流的使者和早期东西方交通的开拓者。塞人的活动是古代世界历史交往的缩影"[①]。

如果说上述分析是从宏观上考察"历史交往",那么,在《阿富汗与古代东西方文化交往》《伊朗和中国古代物质文明的西传》二文,则以阿富汗和伊朗作为具体的模型,从微观上进一步开掘了"历史交往"活动的形式和内容。例如,后一篇文章中认为古代历史交往中,商业交往重于战争交往,并分析了中国传统医学是"以自己的文化与特点在历史交往过程中走向世界的"[②]。

彭先生对于他所选择的任何课题的研究都注重开拓性、系统性。他对"历史交往"问题的研究尤其如此。1994年,他接连发表有关历史交往问题的系列论文后,又进一步从古代宗教与丝绸之路、近代新航路、工业革命、当代新科技和世纪之交的统一性与多样性交织的新世界等方面,持续不断地对历史交往问题进行多层次、多视角地深入探讨。他试图通过对这种贯通古今、承前启后的比较研究来重新评估和界定历史交往活动在整个人类历史进程中的地位和意义,从而揭示人类社会发展与历史交往活动之间的内在关系及其本质。

2002年,彭先生关于历史交往研究的代表作《文明交往论》一书由陕西人民出版社出版。该书比较全面地反映了彭先生关于文明交往研究的基本观点和理论框架。彭先生在该书的自序中写道:"我在

---

① 彭树智:《一个游牧民族的兴亡——古代塞人在中亚和南亚的历史交往》,《西北大学学报》1994年第1期。

② 彭树智:《伊朗和中国古代物质文明的西传》,《中东研究》1994年第2期。

把交往和生产都作为人类相互联系的基本实践活动的思考过程中,由哲学上的交往问题,逐步进入到历史学的交往问题,以后又从历史学的交往问题进入到文明交往问题。近15年来,我为此多次探索寻觅,或给研究生讲课,或分析史例个案,或撰述著作,或为序评,或笔记摘评,都未离开交往这个主题。直到2001年,我在《史学理论研究》第1期发表《论人类的文明交往》一文,才算初步理出一些理论脉络。"彭先生认为,人类文明交往的基础,是人类的生产实践活动,而生产实践活动的前提,是人类的社会交往,即社会关系或联系。人类文明交往的基本内容是:物质文明、精神文明、制度文明和生态文明。文明的生命在交往,交往的价值在文明,文明的真谛在于文明所包含的人文精神实质。文明与交往的互依互存是由一系列不确定的因素组成的复杂过程。文明脱离了交往,便会衰亡,交往离开了文明,便会走向野蛮,只有文明交往才是人类历史、现实和未来的关键问题。文明交往是人类社会发展的动力。[①]彭先生在书中形象地分析了文明交往与生产力的关系,他写道:"文明交往形成的交往力,同生产力相互作用,分别组成了人类社会发展进程中的横线和纵线,彼此交叉璧联,织成了色彩斑斓的多样性历史画卷。不同国家、不同民族、不同文明之间的交往,不同性质的文明与野蛮之间的矛盾交往运动,与不同国家、不同民族、不同水平的生产力和生产关系之间的矛盾一起,推动着历史的前进。"[②]另外,对于文明交往的意义,彭先生认为,它不但表现于交往的内容和形式在新陈代谢中由低级向高级演进、由野蛮状态向文明化上升;而且也使历史交往由地域的、民族的交往,走向世界性的普遍交往,使历史逐步转变为整体性的全世界历史。所谓"世界历史"是指人类在交往中不断跨越空间的自然障碍和政治制度、文化传统等方面的社会障碍,在全球范围内逐步实现充分沟通和达成更多共识且共同的结果。文明交往的每一个进展,都

[①] 彭树智:《论人类的文明交往》,载《文明交往论》,陕西人民出版社2002年版,第5页。

[②] 彭树智:《论人类的文明交往》,载《文明交往论》,陕西人民出版社2002年版,第5页。

包含着全球性的发展趋势。这种趋势是人类活动范围随着交往扩大的表现。这种趋势在 16 世纪加快了发展步伐，逐渐形成为当今的全球化交往。①

彭先生对于文明交往论研究的另一个突出特点是，他还将文明交往论引入中东史的研究实践中，并以文明交往论来统领和深化中东史著作的撰述。自 1998 年以来，他先后主持了由商务印书馆出版的 13 卷本《中东国家通史》，即《中东国家通史·阿富汗卷》（2000 年版）、《中东国家通史·沙特阿拉伯卷》（2000 年版）、《中东国家通史·以色列卷》（2001 年版）、《中东国家通史·巴勒斯坦卷》（2002 年版）、《中东国家通史·伊拉克卷》（2002 年版）、《中东国家通史·伊朗卷》（2002 年版）、《中东国家通史·土耳其卷》（2002 年版）、《中东国家通史·叙利亚和黎巴嫩卷》（2003 年版）、《中东国家通史·埃及卷》（2003 年版）、《中东国家通史·也门卷》（2004 年版）、《中东国家通史·约旦卷》（2005 年版）、《中东国家通史·塞浦路斯卷》（2005 年版）和《中东国家通史·海湾五国卷》（2007 年版）。同时，他还主持了由高等教育出版社修订和重新出版的《二十世纪中东史》（2001 年版）和《阿拉伯国家史》（2002 年版），以及由人民出版社出版的《中东史》（2010 年版）。这批中东史研究的系列著作无不贯穿了一条文明交往论的理论线索，并以此体现着开拓和创新的学术个性。

彭先生对文明交往论的探索及其以文明交往为理论指导主持完成的系列中东史著作在学术界已产生广泛的影响。张倩红在《世界历史》2008 年第 5 期发表的《文明交往语境下中东史学术体系的构建——〈中东国家通史〉读后》一文认为："《中东国家通史》立足学术前沿，探求'自得之见'，在学术创新方面颇有建树，反映了目前国内中东国家通史研究的最高水平。"2009 年，《中东国家通史》荣获中国高等学校人文社科优秀成果二等奖。另外，《二十世纪中东

---

① 彭树智：《论人类的文明交往》，载《文明交往论》，陕西人民出版社 2002 年版，第 7 页。

史》和《阿拉伯国家史》两部著作先后被国务院学位办学科评议组审定为研究生教学用书。此后，《二十世纪中东史》获2004年陕西省社科优秀成果一等奖；《阿拉伯国家史》获2005年教育部国家级优秀教学成果二等奖。尽管彭先生对文明交往论的研究已结硕果，但他对文明交往论的深层探索并未停步。2005年他的《松榆斋百记——人类文明交往散论》（西北大学出版社2005年版）问世。该书主要以读书笔记的方式从更广阔的视域来进一步充实和深化对文明交往论的研究，彰显了先生孜孜不倦的治学和攀登精神。

此外，彭先生在着力对文明交往问题进行研究的同时，他还作为学科带头人和首席专家，承担着国家社科基金重大课题"当代中东局势发展及我国的战略对策研究"的指导和撰写任务。该课题将对中东地区的民族冲突与宗教问题、大国与中东关系、中东石油与石油供应安全、中东国家的现代化、全球化与中东社会思潮等问题进行深入的研究和探讨，并将提出一些新的见解。它的完成将对我国进一步发展同中东国家的友好关系，促进双方的政治、经济和文化等方面的交往发挥积极作用。同时，它也将对我国处理和解决好西北穆斯林聚居区的社会经济发展，反对"三股"极端势力和维护安定团结提供有益的借鉴。

彭先生很欣赏清代学者钱大昕在《十驾斋养心录》中引用张载的《咏芭蕉诗》："芭蕉心尽展新枝，新卷新心暗已随。愿学新心养新德，旋随新叶起新知。"[①] 现在他虽年近八旬，仍在勤奋笔耕，追求新知。他经常说，学者不可追求时尚趋新，不为失去原则而媚新，但一定要有科学的求新与创新意识，应当为解决现实问题而从事认真的学术研究，把研究问题切实与科学精神相结合，不断开辟学术研究的新天地。这就是他可贵的求真知、求真理的治学品格。

（孟庆顺，中山大学教育学院教授；王铁铮，西北大学中东研究所教授）

---

① 彭树智：《东方民族主义思潮》，第19页。

二　跟随彭先生探索未知的世界

黄民兴

彭树智先生八十华诞将临，而自己曾三度师从先生，1984年研究生毕业后，先留在历史系、后到中东研究所工作，都在先生的身边，并且是先生的第一届博士生。因此，我希望写一些心得于此，以资参考，并期指正。

三度师生情谊

我的中学时代正值"文革"期间，1976年我高中毕业后到陕西省大荔县插队。在学校期间，自己对各种自然科学和人文知识很感兴趣，但高考时最终选择了历史专业。1978年2月，我作为恢复高考后第一届大学生进入西北大学历史专业学习。

事实上，在选择本科志愿时，自己并不清楚历史专业是搞什么的，入校以后才开始逐渐了解：历史专业并不是讲故事的，史学工作者的任务是从事学术研究。20世纪70年代末正值改革开放的启动时期，加之七七、七八、七九三个年级会聚了大批阅历、学识都很丰富的老三届毕业生，我们对各种新鲜知识充满新奇和渴望，随时准备汲取。

入校之初，我并不认识彭先生，只是知道班上有一位比我小一岁的彭姓同学，他的父亲是系里的老师，从事世界史教学。实际上，他的父亲就是彭先生。彭先生教授的世界现代史是三年级的课，我们的这门课由文暖根老师讲授。他比彭先生年长一些，当时是历史系副主任，而彭先生是世界史教研室主任。不过，文老师让彭先生讲一次第一次世界大战后的民族解放运动史，使我们有机会第一次聆听彭先生的课。当时彭先生身体显得有些虚弱（那几年他的胃不太好），坐在椅子上讲。他的课涉及"一战"后阿富汗的独立战争和现代化改革，内容新颖，引人入胜，且条理分明，令人印象深刻。下课回到宿舍后，最年长的单雨森同学评论说："果然是名家，讲得就是好！"后来，我给彭先生提交的课堂作业就是以印度的不合作运动为题，这是彭先生第一次批改自己的作业。

在大学学习期间，自己最终选择了世界史而不是中国史作为发展方向。因为在中学里我从未接触过世界史，后者丰富而新奇的内容令人着迷，自己过硬的英语也成为一项有利条件。为期三年的基础课结束后，我们开始上选修课，自己选了所有的世界史选修课，其中有彭先生开的"巴枯宁研究"。然而，彭先生在课堂上发的他从俄文翻译过来的巴枯宁的《忏悔录》油印本，我却没能抢到手，至今引为憾事。尽管如此，先生在讲课中表现出的对学术研究的认真执着和精深水平，仍然令人难忘。只是因为我对国际共运史实在了解不多，最后没有写作业，只是交了重新誊抄的课堂笔记了事。

我在大学里广泛阅读了世界史、中国史、世界经济、哲学、历史人物、军事史等方面的书籍，并选修了经济地理、自然科学常识等课程。当时自己认为，有关社会主义国家和发达的资本主义国家的研究已经较为完善，而独立较晚的第三世界国家则存在许多研究的空白，由此确定亚非拉国家为未来着力的方向。因此，在亚非拉民族主义史的研究方面声誉卓著、成果丰硕的彭树智先生自然成为我向往的导师。然而，考虑到他只招一名研究生，自己又没有绝对把握，便准备报考从事中世纪史研究的周祯祥老师的硕士生，毕业论文写的也是拉丁美洲早期近代史方面的内容。

出人意料的是，周老师这一年不招生，我只有孤注一掷，与同班同学孟庆顺一起报考彭先生的世界近现代史专业硕士生。庆顺小我三岁，是班上同学里最年轻的，但思维敏捷，写作能力强，只是英语稍逊于我。而且报名的还有外校的学生，显然前景不可预料。然而，最终的结果是皆大欢喜，由于我们两人的成绩名列前茅，因此名额扩大为两个，我们才得以双双被录取。公布结果之后，我们第一次走进彭先生的家，他认真询问了我们两人的研究旨趣，根据个人喜好分别确定了我们的研究方向：国际共运史（庆顺）和民运史（我），这正好是他自己的两个方向。

建于1964年的西北大学中东研究所是国内最早建立的国际问题研究机构之一，拥有大量的外文资料，而彭先生的研究也正在从南亚向中东转移，自然，中东史成为我的研究方向，自己从此走上了阿拉伯—伊斯兰研究的漫漫长路。自己的硕士毕业论文是有关1953—1963年达乌德首相执政期间阿富汗的经济、社会与外交。同时，由于国际共运史的研究存在诸多限制，彭先生要求庆顺也转向民运史研究。他的毕业论文是18世纪阿富汗的开国君主阿赫美德研究。由于彭先生此前已开始研究阿富汗的近现代史，相关著作和论文相继发表，而国内当时几乎无人从事这一领域的研究，这意味着西北大学的阿富汗史研究已处于国内领先地位。

我和庆顺是彭先生的第二届硕士生。虽然两人的研究方向不同，但我们都必须学习有关国际共运史和民运史的课程。我们当时曾经到历史专业三年级的班上听彭先生上关于布哈林的课，并购买了两卷本的《布哈林选集》，写了有关作业。以后彭先生的研究生，就不再上国际共运史的课了。但我感觉到共运史对我了解民运史是有帮助的，正如彭先生所说，这两大运动存在着内在联系，因为经典作家是从国际共运的角度理解民族解放运动并构建它们的相关理论的。

1984年年底，我和庆顺硕士研究生毕业，双双留系任教，从事世界现代史教学。其时，现代史的教师阵容是世界断代史里最为强大的。1986年，西北大学申请的世界地区史、国别史（南亚中东史）专业的博士点获得国家批准。当时，讨论审批事宜的著名学者、首都师范大学的齐世荣教授建议，把博士点的专业名称由原先申请的"世界近现代史"改为"世界地区史、国别史（南亚中东史）"，因为前一专业在国内已经存在，而后者则是空白。这样，西北大学就成为国内第一家中东研究领域的博士学位授权点，这一地位一直延续到2000年。[①]

因此，我和庆顺决定继续深造，并于1987年以在职教师身份成功地考上了本校的世界地区史、国别史专业的第一届博士生，同时考

[①] 20世纪90年代后期，国家决定修改学科目录，在历史学中取消了作为二级学科的世界地区史、国别史，而将所有的世界史相关学科合并为"世界史"二级学科。2000年，同样以中东研究见长的云南大学获得了世界史博士点，可以授予中东史领域的博士学位。以后，其他学校和科研机构也陆续获得类似授权，目前国内共有7家大学和科研机构培养中东研究领域的博士研究生。

上的还有西北大学本科毕业、云南大学硕士毕业的张润民。我和庆顺因而三度成为彭先生的弟子。1991年夏，我和庆顺进行了博士学位的答辩，有幸成为中国第一批中东研究的博士研究生。[①]

1992年夏，彭先生担任文博学院院长任满，成为中东所全职所长（他于1987年兼任此职），文博学院南亚中东研究室（博士点）也迁入中东所。尽管在文博学院收入更高一些（学院有创收），但我和庆顺还是决定一起去中东所，以便全身心地投入中东研究。

彭先生的教学之法

彭先生在培养学生方面很有一套办法，下面主要根据自己的体会作一概略的总结：

第一，强调培养学生的科研意识。彭先生非常强调科研对史学工作者的重要意义，而研究生只有通过科研才能不断提高自己的研究水平，为以后撰写学位论文做好准备，从长远看则是为自己的学术生涯奠定基础。在这方面，他特别重视科研的创新性，不唯权威、洋人、名校是从，强调有"自得之见"，形成中国学者自己的研究方法和理论，并且身体力行。

我们在做硕士和博士研究生时，学校当时不要求在所谓的权威、核心和重要期刊上发表论文，但彭先生十分重视学生的科研实践和参加学术交流活动。在读博士学位期间，我们三人参加了彭先生主持的国家社科基金项目"中东近现代史研究"。当时，彭先生决定该项目完全由我们具体承担，他自己只撰写前言和后记，我们的具体分工是庆顺负责第二次世界大战以前的历史，润民负责"二战"史和国际关系史，我负责战后的经济、社会和思想文化。这本书最后顺利完成并由高等教育出版社出版，在国内业界获得良好声望，并于2001年被教育部确定为全国研究生教学用书，再次修订出版。彭先生后来在谈及这一经历时说："我从培养工作一开始，就紧密把它同学科建设工作结合起来，把博士研究生引入建设计划。在课程安排上，组织他

---

① 令人遗憾的是，润民在读博士学位期间因故去世，未能完成学业。

· 238 ·

们参加我承担的国家社会科学基金项目《二十世纪中东史》，用研讨的方法，从原始资料着手，酝酿论点，制定提纲，确定重点专题，以提高他们的基础知识和科研能力……三名博士生既从中受到了一次科学研究基本功的系统训练，又为他们撰写博士学位论文打了较好的基础和准备了条件。就他们承担本书的有些章节的水平看，已经不亚于国外博士研究生论文的水平了。"①

在我们之后，彭先生逐步提出了博士生必须在学习期间发表五篇学术论文的要求。实事求是地说，入学的博士生水平参差不齐，个别科研能力稍弱的学生能否完成这一任务，其实是没有把握的。然而从后来的情况看，许多学生都比较顺利地完成了任务，一些人的科研能力因此有了明显提高。

第二，重视科研基本功训练，尤其是硕士生。这既包括阅读基本书籍和了解学术动态，也包括写作、外语和理论学习。

在我们上硕士研究生之初，彭先生要求我们通读马、恩、列、斯、毛的选集，以及经典作家有关民族和殖民地问题的著作。在一两年的时间里自己比较认真地阅读了这些著作，并作了一些摘要，受益匪浅。例如，阅读毛泽东的《论联合政府》《新民主主义论》等著作使我对毛泽东有关民族解放运动的理论和一些历史问题有了新的认识。我还读了西方、苏联和中国学者有关民族民主运动史的基本著作和译著。此外，彭先生也要求我们作国内有关的研究动态的论文索引，自己为此作了中东研究所有关中东国家史的英文书籍、权威期刊有关中东研究的论文索引等，这样既掌握了国内外的研究动态，也熟悉了编辑资料索引的方法。

写作是文科学生的基础，而彭先生的写作功底很好。在考上硕士生后，我曾把自认为比较满意的本科毕业论文交给他看，但他只说了一句话："像是教科书。"直到多年后我才明白这句话的含义，就是缺乏问题意识。我们上硕士生的所有课程都是他亲自教授，作业也是

---

① 彭树智：《做好博士研究生指导工作的关键在哪里？》，载《书路鸿踪录》，三秦出版社2004年版，第660页。

他改。记得有一次，我在假期里多写了一篇作业，交给他批改，他很高兴。读博士以后的1989年4月，我们去听他给中东所第一届硕士生上的写作讲座课。最近几年，我每年给研究生上写作讲座课，讲稿依据的就是此次讲座的笔记，当然也作了大量增补和个案分析。

外语是世界史和国际关系研究必要的工具。彭先生的英语和俄语很好，他用来提高学生外语水平的利器就是翻译专业资料。我们被招为硕士生后，他就交给我们每人一本英文书，我的是美国学者杜普雷写的百科全书式的《阿富汗》。从此，我有空就在宿舍里闷头翻译，大约一年时间里，将书中有关阿富汗通史的内容全部译完，约40万字。之后，我按照彭先生的要求，把其中的现代部分校对后与翻译的另一部《阿富汗记行》合为一本书，共29万字，作为系里本科生的世界现代史系列课外读物油印出版。经过这样的强化训练，我觉得自己的翻译水平有了明显提高，对所译著作的内容也做到了然于胸。

在我们读研期间，学校要求所有研究生学习第二外语，我便选择了法语，并且经过努力学习初步掌握了这门语言，在写毕业论文时翻译了一本有关阿富汗地理的法文著作的大半并使用了其中的不少内容。博士生期间，我们又学习了一年半的阿拉伯语。在我们开始博士生学习之前，中东研究所招收了一届回族大专班，其学习的外语就是阿拉伯语。当时中东研究所的所有年轻人都跟着学，包括资料员在内，我就是从资料员汪蜀君那里知道"七上八下"的（阿语数字七与八的写法相似，但七的开口在上，八的开口在下）。彭先生提出，学习中东史的博士生必须学习阿拉伯语，因此所里为我们专门安排了教师上课。可惜的是，自己的阿语学习时间太短，无法使用。而西北大学后来也逐渐取消了对硕士生和博士生学习第二外语课程的要求。

理论学习也是十分重要的。彭先生自己在科研工作中非常重视理论方法，他对国际共运史中有争议的人物采取两分法，在民族民主运动史的研究中从领导权的类型划分确立研究体系，在东方民族主义思潮的研究中从地域特点确立类型体系，强调中东传统文化与现代化的关系，等等，并且他在研究生教学中把自己的心得传授给了学生，从而对他们的学术领域和研究方法产生了直接影响。从20世纪80年代后期开始,他又着手对文明交往理论展开研究,中东研究所有许多学生的学位论文都自觉地采用这一理论分析历史和现实问题,在国内学术界产生了一定影响。

第三,注重培养个人的科研生长点。彭先生在上大学时,西北大学校长侯外庐先生曾在一次报告中说,从事科研必须有一个生长点,而大学时代就应当找到生长点。这对彭先生的影响很大,他便把印度史确定为自己的生长点。此后,他也非常重视培养学生的科研生长点,认为"科研生长点属科研人员的长远发展方向","生长点必须在硕士研究生阶段确定,并在加强科研意识、训练科研基本功的同时,初步体现为系列的科研成果"①。

在培养学生科研生长点的具体实践中,彭先生尤其注重以下几个方面:

(1) 鼓励学生勇于探索,"方法上要宏观与微观相结合,做到'眼在远处,手在近处'"②。记得在写《二十世纪中东史》时,彭先生提出让我写有关中东民族主义的内容,当时我并没有十分把握,尽管很有兴趣。但最终,我还是完成了有关凯末尔主义、巴列维的民族主义、纳赛尔主义、阿拉伯复兴主义等方面内容的撰写,并且基本满意。此后,中东的民族主义逐渐成为自己的一个研究方向,迄今已发表有关民族主义和民族国家构建的论文14篇。

(2) 主张学贵一专。这是生长点的内在要求。例如,彭先生经常强调研究的连贯性,主张硕士和博士阶段学习的延续性,这既表现在学科方面,也表现在学位论文的选题衔接上。同时,这也是一种科学的敬业精神,"学贵一专,学贵自得,选准一个科研生长点,锲而不舍,伴以勤耕岁月,必有所成"③。

(3) 强调"因材施教"和"百花齐放"。即生长点发展的个性和开放性。彭先生在谈及培养博士生的经验时说:"博士研究生比硕士

---

① 彭树智:《〈沙特阿拉伯的国家与政治〉序》,载《书路鸿踪录》,第320页。
② 《〈沙特阿拉伯的国家与政治〉序》,载《书路鸿踪录》,第322页。
③ 《〈沙特阿拉伯的国家与政治〉序》,载《书路鸿踪录》,第322页。

研究生更为成熟,他们在年龄、学历、爱好、气质和专长等方面,都已形成雏形并向定型方向发展,有的人已经在某些方面定型化。导师的任务就在于区别其特点而在研究方向上加以恰如其分地引导,帮助他们在各自的基础上发现、确定在科学研究方面带有长远性的'生长点'。"① 与此相一致的是,在培养研究生当中,彭先生并没有强行要求学生进入自己的研究领域,而是鼓励学生树立"青出于蓝而胜于蓝"的观念,培养不囿旧说、勇于创新的意识。

(4)主张把学位论文的选题与学生的本职工作联系起来,从而更好地使科研为实际工作服务。博士生有一个特点,就是其中多数人属于在职生,从事教学、科研或行政工作,而上述思路就是针对这一现象设计的。例如,中东研究所有一位来自民政部门的博士生,他根据彭先生的建议最终选择了中东历史上的灾难与生态文明的题目,这样既与工作有联系,又开拓了中东史研究的新领域,论文的写作取得了成功。还有一位长期在理工科大学从事马列基础课教学的在职博士生,最终把阿富汗公民社会的研究作为他的选题。

彭先生的教学科研管理之道

从20世纪80年代中期开始,彭先生先后担任历史系主任(后任新成立的文博学院院长)和中东研究所所长,积累了丰富的行政经验,尤其是在如何加强高校院系和科研单位的教学和科研方面。由于近10年来我也兼职行政工作,在这方面有特别的感受,在此试图对彭先生的相关做法作一概括。

第一,根据现有学科的特点,确定合理、科学的发展方向,做到小而强、有特色,确立本学科在国内的学术地位。

陕西地处西北地区,社会经济发展还比较落后,教育经费匮乏。显然,西北大学作为陕西的地方院校,不可能四面出击,唯有扬长避短,才能有所成就。彭先生在任历史系主任时,正当改革开放逐渐展开之际,经济发展成为举国上下的头等大事,而作为基础学科的历史

---

① 彭树智:《做好博士研究生指导工作的关键在哪里?》,载《书路鸿踪录》,第659页。

学自然不受重视。1985年，作为教育部文科考察团成员之一，彭先生访问了美国的一批著名高校。回国之后，深有体会的他很快启动了历史系的改革，主要是增设相关的多学科交叉的实用性专业，即文物保护技术和档案学。同时，这也是与当时筹划中建立的文博学院的发展规划相联系。

事实证明，这两个专业，尤其是文保专业的建立对于西北大学考古学的发展起了重大推动作用。1988年，西北大学同陕西省文物局签订协定，成立西北大学文博学院，增设博物馆学专业；1989年，增设文物保护技术专业，1990年起招收本、专科学生，1994年、2006年起分别招收硕士生和博士生。西北大学设立的文保专业成为中国第一家，为国家培养了大批相关人才，这些毕业生在全国各高校考古专业和考古单位成为文保事业的带头人。同时，文博学院的文保工作继续发展，2004年，成立了西北大学文化遗产与考古学研究中心，建立了考古技术与文物修复实验室；2005年，与陕西省考古研究所和西安文物保护修复中心联合组成的"砖石质文物保护科学研究基地"通过专家组评审，成为国家文物局重点科研基地；2006年，成立文化遗产保护科学系。2007年，学科点被批准立项为教育部重点实验室建设项目。此外，文博学院也努力为国家培训干部，1999年举办了首届全国文物保护修复培训班。

中东研究所的学科发展同样在彭先生的指导下取得了重大成绩。中东研究所成立于1964年，原名伊斯兰教国家研究所，是国内最早成立的国际问题研究机构之一，1979年改名为中东研究所。研究所的任务最初是配合国际斗争的需要，系统地收集、整理本领域内的资料，并在此基础上展开研究，以社会经济问题的基础研究和动态研究为主，兼及历史和其他方面。中东研究所下设四个研究室，即中东历史研究室、中东经济研究室、中东宗教文化研究室和中东国际关系研究室，资料室订阅了英、德、俄、法、阿拉伯文的各种书报刊物。起初，研究所主要从事各类专业资料的翻译和研究，集中了一批精通上述语种的研究人才（包括回族学者）。

由于"文化大革命"的爆发，中东研究所的各项工作严重受阻。

从 20 世纪 70 年代初起，所内的各项研究工作逐步恢复和加强，尤其是在"文革"结束后。当时，所里组织翻译出版了一批有关阿以冲突、伊斯兰教和中东经济方面的重要的外文著作和文献，同时对巴勒斯坦、以色列、伊斯兰教和石油能源等问题展开初步研究，在国内中东学界产生了影响。另外，研究所也参加了与兄弟院校和科研机构合作的一些专著和工具书的撰写，如《第三世界石油斗争》（生活·读书·新知三联书店 1981 年版）、《中东国家社会经济发展战略》（北京大学出版社 1987 年版）等。总体来看，中东研究所的科研能力还比较弱，缺乏自己的"拳头"成果。

1987 年，西北大学任命历史系主任彭树智教授兼中东研究所所长，此后所里重新制定"历史与现状相结合，以历史为重点；基础与应用相结合，以基础为重点"的办所方针。应当说，这一方针是基于研究所自身的特点和优势而制定的，因为沿海地区的高校和科研机构在信息、交流渠道、与政府部门和外国使领馆关系等各个方面都占有明显优势，更适合从事动态研究，为国家发挥智库的作用，而西北大学地处内陆，研究所的人员以研究历史出身的居多，更适合从事基础性的中东史研究。这一方向的确定产生了深远影响。

第二，建立一支结构合理、实力雄厚的科研队伍。

人是一切事业的基础。彭先生多年来致力于培养一支特别能战斗的精英队伍，方法主要有两点：一是对现有的队伍进行挖潜和培养。如上所述，所里集中了一批精通英、德、俄、法、阿拉伯文等语种的研究人才，但其中部分人的研究能力略显薄弱。彭先生组织他们进行资料翻译、参加课题研究，同时也鼓励年轻人通过攻读学位参加课题研究提高研究能力。1987 年，中东研究所开始与历史系联合招收硕士生，研究生教学活动的展开进一步推动了研究所的科研工作。二是通过把年轻的硕士、博士留校，来充实研究队伍，同时注意吸收不同语种的人才。

在研究队伍逐步成型的基础上，彭先生开始规划中东所的中长期研究领域与重点研究课题，鼓励科研人员积极申报各类课题。20 世纪 90 年代以来，中东所获得多项国家社科基金、教育部课题、省社科规划及省教委课题，在国内的影响持续扩大。其中20世纪八九十年代获得的国家课题包括："中东近现代史研究"（国家社科基金"七五"规划项目，彭树智主持），"沙特阿拉伯的国家、政治与宗教"（国家社科基金"八五"规划项目，王铁铮主持），"恐怖主义与中东政治"（国家青年社科基金项目，孟庆顺主持），"伊斯兰教与中东现代化问题研究"（教育部"八五"规划重大课题，彭树智主持），"以色列政治研究"（教育部课题，闫瑞松主持）。以上项目的主持人，除彭先生之外既有中东所的原有科研人员，也有刚进所的新人，充分证明中东所正在形成一支生气勃勃的科研梯队。

彭先生的人才战略取得突出成效。例如，所里有两位语言类专业毕业的研究人员，经过多年的科研实践，研究能力明显提高。其中一位在中国社会科学院西亚非洲研究所的《西亚非洲》刊物上接连发表学术论文，另一位先后参加彭先生主持的《伊斯兰教与中东现代化进程》和《中东国家通史》中的一卷的写作，成书质量受到了彭先生的肯定。

值得一提的是，彭先生也大力鼓励身边的行政人员在工作之余，积极从事科研和教学活动。像历史系党总支书记游钦赐、副主任刘秉扬、系办公室的刘文瑞、文物陈列馆的贾麦明、中东所办公室的马建军等积极投入科研工作，发表了学术论文，甚至出版了著作，有的最终转成科研人员。

第三，出版高水平的系列研究成果，打造研究所的"拳头产品"。

作为一个在国内享有盛名的科研单位，必须有自己的品牌，即高水平的科研成果。直到20世纪80年代，我国仍然没有自己的中东国别史和系列的地区史著作，只有"文革"期间组织翻译的一批中东国家通史著作，其语种和体例不一，反映的是外国学者的观点，并且内容严重老化，无法适应国家的需要。因此，彭先生的目标是出版中国学者自己的中东国家通史著作和系列的地区史、断代史著作。他认为，国别史最能体现一个国家历史学的研究水平，我们的任务就是出版一套中国学者自己的系列中东国家通史，取代黄皮封面的外国译著；另外，应当出版面向广大读者的相关普及性著作。

从20世纪90年代初开始，由彭先生主编、中东研究所和文博学院教师集体撰写的中东研究著作相继问世,其中既有普及性著作,也有教材和专著(断代史、地区史;国别史和专题史著作),如《中东国家和中东问题》(河南大学出版社1991年版)、《阿拉伯国家简史》(福建人民出版社1991年版)、《二十世纪中东史》(高等教育出版社1992年版)、《阿富汗史》(陕西旅游出版社1993年版)、《以色列政治》(西北大学出版社1995年版)、《伊斯兰教与中东现代化进程》(西北大学出版社1997年版)、《沙特阿拉伯的国家与政治》(三秦出版社1997年版)、《沙特阿拉伯——一个产油国人力资源的发展》(西北大学出版社1998年版)。如果说,上述著作和国内兄弟院校与科研机构出版的其他著作(如杨灏城的《埃及近代史》,中国社会科学出版社1985年版;杨兆钧的《土耳其现代史》,云南大学出版社1990年版;郭应德的《阿拉伯史纲》,中国社会科学出版社1991年版;纳忠的《阿拉伯通史》,商务印书馆1997年版、1999年版;哈全安的《古典伊斯兰世界》,中国青年出版社1999年版;姚大学、王泰主编的《中东通史简编》,吉林人民出版社2001年版)为国内中东史学科体系奠定了基础,那么2000—2007年由商务印书馆出版的13卷《中东国家通史》则可以说是构建了这一体系的基本框架。此书的出版完成了彭先生有关撰写我国自己的中东国家通史的夙愿。[①]上述著作的出版,也奠定了中东研究所在国内中东研究领域的地位。2010年,彭先生主编的包含前伊斯兰时期的《中东史》由人民出版社出版,再次填补了中东史研究的一项空白。

除了中东研究领域的上述成果,20世纪90年代初以后,彭先生也先后主编了一些世界现代史教材、专著和普及性丛书,如《世界史·现代史编》(下卷,高等教育出版社1994年版)、《第三世界的历史进程》(青年出版社1999年版)、《世界十大系列》(三秦出版社1998—1999年版,共10本)、《世界帝国兴衰丛书》(三秦出版社2000—2001

[①] 彭先生认为,21世纪中国学者在中东史研究中应当在九个方面有所建树,首屈一指的就是中东通史。参见彭树智《世纪之交的中东地区史、国别史研究管窥》,《史学理论研究》1992年第3期。

年版，共12本)、《外国人》丛书（三秦出版社2003—2004年版，共9本）。尤其值得一提的是，彭先生还出版了其本人有关文明交往论的专著，即《文明交往论》（陕西人民出版社2002年版）和《松榆斋百记——人类文明交往散论》（西北大学出版社2005年版）。上述著作的出版，对于世界史的研究和普及发挥了良好的作用。

第四，建立独特的学派。彭先生认为，"学科建设不仅是学术观点、科研方法的创新，而是整个学科体系的建设，这种建设离不开学派意识的觉醒，离不开学派自觉"[①]。而学派形成的标志包括：有代表性的学派人物，有连续性的高水平的代表性成果，有年龄结构合理、知识构成均衡、学术上同心协力的群体，有学术园地、学术社团和基金渠道。

多年来，彭先生一直在从事文明交往理论的研究。他认为，人类社会的核心问题是人类文明问题，文明的生命在交往，交往的价值在文明；文明交往是人类历史、现实和未来的关键问题，是人类社会发展的动力。在他的引导下，中东研究所出版的集体成果都以文明交往理论作为指导思想，如《二十世纪中东史》《阿拉伯国家史》和《中东国家通史》。同时，文明交往理论也成为中东研究所博士研究生必学的重要课程，对他们的学术思想产生了重要影响，许多人自觉地将这一理论运用于博士论文的写作。[②] 有学者认为，国内史学界对交往问题的探讨已经初步形成了地域性研究集体，其中实力最强大的便是"以彭树智先生为代表的西北大学研究群体"，"他们所依据的由彭先生首创的文明交往理论，体系完备，思考深刻，应用于分析具体问题时操作性强，游刃有余。这一研究集体的主要方向是世界古代和中世纪史，尤为关注的是中东、西亚地区"[③]。事实上，西北大学以文明

[①] 彭树智：《改革开放30年来我国的中东史研究》，《世界历史》2008年增刊。
[②] 如王新中《远古西亚与旧大陆整体性研究》，2001年；李利安《古代印度观音信仰的演变及其向中国的传播》，2003年；马明良《伊斯兰文明与中华文明交往历程与交往前景》，2005年；王平《萨法维王朝对外交往研究》，2009年。
[③] 罗婧：《近十年来中国史学界对交往问题的研究综述》，《广西师范大学学报》2004年第4期。

交往理论为特点的中东史研究成果，多年来在国内中东史研究领域独领风骚。

除以上所概括的四点之外，在教学和科研单位的管理方面，彭先生还高度重视培养良好的学风和改革教学方法等方面，本文不再赘述。

总而言之，彭先生作为世界史领域的著名学者，他在长达半个多世纪的教学、科研和管理生涯中，为我们留下了丰富和宝贵的经验，值得我们认真汲取和吸收。

（原载《树人启智——彭树智先生八十华诞纪念文集》，黄民兴，西北大学中东研究所教授，中国社会科学出版社2011年版）

三　勤奋犹如美酒
——记著名历史学家彭树智教授

延艺云

1991年仲夏，一场透雨驱散了闷热多日的酷暑，阵阵凉风沁人心脾。在西北大学文博学院会议室里，一阵热烈的掌声，送走了一天的紧张气氛，文博学院第一批世界地区史、国别史专业博士研究生刚刚在这里顺利通过了论文答辩。在掌声中，人们自然地把目光投向文博学院院长、博士生导师彭树智教授。这时，紧张工作了一天的彭先生欣慰之情溢于言表。青年学子将彭先生团团围住，趁机求学问道，彭先生一副儒雅大度的学者风范，与学子们侃侃而谈。他从"治史五种基本功"，讲到"板凳一坐十年冷，文章不得半句空"，话题最后落到"勤奋"二字上。这是彭先生为文博学院所题八字院训的头两个字。一群青年学子闻听此言，凝望着两鬓已染斑霜的导师，心中热血涌动。是啊，勤奋，这两个普普通通的字眼儿，它所蕴含的巨大的人格力量，绝不是怠惰之辈所能领悟出来的。只有追求真理，不懈探索的人，此时此刻，才能从彭先生情意切切的教诲中领悟出来，勤奋犹如美酒，它的魅力一如豪情搏击，一如壮士悲歌！

但是，在场的人，恐怕不会有谁能想到，勤奋这两个字，对这位年已花甲的著名历史学家，亦如美酒，且更醇更浓……

41年前，一个普普通通的关中农家弟子，凭借自己的勤奋，在激烈竞争的角逐中，向未来迈出了胜利的一步。当年仅19岁的彭树智在《群众日报》上看到自己的名字，确信他已被国立西北大学历史系录取后，真是欣喜若狂！这是一个充满希望的年代，人人都有理由给理想插上翅膀，在共和国蔚蓝的天空中翱翔。年轻的彭树智，漫步在古老校园茂密的林荫大道上，默默地下定决心，要努力拼搏，立志成为一位文史研究者。他一头扎进学海，完全被图书馆、资料室里那数不清的书报杂志迷住了。当时，西北大学历史系，著名学者云集，学术气氛浓郁，对一个年轻有为、勤奋上进的学生来讲，无疑是成才的好环境。年轻的彭树智，把勤奋化作每天一步步脚踏实地的攀登，对每一节课，每一节自习都惜之如金，从不大意放过。在宿舍，在课堂，在每一次与学习有关的讨论中，都能见到他的身影。虽然言语不多，声调平和，但他的见解闪动着真知灼见，尤其是有条有理的逻辑思维方式，常常使同学们叹服。一切都是那么美好，又有谁能怀疑，今天的理想就是明天的现实呢？但是，命运的挑战，进与退的严峻考验，在一个早上突然袭来，向他发起了猛攻。家信诉说，由于经济条件急剧恶化，已难承担他学业所需的起码费用。手捧家信，彭树智清楚地知道，是什么命运在等待着他：辍学返乡，去为衣食温饱而耕作田间，从此，理想只能深埋于心底，只能在劳作之余，拖着疲倦的身躯，偷眼望一望夕阳里的乡村校舍，嚼着回忆，聊以自慰。难道这就是命运之神的安排吗？不！不能就这么低头服输！没有学费，买不起纸笔，甚至经常吃不饱肚子，这些困难都无法阻止他向科学高峰攀登的信念与行动。彭树智有自己的法宝，勤奋就是战胜困境的金钥匙。人穷志不穷，他收好家信，将这个秘密藏在心里，没有伸手向国家要救济，他决定要与命运争个高低。

从教室到图书馆，从清晨到深夜，彭树智勤奋不倦地学习，到处可见他的身影。节假日，别人去看戏看电影，他仍伏在桌前，利用这些宝贵的业余时间，开始写一些杂文、诗歌、小说、书评和影评等，不断向报刊投稿。开始，无名作者的破土而出是很困难的，面对一封封退稿信，他始终锲而不舍，从不灰心，总是一次次地投出自己的新作。当时，报纸杂志都有"邮资总付"这一条优惠，使他不断投稿时不至于增加经济负担。要不然，天知道那么多的稿件需要多少邮资？这个身陷贫困的学生也许会因付不起邮资而遭失败，从此被埋没了呢。要知道，彭树智经常是怀揣着一块烧饼权当一天口粮的，连图书馆的管理员也发现了这个秘密，惊讶地问他为什么不去食堂用餐。

经过不懈努力，终于有一天，报社录稿的通知书来了，稿子见报，也有了稿费。他捧着自己心血浇开的勤奋之花，泪眼模糊，但信念更坚定了。在此后很短的时间里，他的成功一个接着一个，有一批稿子在《光明日报》《中国青年报》《西安日报》《陕西日报》等报刊上发表。《光明日报》《中国青年报》还聘他为特约通讯员，《西安日报》评他为优秀通讯员。报社的文艺编辑怎么也想不到，这位新涌现出来的才华横溢的诗人，竟然是历史系的一位穷学生。一天，《陕西日报》的文艺编辑跑到西北大学找彭树智，才发现了这个秘密。为解决温饱问题逼出来的这些各式各样的诗歌、杂文，确实也使年轻的彭树智战胜了经济困难的挑战。在稿子不断发表的过程中，稿费也改变了他的经济地位，使他由一个穷学生一跃成为班里的"首富"之一。与众不同、令人钦佩的是，他的钱不是父母给的，不是伸手向国家要救济来的，而是凭借自己的勤奋与拼搏挣来的。自己的汗水浇灌出来的花最鲜艳，年轻的彭树智常在班里引以为豪，这种自豪感是踏实的。

艰苦的生活考验，大量的写作实践，不仅锻炼了彭树智的写作能力，为科研打下坚实的基础，而且训练了他的思维能力。为了有意识地训练思维能力，他养成了每天记日记的习惯。每日睡前，他总要把一天所想、所感、所做之事用简洁的语言记录下来，并且把日记列为制订学习计划、检查学习进度的一门工具。每周小查，每月大查，发现问题和漏洞，及时补救。十多年之后，这些日记已积累有百余本，装满了一大箱。无论是赴北京读研究生，去长春学习，或在西安工作，这一箱名为《我的生活》的日记被他视为财富，与他形影相伴。直到"文革"中，这些宝贵的日记才在烈火中与他告别，只留给他不尽的遗憾。回忆这段往事，彭先生感慨之余，深情地说道："艰苦生活不仅锻炼了我生活上的自立能力和在社会上的自理能力，而且在写作上打下了较扎实的基本功，这为我以后的治学起了奠基作用；尽管百余本日记失而不可复得，但给我留下的思想和精神收获是难以忘怀的。"

经过这一段生活锻炼，勤奋两个字的含义已经极大地丰富了。在彭树智的字典里，它与自强、自立融为一体。有了这个含义，勤奋的美酒更令人陶醉。

生活道路曲折，这对刚刚战胜困难、摆脱了经济困境的彭树智来说，一时还不以为然。但命运的挑战是无情的，打击接踵而至，一个更可怕的威胁在等待着他。

大学二年级在普查身体时，彭树智被发现肺部有问题，经过确诊，医生向他宣布了一个可怕的结论：肺结核。在当时，肺结核与癌症、与死亡是同义词，一旦染上，就等于是被宣布为缓期执行的死刑。20世纪50年代初，人类虽然可以从病理上宣布，肺结核不再是不可战胜的疾病，但在内地，在社会经济极不发达的西北地区，它依然是死亡率极高的一种病症。治疗肺结核，有一种药是有效的，即雷米封。但这种药是美国进口货，普通人根本见不到，且价格昂贵，一般人也买不起，学校医务所也不供给。

刚刚张开双翅的鹰又被困在笼中。彭树智被送进隔离病区，被迫躺在床上，眼前一片黑暗，死神的呼唤就在耳边，恐怖一时震慑了他的灵魂。几乎每天都有病人从医院里，从他的身旁，被抬出去，永远地离开。他无可奈何，默默地忍受着痛苦，忍受着折磨。这时候，如果他的精神防线崩溃、信念垮掉，那么他随时会成为与命运搏击的失败者。面对死神的威胁与挑战，这个虚弱的学生竟然如斗士驰骋疆场一般，热血沸腾起来。

"我不信！我绝不相信！"年轻的彭树智面对死神喊道，"你纵是凶神恶煞，你纵有无比淫威，我也要与你角逐，与你抗争，与你一拼高低。我不信,历史赋予我的权利、我的机会竟然会如此轻而易举地被你夺走?!"经过几天的思考与意志的搏斗,彭树智终于在心中筑起了一道坚不可摧的精神长城。

继续学习,勤奋学习,哪怕人生旅途已走到最后一程,也要学习。奋起的彭树智,决心下定,把疾病与死神放在一边。他离开病床,戴上口罩,重新返回教室,坐在远离同学的角落里,开始不平凡的读书生活。这是与疾病抗争、向死神挑战的学习,时间尤为珍贵。每天中午12点到下午4点,是肺结核病人的发烧期。为度过这几个小时,彭树智就静卧在病床上,默默地思考。其他时间里,他则坚持到校听课,到图书馆自习,坚持完成每门课程的作业,坚持读小说,记日记,写一些诗歌、散文、杂文或通讯。他每天的学习和写作丝毫不比一个身体健康的人做得少。在这段与病魔斗争的日子里,他读了吴运铎的《把一切献给党》、奥斯特洛夫斯基的《钢铁是怎样炼成的》。吴运铎与保尔那种身残志坚的革命斗争精神和乐观主义精神,使彭树智受到巨大鼓舞。他知道,自己不再是孤军奋战,不再是毫无意义地与死神搏斗。人与命运、与病魔的斗争,本来就存在着一个壮怀激烈的战场,只有精神上的强者,才有可能成为胜利者。彭树智在与病魔的抗争中找到了乐趣。他面对疾病,镇定自若,他曾在日记里作诗一首,表达乐观自信、幽默诙谐和全无惧色的心情。虽然这首诗随日记而逝,但我们可以感受到彭先生内心世界坚强的风采。

年轻的彭树智,凭借自己的毅力与勤奋,把青春年华紧紧抓住,以超人的坚忍精神克服种种困难。他的学习成绩不仅没有因病魔缠身而有所下降,反而在考试、讨论、投稿等方面都获得了进步,有了新的发展。命运之神也偏爱强者,在彭树智顽强拼搏、刻苦学习的过程中,经过一段时间的治疗,经过全面检查,透视、拍片、荧光屏和摄片上,未发现任何病变的痕迹,钙化斑点也没有。面对奇迹,西安结核病医院的吴霁棠大夫说,这种完全吸收的现象是结核病临床病例中极罕见的,当然也是医生最理想的治疗病例。当大夫与病人谈起这个鼓舞人心的检查结果时,不无感慨地说,病人的精神力量在治疗过程中起了巨大的作用。这是健康的心理状态、不懈的努力进取、积极配合医生治疗的典型范例。然而，在当时的医疗条件下，在死亡线上与病魔斗争，是需要病人付出极大的精神代价的。通过这场生与死的较量，锻炼了彭树智的意志，也增强了他掌握自己命运、献身科学事业的信念。在他的字典里，"勤奋"两字的脚注中，又多了一层新的含义，不仅在顺境中人要勤奋，在身临逆境时勤奋才更具有价值。

在大学学习期间，彭树智受到著名历史学家、时任西北大学校长侯外庐先生的启发，找到了自己专业发展的"生长点"。这对他的一生都产生了重要影响。印度古老悠久的文明，苦难深重的殖民地社会史，可歌可泣的民族反抗斗争史，以及同中国人民传统的友好交往史，都深深吸引了彭树智，激发他去探索这片土地。在做大学毕业论文时，他穷集所见各种史料，全身心地投入钻研，最后交出了一部15万字的毕业论文——《印度民族解放运动史》。楼公凯教授审阅了这部用毛笔楷书工整誊抄的论文，大为赞赏，给了"优秀"的成绩。楼教授鼓励这位才华出众的青年学子，并祝愿他成为一名印度史学家。

肩负着母校的重托，老先生的殷切期待，彭树智于1954年夏跨进了北京大学的校门。作为亚洲史专业的研究生，他有幸得到著名学者周一良、季羡林、陈翰笙等教授的耳提面授，专业技能和基本功得到进一步锻炼和加强。当时，北京大学学习研究的气氛浓郁，使他沉浸在刻苦学习、切磋研讨的氛围中。虽然遇到一些困难，如被一些人鄙视，基础比一些北大、清华来的学生差，等等，但这些困难与经济贫困或疾病的生死考验相比，已经不算什么了。年轻气盛、不甘居下的彭树智，用自己的勤奋学习与同学们展开了新的竞争。他把自己的读书计划安排好，并且制定了行动标准。"发挥自己优势，学习别人长处，是我的方针；赶上和超过先进者是我的目标；打好基础，提高实际能力，是我的原则；珍惜时间，奋发向上，是我的行动口号。"为了实现自己的理想，他星期天、节假日也不放过。在京学习三年，他没有回西安探一次亲。也没有去过八达岭长城、卢沟桥、周口店等名胜景点。

经过三年的艰苦奋斗、勤奋耕耘，彭树智掌握了英文、俄文，还写了多篇有质量的学术论文，其中 15 篇先后发表在《历史研究》《北京大学学报》及《人民日报》等报刊上。这使同学和老师开始对这位西北来的农家子弟刮目相看。彭树智又一次品尝到勤奋美酒的甘醇。他的毕业论文《1857—1859 年印度的反英大起义略论》经指导老师、苏联专家柯切托夫的肯定，并且七易其稿，最后得到周一良、季羡林先生的好评，被推荐发表在 1957 年的《北京大学学报》第 4 期上。

三年时间的研究生课程的刻苦攻读和严格训练，为他一生的科学研究奠定了坚实的基础。在专业发展方面，他已小有名气并且以优异的成绩毕业，告别了北京大学，回到母校西北大学任教。彭树智制订了自己的科研规划。他预计拼搏数年，可以写出几本高质量的学术著作，并在南亚中东史方面作出一些建树。但是，时代的挑战降临了，一个不可抗拒的打击落在了他的身上。

在彭树智研究的领域，有一个问题涉及亚非拉国家民族民主革命的内容。在极"左"思潮盛行的年代，这个问题也被公式化、简单化的思维模式禁锢着。经过多年潜心研究，彭树智认为流行的一个观点，即无产阶级领导的民族解放运动是唯一正确的类型，这种观点不能全面解释亚非拉历史发展的客观情况。本着忠于科学精神、坚持真理的原则，他提出了自己的观点，即民族解放运动领导形式有多种类型。这个观点一经提出，立即给他带来灾难。

在一些人眼中这简直就是触犯天条。因此彭树智不断遭到批判，批判的"纲"上升到"修正主义"，并给他扣上了"反毛泽东思想"的大帽子。个别对彭树智的才华感到不安的伪君子，平时嫉贤妒能，这时也想方设法刁难和压制他，但无奈他的勤奋是无法抑制或攻击的。现在，天赐良机，他们正好利用堂而皇之的借口来达到自己内心不可告人的目的。在批判的浪潮之后，彭树智讲课和从事专业研究的权利被剥夺了。

对一个勤奋拼搏的学者来讲，剥夺他的研究权利，恐怕是最重最致命的打击。经济贫困，可以通过勤奋努力改变；病魔缠身，可以凭借乐观的精神去抗争。而政治迫害，剥夺一个人的研究权利，使彭树智深深陷入了痛苦之中。该怎么办？极"左"思潮是这个时代的潮流，一个人能抗拒得了吗？政治迫害代表着国家与组织的威严，能与之抗争吗？激烈的思想斗争，使彭树智的身心受到严重损害。他茶饭不思、夜不能眠，苦思冥想而不得其果。他的健康状况也日益恶化，先后得了胃溃疡、神经官能症等与身心情绪有关的疾病。

在那些痛苦的日子里，他又一次经受了生与死的考验。他再次选择逆流而上，抗争不能公开进行，只能自己默默地凭借坚强的毅力来孤军作战。在那些岁月里谁也看不到前途，谁也不知道极"左"的思想会持续多久。但彭树智坚信坚持真理不会有错，为真理而斗争就要付出代价。一个科学工作者，一个顽强的拼搏者，终于找到了自己的立足点，站稳了脚跟。从此，他不再消沉，而是开始了一种新的研究生活。

彭树智凭着特有的勤奋，每天坚持读书学习，秘密地从事研究。他找来几张《人民日报》放在桌上，听到有人敲门造访，便用报纸打掩护，躲过一些伪君子的耳目。当时，系里个别人为了自己的私利，防止彭树智暗中搞科研，不惜殚精竭虑、挖空心思来对付他。本来，他是学习亚洲史专业的，却有意让他去承担中国史方面的工作，意欲用疲劳战术压垮他。但是，在那些艰难的日子里，彭树智对亚洲史的研究一直坚持了下来，积累了大量的文稿，为日后决堤而出的著述浪潮做了充分的准备。

十年动乱期间，他被下放到农场劳动，暗中搞科研也无法进行了。在几只绿眼睛的盯视下，看书根本不可能了。他灵机一动，别的书不能看了，马克思、恩格斯、列宁的书也不让看吗？对，就读马克思等人的书。读马列的书，开始也遭到一些非议，有人怀疑他要"打着红旗反红旗"，但无奈没有证据，信口雌黄乱诌几日后，也就无计可施了。

彭树智用自己搞科研的勤奋精神，开始认真研读马列著作，认真思考问题，渐渐从学习中又找到了一个从事科研活动的"游击战场"。他在读马列著作中,发现国际共运史上有许多人物颇有争议,诸如巴枯宁、伯恩施坦、考茨基这些当时被口诛笔伐的人物。他认为有些基本问题并没有搞清楚。他发现了当时实行的极"左"政策和马克思主义原理之间的原则差别,从中萌发了探索真理的念头。在十年动乱期间,彭树智先后对巴枯宁、伯恩施坦、考茨基三个人物进行了较为全面的系统研究,写了数十万字的研究笔记。"文革"后,结合新材料,他整理出版了这三个人物的政治传记,合计百万余字,这在国际共运史研究领域引起了极大反响。中国国际共运史学会接纳了这位亚洲史学者,并且让他担任了学会常务理事,陕西国际共运史学会的副理事长。他所著的伯恩施坦的政治传记,是当时国内唯一的一部系统研究伯恩施坦的学术著作,许多杂志还刊登书评介绍了此书。它同时获得了陕西社科优秀成果二等奖,被推荐为1985年国际历史年会的重点书。他的另一部著作《无政府主义之父巴枯宁》出版后即有四家重要的学术刊物载文评论,盛赞此书的学术价值和理论意义,认为该书在有关巴枯宁的研究中独树一帜,是"巴枯宁学"和第一国际史研究方面的新贡献。

在这十余年中,积郁在彭树智心中的科研热情如洪水决堤,倾泻而出。积累在他箱底的研究手稿也终获新生。他知道时间的宝贵,紧紧挽住日月之梭,犹如青年人一样拼搏在教学与科研第一线。那时,有人还想对彭先生继续20世纪60年代的政治讨伐与迫害,但"无可奈何花落去",只能是孤鸿哀鸣了。彭树智的著作一部接一部地出版发表,很快就形成一套系统的学术思想,为南亚中东史和民族主义运动史研究做出了突出贡献。

他的代表作之一《现代民族主义运动史》出版后,荣获陕西社会科学优秀成果一等奖,受到国内诸多学术刊物的好评。这部书,主要是研究两次世界大战之间亚非拉民族民主运动的进程和发展规律,在该领域内建立了一整套基础理论,得到学术界的广泛承认和采用。根据彭先生的研究成果,国家社会科学学科目录把沿用了80年的"民族解放运动"改为"民族民主运动"。

在南亚史研究方面,他接连不断发表重头论文,对印度史及甘地问题研究,对阿富汗问题的研究,对土耳其及凯末尔的研究等,都有新的突破和贡献。他的许多理论和观点已被世界史研究领域所公认,并在出版的大量有关专著、教材、文章中被引用或讲授。在大学历史课堂上,在研究生的必读书目中,彭树智的著作文章、理论观点,已成为经常讲授的内容之一。至今,他已出版了30余本著作,发表了180余篇学术论文。

迟到了20年的胜利与荣誉终于还是来到了,彭树智凭着顽强的毅力攀登上了科学的高峰。他已成为一名著作丰硕、桃李满天下的著名历史学家、教育家。在学术上,他是教授、博士生导师,也担任着中国中东学会副会长、中国世界现代史研究会副会长、中国亚非学会理事、陕西社联常务理事、陕西历史学会会长等职。在行政公职方面,他是西北大学文博学院院长、兼中东研究所所长、国家教委重点学科评审委员、国家教委优秀教材评审委员。在荣誉方面,他是全国教育系统劳动模范,是人民教师奖章获得者,是陕西优秀教师和先进教育工作者。他的事迹上了电视、报纸杂志,使他成为"新闻人物"。

但是,有人对他的学术成就与荣誉却不以为然,这样的人自己一生无所事事,却善于发现别人的"弱点",说什么:"历史系应该注重中国史的研究,彭树智呢,身为系主任,却出版发表了那么多的世界史方面的著作文章,还不是重世界史轻中国史嘛。"而此时,彭树智却正为筹划一项重大的教育改革呕心沥血,四处奔波,甚至连频频袭来的胆结石、脑瘤、腰肌劳损等病症都不屑一顾,哪有时间去管那些流言蜚语!

1984年,彭树智作为中国教育部赴美考察团成员,对美国十余所不同类型的高等学校作了认真的考察研究。他在借鉴和汲取世界先进教育改革成果的基础上,从我国高等教育的实际出发,敏锐地率先提出创办新型文理工融会的文博学院的构想。他认为,我国的高等文科教育有两个尖锐问题,一是专业偏窄、偏专,基本理论、基础知识和基本技能不突出;二是如何适应社会发展的需要,目标不明确。针对这两个矛盾,彭树智提出,文科改革的基本途径是拓宽专业面,扩大知识面，增强适应性，要敢于在适应社会发展需要的基础上大胆创新，开拓前进。

此后，彭先生带领全系师生积极探索，在原来历史学、考古学两个专业基础上，先后建立了档案学、博物馆学和文物保护学三个新专业。在国家文物局和陕西省文物局的支持下，一所拥有两个基础专业、三个应用专业，体现当代文科教育改革潮流的新型学院——文博学院终于诞生了。西北大学文博学院与复旦大学文博学院是我国仅有的两所文博学院，它的出现引起了社会极大的反响。一些报纸杂志纷纷刊文评论、介绍，肯定了这项改革成果的历史贡献。

历史系变成了文博学院，但大家都深深感到，彭先生依然还是那个勤奋、谦虚、严于律己、宽厚待人的彭先生。有人当了官，地位变了，搞科研也就可有可无了，但是彭先生勤奋的身影依然耕耘在讲坛上、书案前。他总是抓住点点滴滴的时间，见缝插针地坚持科学活动。有些人不理解地问道："你已经年逾花甲，该得到的成就与荣誉都得到了，何必还要舍命工作、继续研究呢？"彭先生回答得好："我对自己从事的专业，是由爱到好，由好到乐的，乐在其中，其乐无穷，有什么理由不去追求呢？"

言传身教，榜样的力量是无穷的。30多年来，彭先生指导培养了20余名硕士研究生和近30名博士研究生，还有数不清的"俗家弟子"。这些人大都从导师那里秉承了勤奋、严谨的学风，甚至是写一张请假条，也有人开玩笑道："一看你就是彭院长的弟子。"

西北大学文博学院会议室里挂着"勤奋、严谨、求实、创新"八字院训，这是彭院长亲自拟定的，后来成为西北大学的校训。他解释说，勤奋是基础，严谨是要求，求实是原则，创新是方向。这种学风贯穿着三种基本精神：献身、科学和进取精神。

彭院长身体力行，几十年如一日勤奋耕耘，不曾懈怠。当庆贺第一批博士生毕业的酒筵刚刚散去，大家仍然沉浸在胜利的喜悦时，彭先生已悄然离去。谁能想到，这位桃李满园、著述丰硕的学者，这时已如小学生一样端坐在书案前，开始了他的新的著述长征。他承担着国家和省级社科重点研究项目，要出多卷本的中东通史，要承担多卷本的世界通史的分卷主编及编写任务……

附记：君子美德　师范垂青

大约在二十年前，我写过一篇文章，记述了我对我的老师，原西北大学文博学院院长、西北大学中东研究所所长、博士生导师、著名学者彭树智教授的一些感知。那时，我更多的是从勤奋、严谨等方面去体认先生的人格魅力，更多的是从近距离来感性地写真我的老师。其后不久，我离开了我读书、教书、写书十八年的西北大学文博学院和历史学圈子，踏入影视这个新的事业领域。虽然我对彭先生的崇敬与爱戴从未有过褪色，然而一年有数的见面或电话问候也渐渐在漂移着我的视线。劳作之余，但凡有些许闲暇，临风思省，我却总能感觉到彭先生的精神品德和人格魅力依然在影响着我。说不清楚这种精神纠结是什么，然而它的存在却毋庸置疑。我有心想再写点什么，惑然竟荡去经年。直到有一天，同窗学兄民兴来电话，说先生八十大寿将至，所里考虑出一本书，一本由彭先生的弟子们撰写的有关先生的书，是十分特殊的生日礼物。我当即响应：此意甚好！应是应了，但写什么呢？我的脑海里翻腾了不知多久……

1977 年，我在考入大学前就知道先生的大名。刚进西北大学校门，我年轻气盛，去敲先生的家门，当时我既有虚荣与杂念，也有些茫然，没想到的是，这扇门打开的同时，我就三生有幸般与先生结下不解之缘。这扇门打开的同时，我的人生道路注定要发生重大变化了。我更没想到，开门的彭先生虽是学贯中西的大家，却又那么谦逊、平易近人。陋居之中，茉莉花茶，清香沁人心脾；问谈之间，先生挥挥洒洒，从容淡定。由此而后十八年，我一直跟着先生，在先生教诲、指导下，由一个好高骛远的毛头后生进步为助教、讲师、副教授、教授。彭先生治学严谨，一生不讲半句空话，要求我们学生亦十分严格；先生认为，治史不曲笔、不讲假话空话是科学的底线。

先生不仅在问道大学方面对我、对他的学生们、对一代后学影响甚深，更用毕生的言行实践着足以师范垂青的君子美德。1981 年春天，两位国学大师，季羡林、任继愈先生应邀讲学西北大学。因为彭先生是季先生的学生，他每天毕恭毕敬随其左右，我是彭先生的学生，每天跟在先生们身后，大师们的言行我看在眼里，记在心上，铭记一生。有一天，我们一行由草堂寺来到高冠瀑布、崎岖山径间，彭先生不断叮咛我要跟紧年已古稀的季先生，但我心里又顾忌着胃切除术后不久、尚在康复期的彭先生，急得不知所从。季先生健步轻盈，笑谈古今，忽然指着落在后面的彭先生命令我道：你，扶着你的彭老师！闪了人，唯你是问！当我扶着彭先生时，先生的惶恐不安像一道闪电击中了我，尊师重教是先生骨子里的品德啊！这一瞬间，在我心中是永恒的。无论是多年后我写《半边楼》，或是又多年后我写《母校的背影》，甚或更多年后季先生仙逝时，我的脑海里一次又一次浮现出这个瞬间。对于学生，先生却从不要求回报。先生对学生总是诲人不倦、循循善诱，严格要求，但又从不苛求。

我刚留校当助教时，在大食堂和一个校工打架，事情发生后影响很不好。我心想坏了，这咋给彭先生交代呀。课余见着先生，他没有流露任何责怪之意，我主动认错，先生淡淡地说：看出来了，你已经有了反省，要紧的是，向前看。想想自己，到今天我也没有这样的修为道行，在单位里常常因别人出点错就大发脾气，指责不已。有念于此，先生真乃学生一生之师啊！彭先生敬师如父，亦爱学生如子，更是严于律己，宽厚待人，坚持与人为善，以德报怨。先生一生中多遇诘难误会、诽谤攻讦，尤其是学术出了成果、工作有了政绩时。我们学生们看在眼里气在心头，对那些龌龊之人义愤难耐。但先生淡然付之一笑，无半点怨恨或报复之心，甚至以德报怨，对反对自己的人，常常伸出援手、施以恩惠。先生的所作所为完全是一种境界，从不言表，并且只要求自己，不勉强别人。我经常遇到一些人，口口声声为人云云，一见诸行为，小的马脚立刻漏出来，让人喷饭。我一生以先生为荣的地方就在于先生是真的在境界中的。相形之下，那些自诩的正人君子不过乡愿而已！

我离开彭先生身边之后，由电视台而广电局、电影集团，六七年里连升三级，官拜正厅，春风得意时去看先生，向先生解释疏于联络是因为太忙等时，先生仍是淡淡地问我：什么最难？我讲了人事、经营等，先生均摇摇头，只讲了两个字："如莲"。多年来，我谨记着这两个字，我深知要把持有多么难，但我把持住了。我的老师彭先生不仅教我做学问，也在教我们做人，先生在我心中的分量是无与伦比的，这是我能把持住的根本。读书做学问，做官做人，究竟又是为什么呢？仰望星空，或沉思或遐想；读《四书》诵《五经》，或人世或禅修；天地之间，临风君子！想于斯，渐渐明白了：我的老师彭树智先生即是一部博大精深的经典，学问修为、君子境界，是为后生晚学们追随一生也难望其项背的！先生君子美德足以师范垂青！

（原载《树人启智——彭树智先生八十华诞纪念文集》，延艺云，文化学者，中国社会科学出版社2011年版）

四 "三"的智慧 诗的才情
——感悟彭树智先生

梅晓云

我随彭先生读书，是跨了学科才得以拜在先生门下的，怕先生以为我史学根底浅，遂反复言说"文史一家"，云云。及至入了师门，得先生亲授学问方法，才深愧当年的饶舌。惶恐中做了三年学生，听先生课，读先生书，深感先生正是文史相通的榜样。现在，我有一些感悟写在这里，或许能够从一个侧面反映彭先生为师治学的特点。

我在读彭先生的书的过程中，发现先生喜欢"三"，表现出一种对"三"的智慧的自觉；也体悟到先生喜欢诗，不仅用诗明理启智，也写诗畅志怡情。

先生爱"三"。每言及学习、学问、学理、学术、学人、学格等，多喜用"三"，涉及方法、理论、志业、为人、教学、情思等诸多方面。如：

三书：读书、教书、写书。
三知：知己、知人、知心。
三有：有志、有识、有恒。
三择：择精、择博、择弃。
三多：多思、多写、多行。
三境：爱境、好境、乐境。
三自：自尊、自知、自制。
三课：无字之课、有字之课、无纸之课。
三之：文史之旅、文史之论、文史之著。
三种科学精神：献身、进取、韧性。
三段十六法：问题、方法、结论三段及其十六种组合排列。

论郑板桥诗有"情""思""怨"三态观；论治学诗词而有"心灵""心志""心思"三心说；先生《大学忆》诗则有"求是楼中吟'三境'"句；论李叔同则生发出"物质（衣食）""精神（学术）""心灵（宗教）"三个世界统一的认识；论人类文明交往有"自然律""法律""道德律"三律，并引申为学术上的三律，因为学术有"求真""向善""爱美"三种境界……

先生似乎有一种对"三"的思维的自觉，他说：

> 为学中"打通"（古今中外、各个领域）、"参照"（不同学派、观点）、"比较"（纵横与同异）是三种主要方法。它是学术开放意识，而不是画地为牢、自我封闭。清醒头脑、深刻洞察力、广纳百家，警惕一个中心和二元对抗思维方式。[①]

这里不仅谈到为学的三种方法，而且明确地反对一元中心观和二元论思维，我认为这正暗含了先生的文化哲学和方法哲学。在文史研究中，我们今天往往见"一"见"二"，追求是"一"是"二"，而

[①] 彭树智：《〈悠得斋笔记〉序》，载《书路鸿踪录》，第763页。

不知不觉地忘记了东方哲学"不落两边"的中道智慧,也不知不觉地忘记了我们自己传统的"叩其两端执其中"的思维优势,而这即是求"三"的智慧,是"二而三之""合二为三""一分为三"的为学方法,为人方法,为师方法。我读先生书,每见"三"的回归,"三"的思维,书中大量用"三"、论"三",不也正是中华文化中"尚三"传统的鲜活体现吗?

最近读到一本书,是哲学家庞朴的《一分为三论》,领悟到先生为师治学的特点由来有自。因为能"三"才能"参","三"的大写就是"参",而这个字的意义是如此深刻和重要:参考、参照、参议、参悟、参透、参见、参观、参革、参省、参加、参与、参决、参验、参酌……所有这些词都是"三"的状态和思维,是在"二"中的再加入。道家有"一生二,二生三,三生万物"的万物生命哲语,说明"三"的哲理。我从先生的论著中读出这么多"三",也由此体会到先生教学的智慧、治学的智慧、方法的智慧。见先生人,读先生书,闻先生语,确能体会到先生往往在两反之中取一中道,立论必平实,做人必通达,为师必亲严的智慧。而这,不正是与先生爱"三"用"三"有密切的关系吗?

先生爱诗。言心情、论治学、道人生、讲世事,用诗;议书路心史、说学科建设、道师生情谊,也用诗。情到浓处,非赋诗言志不为雅乐,不为畅快,常常思绪所至,必以诗心诗情抒怀。先生文集《书路鸿踪录》之名就出自古诗"飞鸿雪泥"的典故。[①] 先生为历史学者,知识广博,见闻博杂,举凡中西哲学,经史子集,宗教经典,自然科学,文学艺术,方言戏曲,文人笔记,美学禅悟,社情世事,人伦物理,经济思想,乃至现代、后现代理论,从柏拉图到海德格尔,从孔夫子到鲁迅,从西方古典哲学、当代存在主义、马克思主义、人类学理论、解释学方法到中国先秦理性、近代社会思潮,哪一样不涉及不议论呢?而所涉诗文之广,也是非常惊人的。先生所引诗涉

---

① 先生多次引苏轼诗"人生到处知何似,应似飞鸿踏雪泥。泥上偶然留指爪,鸿飞那复计东西"说自己为学心路。

《诗经》、楚辞、汉赋、唐诗、宋词、元曲乃至现代白话诗；诗人有春秋屈原，西汉司马迁，晋陆机，南朝刘勰、江淹，唐李贺、杜甫、李白、孟郊、白居易、韩愈、吕温、张继、杜荀鹤、卢延让、刘禹锡、王之涣、李商隐，宋苏轼、张载、朱熹、陆游、晏殊、柳永、李清照、王安石、刘克庄、黄庭坚、秦少游、欧阳修，金元时期的元好问，清人叶燮、赵翼、袁枚、李惺、郑板桥、蒲松龄、李渔、吴大澂，清末康有为、王国维，现代董必武、李叔同、胡适、赵元任……外国诗涉及古希腊荷马，古印度《吠陀》，英国的莎士比亚、雪莱，法国的雨果，德国的歌德、荷尔德林，美国的庞德、马克·吐温、爱默生、凯鲁亚克，以及 G. 科索、W. 巴勒斯、J. C. 霍姆斯等。

彭先生喜引诗不是显博杂，而为明理言志。先生特别提出"诗意治学"的理念，非常值得我们学习和思考。先生认为历史科学与诗的美学相通，可以"用诗心、诗力去治学"；又强调"文理融会"的通才训练，认为人文学科乃文化的核心，人文教育是最重要的教育，是思维教育、道德教育、才情教育。先生自己正是得益于文理融会、诗意治学的方法，因此，先生的学问才不是"淡水"，而是"浓茶"，有"理趣"，而不会"乏味"。

先生在坐六望七之年引贺铸《浣溪沙》词句"不信芳春厌老人，老人几度送余春。惜春行乐莫辞频"，以明"及时行教书、读书、写书三乐"之志；又引刘书润诗《学感》"勤学不是口头禅，贵惜时日动笔砚。空口喊上一万遍，不如夜阑写两言"，以励志奋学；感慨人生苦短，华发早生，而对镜吟出"口耕笔耘乐，生涯在镜中。惟将两鬓霜，悠然对热风"的豁达诗句；论书路崎岖，思绪所至，不禁赋诗抒怀："书路人崎径，惑与不惑间。芭蕉新心处，何畏风雨残。书人与书社，两相逢机缘。蓦然回首时，往事如云烟。"作为历史学家，先生著"治学诗词杂话"一文，强调用诗词的深厚审美情趣来美化治学者的心灵世界，而且多次引张载的《咏芭蕉》诗，强调其"新""心"于人文科学研究的意义，尤可见先生"诗意治学"的思想。彭先生说："学人之心，自然有诗，虽不是诗人，也会有治学的审美自觉。"作为著述甚丰的前辈，先生依然念念于后学，有《大学乐》寄语青年学子；七十华诞之际，亦题诗赠诸同学，"以颂人类师生美好的情谊"。

先生喜诗，喜欢的是那些有理趣、有风骨、有深情的好诗。先生作诗，作的是感怀诗、言志诗、怡情诗。先生的诗学与史学，在更深的层次，是相知相通的，如此，才能够知人论世，治学育人。

对于文学，我们常说"言之无文，行而不远"。历史学家的文章不也应该这样吗？所谓文史相通，诗哲一理。司马迁之史，正是无韵之离骚，杜甫之诗，却是有韵之历史。或可谓，我入史门，师入诗门，其启发正是文史哲应该贯通的学问之道！文以载道，史以明道，哲以论道，诗意治学，也正是究天人之际，通古今之变，成一家之言的学术之道！

先生之史文，亦是美文。先生之史德，更是诗德。先生之精神，是求真向善立美的人文精神！

（原载《树人启智——彭树智先生八十华诞纪念文集》，梅晓云，西北大学文学院教授，中国社会科学出版社2011年版）

五　文明交往语境下中东史学术体系的构建
　　——《中东国家通史》读后[①]

张倩红

位于欧、亚、非三大洲之间的中东，具有极其重要的战略地位，也是人类早期文明与三大一神教的发祥地，对人类文明的演进与当今世界格局的变化产生了重大影响。中国的中东史研究起步于20世纪50年代，随着新中国把支持亚非拉民族解放运动作为外交政策的重点，第一代学人开始把教学与研究的视野转向中东。20世纪60年代，中国社会科学院西亚非洲研究所、西北大学伊斯兰教研究所（现

---

① 本文原载《世界历史》2008年第5期。收入《树人启智——彭树智先生八十华诞纪念文集》时，对个别文字作了变动。

中东研究所的前身）等机构相继成立，学术群体初步形成。半个世纪以来，中国学者围绕着中东地区史、断代史、专题史、热点问题以及国情介绍等方面推出了一系列研究成果。① 但从整体来看，我国的中东研究一直是世界史研究领域中的薄弱环节，主要表现为学术力量不足、成果的数量与深度有待提高等。在有限的中东史研究成果中，国别史研究更为滞后，直到20世纪90年代后期，除了埃及、阿富汗等少数国家之外，大部分中东国家还没有一本中文通史著作问世。多年来，我们使用的一直是20世纪70年代由中国学者集体翻译的一套早已过时的中东国别史著作，这种状况显然与中东地区的历史贡献和现实地位极不相称，也不能完全适应当前教学与研究的需要。为了改变这种局面，西北大学中东研究所所长、我国著名中东问题专家彭树智先生组织国内一流的学术队伍，潜心耕耘，十年磨一剑（1997—2007年），终于推出了"跨世纪"的力作——13卷本的《中东国家通史》（商务印书馆出版），② 为我国中东史研究的深入展开与学术体系的构建奠定了坚实的基础，也可以说是我国世界史学界一件可喜可贺的大事。

一

《中东国家通史》系西北大学"211"工程的标志性成果，也是第一部由中国学者撰写的中东各国的通史性著作。全书包括13卷，每卷由一个国家或国家群组成。各卷依次为：《阿富汗卷》《沙特阿拉伯卷》《以色列卷》《巴勒斯坦卷》《伊朗卷》《土耳其卷》《伊拉克卷》《叙利亚和黎巴嫩卷》《埃及卷》《也门卷》《海湾五国（科威特、阿曼、阿拉伯联合酋长国、卡塔尔、巴林）卷》《约旦

---

① 参见姚大学、李芳洲《新中国中东史研究五十年》，《内蒙古民族大学学报》2005年第1期。
② 《中东国家通史》立项于1997年。13卷本的出版时间前后不一，首卷出版于2000年12月，末卷出版于2007年10月。著作面世以后，深受读者欢迎，其中《以色列卷》《沙特阿拉伯卷》《巴勒斯坦卷》《伊朗卷》《土耳其卷》《埃及卷》《叙利亚和黎巴嫩卷》《伊拉克卷》均第二次重印，《阿富汗卷》已重印三次。此外，文中涉及该书各卷的引文只标注页码。

卷》和《塞浦路斯卷》。每卷为25万—30万字，全书共计300余万字。从体例与叙事上看，《中东国家通史》具有以下几个特点：

第一，"通古今之变"是《中东国家通史》努力追求的目标，也就是说采用历史的叙事方式，由古及今地阐释现有中东边界范围内不同国家的发展过程。重点是不同人群如何在交往中加强联系，最终形成文明、民族和国家的历史，以及不同文明之间相互交往和彼此影响的历史。对资料相对丰富、研究基础比较好的一些国家来说，"通古今之变"也许不太困难，但对于像塞浦路斯、海湾五国、也门、巴勒斯坦这些国家来说，则有一定难度。为实现这一目标，著者花费了大量的精力与心血。"通古今之变"更深层次的内涵是发现并总结古今社会变迁中的特征与规律，这并不是某一个课题，甚至某一代人所能实现的目标。但《中东国家通史》以此为理念，力图在现有资料的基础上去理解过去、现在和未来之间的联系并探索其规律，这至少为后来者奠定了一定的基础，提供了一种导向和学术追求的境界。

目前，我国的中东研究不同程度地存在这样一种倾向：一些初涉学门的年轻人紧跟媒体，追逐热点，很少愿意静下心来研究当今事件背后复杂的历史背景，挖掘其深层次的社会根源。因为历史研究需要长期不懈的毅力，需要"板凳一坐十年冷"的耐心与毅力，更需要扎实的学术功力。《中东国家通史》所体现出来的学术风格是"一以贯之"，"即注重历史与现实之间的双向考察与反思，从现实出发，追溯历史，再从历史高度审视现实，注重'观照现实'与'反思历史'的一致性"[①]。从通识、综合、比较等不同层面实现历史与现实的有机统一，这正是整体史观的一种表现，赋予历史以现实感，并反过来使现实具有了历史感。例如，在阿富汗内战问题上，作者不仅一般性地描述了"乱多于治"的表象特征，突出了阿富汗特殊的地缘环境——"二狮之间的山羊"，而且强调阿富汗的局面不能仅仅归因于外部势力的干预与影响，也不能以某一种原因

---

① 彭树智：《〈中东史〉卷首叙意》，《中东研究》1999年第1期。

来取代对其他因素的分析。作者深入探讨了进入阶级社会以来，阿富汗社会经济发展的不平衡性与差异性所引发的各种矛盾，如部族矛盾、宗教派别矛盾、地区矛盾等，这些矛盾又导致了不同利益集团间不可调和的政治矛盾。作者还分析了在这样一个建国时间较短的落后山国里，传统社会文化所蕴含的地方离心力对中央政府的巨大冲击。又如，在黎巴嫩的教派之争问题上，作者分析了自7世纪以来，黎巴嫩教派割据的形成，以及19世纪以来教派分权制政治体制的确立，从这种由来已久的独特的国家组织形式中寻找现实矛盾的根源，从而使"历史和现实问题，在通古今之变中都便于理解了，在究天人之际中都易于领悟了"①。

第二，弥补"大地区史"的缺陷，揭示不同国家的多元性与差异性，这是《中东国家通史》关注的重点问题。目前，我国中东史研究的主要成果体现在地区史研究方面，注重从政治、经济、社会、文化、宗教等方面探讨中东地区的一般发展模式与共有特征，西北大学中东研究所在地区研究方面已经取得了令人瞩目的学术成就。② 我们知道，史学研究的通常方式是从特殊个案到一般共性，从国别史到地区史。地区史研究固然重要，但不能代替国别史的研究，而且通过对某一个国家深入、系统、全面地研究不仅可以弥补"大地区史"的缺陷，还能为地区史研究提供新的视野。学术史和学科史的发展充分证明，对各国通史的撰述，最能反映一个国家、一个学术群体的研究水平，也是学科建设发展程度的重要标志之一。其作用具体表现为：国别史研究能使我们从各国的国情出发，获得系统、全面、深入和厚重的历史知识，避免"地区中心史观"的偏差；能使我们对有关国

---

① 彭树智主编，王新刚著：《中东国家通史·叙利亚和黎巴嫩卷》，商务印书馆2003年版，第432页。

② 彭树智先后主编出版了《中东国家和中东问题》（河南大学出版社1991年版）、《阿拉伯国家简史》（福建人民出版社1991年版）、《二十世纪中东史》（高等教育出版社1992年版）、《伊斯兰教与中东现代化进程》（西北大学出版社1997年版）等。中东研究所还收集、翻译、出版了大量阿拉伯文、波斯文、普什图文、英文、德文、俄文、法文等语种的资料，培养和储备了一批国内一流的中东史研究人才，具备承担重大研究课题的学术基础。

家的来龙去脉、前因后果和内在文化传统的连续性有系统理解，对于时空的变迁和世代的兴衰更替有理性的认识，从而为地区史研究打下更厚实的基础。

《中东国家通史》依照国家通史的体例，来把握中东地区的整体面貌，各卷自成一体，又互为联系。通过对不同国家进行全方位、多层次的扫描，"扩大对中东地区的视野，丰富中东史的内容，活跃和深化对有关中东史许多问题的思考。历史的众多事实和历史细节，也是增强厚重的历史感、正确认识中东历史和做出科学评价不可缺少的前提条件"[①]。我们知道，一些中东国家同处一方水土，同顶一片蓝天，同操一种语言，同信一种宗教，但却形成了不同的政治体制与生活方式。以伊斯兰原教旨主义为例，这一蔓延整个伊斯兰教世界的政治思潮与社会运动，虽然都认同伊斯兰原教旨主义，但对教义的基本内涵与实现方式的解释、对世俗政权的态度却因国别、环境、时代的差异而不同。埃及与沙特的伊斯兰原教旨主义就存在很大的区别，即便在埃及国内，不同的原教旨主义组织也有不同的主张与目标。因此，只有在认真研究不同个案的基础上才能全面把握中东地区伊斯兰原教旨主义的整体特征。又如，位于地中海东部的塞浦路斯与欧洲密切联系，它的主体民族希腊族与希腊人同宗同源，有着共同的语言和文化传统以及一脉相传的基督教文化背景，独立后的塞浦路斯仍然面向西方发展，成为中东地区唯一的欧盟成员国。对于这样的国家，地区史研究很难总括其特殊性，而一些被忽略的"边缘地带"往往能演绎出色彩斑斓的历史画面。

马克思在《马志尼与拿破仑》一文中指出："现代历史著述方面的一切真正的进步，都是当代历史学家从政治形式的外表深入到社会生活的深处才得到的。"[②]《中东国家通史》注重从社会生活的各个领域，包括家庭、生活、人口、信仰、风俗、教育、艺术、学术价值观念以及与之相关的自然环境、气候、物产、灾变等，以"小历史"

---

① 彭树智：《〈中东史〉卷首叙意》，《中东研究》1999 年第 1 期。
② 《马克思恩格斯全集》第 12 卷，人民出版社 1962 年版，第 450 页。

与"大历史"① 相结合的叙事方式，展示了中东国家的独特风貌，勾画了中东社会的多元化特征。

第三，《中东国家通史》注重挖掘"小国史"中的"大舞台"。在世界史学术体系的构建过程中，学者们多注意大国、富国、强国，而小国、穷国、弱国的历史往往被边缘化，这是学术界存在的不正常现象。其实，小国的历史同样有广阔的研究空间，同样蕴含着丰富的历史智慧。

中东堪称小国林立的地区，在18个国家中，阿富汗、以色列、黎巴嫩、科威特、阿拉伯联合酋长国、卡塔尔、巴林、阿曼、约旦、巴勒斯坦和塞浦路斯11个国家属于小国之列。这些国家在有限的国土上殚精竭虑努力开辟"大舞台"的举措，令人感触颇深，受益匪浅，也为发展中国家提供了很多值得学习的经验。例如，在中东小国中，约旦是治国建树良多的沙漠王国。长期以来约旦遭受英国的殖民统治，第二次世界大战以后获得国家独立，但社会经济十分落后。它既不像海湾国家那样拥有丰富的油气资源，也不像埃及、土耳其和伊朗等国那样拥有一定的工业基础，而是一个资源匮乏、工农业基础十分薄弱的国家。但是，约旦政府"能够尽可能地根据约旦的实际情况独辟蹊径，扬长避短，并采用灵活、务实、理性的政策，妥善处理内外关系，努力克服各种困难，使约旦在发展经济和繁荣社会的道路上取得了一系列重大成就，推动国家的现代化发展"②。不仅如此，约旦长期处于不利的地缘政治环境中，是各种矛盾的集合区，外部生存条件非常恶劣，但是，侯赛因国王及其继承者阿卜杜拉二世坚持"外交立国"，奉行积极中立的政策，以灵活务实和相对平衡的"多元外交"为杠杆，面对周边强邻与世界大国，一次次作出正确的抉择，不

---

① 近年来，在史学理论界一直存在着"大历史"（即 History，指"宏大叙事"）与"小历史"（即 Histories，指"小叙事"）的讨论。后现代主义者极力主张恢复"小历史"的叙事方式。参见马敏《追寻已逝的街头记忆——评王笛著〈街头文化：成都公共空间、下层民众与地方政治，1870—1930〉》，《历史研究》2007 年第 5 期。

② 彭树智主编，王铁铮著：《中东国家通史·约旦卷》，商务印书馆 2005 年版，第 9 页。

仅处理好与以色列以及巴勒斯坦的毗邻关系，稳定与伊拉克、伊朗及其他海湾国家的交往关系，而且兼顾了与美国、欧盟、俄罗斯、中国、日本等世界大国的合作关系。约旦的领导者在不足 10 万平方公里的国土上，充分演绎着"大外交"灵活多变的功能，在全世界赢得了很高的声誉。

1948 年建立的现代以色列国家被称作是"从大屠杀的灰烬中锤炼而出的金凤凰"。当战争的阴云渐渐散去之后，一系列经济与社会问题迅速凸显。当时的客观条件是经济混乱、财政拮据、百业待兴。但是，以色列人凭借着数千年的传统积淀凝练而成的民族精神，凭借着建设新家园的巨大热情与坚强意志，凭借着全世界犹太人的大力支持，充分利用一切有利的国际环境，发展国民经济，稳定社会局势，建设民主政治，繁荣民族文化，并初创了国防体制。尤其在经济领域，以色列人走出了一条充满奇特性与创新性的现代化之路，创造出战后经济发展的奇迹，被联合国认可为"高收入的国家"，西方经济学界称之为"中东的瑞士""西亚的日本""地中海的香港"等。以色列人的现代化成就不仅在中东地区独树一帜，而且为全世界的发展中国家提供了历史经验。

在中东，诸小国中，卡塔尔是一个连国民身份都含糊不定的国度。[①] 20 世纪六七十年代以来，随着石油收入的大量增加，卡塔尔实现了经济腾飞，国民收入位于世界前列，居民"刚从木船和骆驼背上下来，就直接坐进了德国的豪华奔驰汽车"。然而，卡塔尔并没有像许多因石油而暴富的国家那样出现严重的经济发展与政治进步脱节、贫富分化、社会畸形等问题。2006 年世界银行发展报告高度赞赏卡塔尔："不仅成为阿拉伯世界法制化程度、政治稳定程度最高的国家，在阿拉伯国家反腐败和政府效率评比中名列前茅，同时也是世界上为数不多的几个政治保持稳定、法制不断健全、经济持续增

---

① 在卡塔尔的 80 多万居民中，来自印度、巴基斯坦和东南亚国家的外籍人口占国家总人口的 70%，本地人口的比例仍在急剧下降。参见彭树智主编，钟志成著《中东国家通史·海湾五国卷》，商务印书馆 2007 年版，第 308 页。

长的国家。"① 根据2005年联合国公布的《世界人类发展报告》，卡塔尔在阿拉伯世界位居榜首，在全世界排名第40位，联合国发展规划要达到的大部分目标（包括贫困率、识字率、婴儿死亡率、传染病控制率等）都在卡塔尔提前实现。卡塔尔这个在1989年才开放国门、开始给外国人发放旅游签证的国家，近20年来在树立国际形象、提高国际地位方面取得了很大的成就，尤其是在发展体育与传媒事业方面的一系列非常规举措，给国际社会留下了深刻印象。卡塔尔的半岛电视台作为"新闻自由"理念的楷模被许多阿拉伯国家所模仿，已成为"各种思想交流撞击的论坛，同时也是跨越时空传播教育的媒介，并在一定程度上推进了阿拉伯地区的开放、自由和民主发展"②。

第四，《中东国家通史》强调历史本体、回归历史真实，但并非"板着面孔"叙事。彭树智先生一向主张历史研究的目的就是要回归历史的真实，而不是以单纯的逻辑推理作为最后的结论。"这种历史真实不是以世界某个'中心'为出发点，推导出一个涵盖全体的公式及规律，而是要从各个国家的具体国情出发，作系统深入的研究，进而揭示历史真实。"③《中东国家通史》的立足点是要多层面地反映各个国家兴衰更替的来龙去脉，客观描述重大事件的前因后果，并对时间、空间的变迁与世事演变作出理性的解释。在叙事风格上，《中东国家通史》的特点是专业研究与大众言说相结合，在简明扼要、清晰易懂的表达方式中，保持其学术性。

彭树智先生认为，文学是"社会之镜"，文学在处理它同政治、历史的关系中能成为"人类之魂"。在中东国家中，伊拉克文学以最富政治性而著称，文学与民族的命运与国民的心声紧密联系在一起。因此彭先生在《伊拉克卷》的"编后记"中以伊拉克为个案，分析了文学、政治、历史之间的关联性："文学是社会的镜子，它反映着

---

① 钟志成：《中东国家通史·海湾五国卷》，第309页。
② 钟志成：《中东国家通史·海湾五国卷》，第316页。
③ 彭树智：《中东国家通史·卷首叙意》。

政治的现实。但是这面镜子所反映的政治现实的深层,却背负着沉重的历史文化遗产,是民族心理世界的映象。只有处理好现实政治、文学与历史文化之间的关系,才能看到政治、文学在历史进程中的密切联系。"[1]《中东国家通史》对文学作品的广泛运用,不仅增添了丛书的趣味性、可读性,而且赋予历史著作以动态性的活力与扣人心弦的感染力。

诗歌是阿拉伯世界民族文化的精粹,被称为阿拉伯"文学中的文学",海湾地区又是阿拉伯世界典型的"诗歌之乡"。《海湾五国卷》在对海湾国家的描述中,引用了科威特女作家哈达耶·苏尔妲·萨利姆在《海湾拾贝》中的开篇词:"海湾,多么美丽的名字……"它以恢宏的气势、炙热的激情、悠扬的笔锋、美丽的语言勾画了海湾地区多姿多彩的历史画面,概括了海湾文明的发展历程,从而把读者引入一个令人神往的学术领域。

第五,从资料占有上看,丛书参考了英文、俄文、阿拉伯文、波斯文和普什图文等多种语言的资料,尤其是《阿富汗卷》使用了除阿拉伯语之外的以上所提到的语言资料,包括一些原始文献。《伊拉克卷》《塞浦路斯卷》《海湾五国卷》《约旦卷》《沙特阿拉伯卷》《也门卷》等参考了大量比较新的外文著作,汲取外国学者的最新研究成果。《中东国家通史》所选用的照片有些是首次出现,如《沙特卷》中有陕西省马良骥阿訇访问沙特的照片,《埃及卷》有一些优秀的自摄照片,《土耳其卷》运用了土耳其使馆提供的最新总统照片。难能可贵的是,承担课题的作者都受过中东历史研究方面的系统训练,其中大部分作者如王铁铮、黄民兴、郭宝华、肖宪、王新刚、黄维民、林松业、冀开运等都有在所研究的国家学习、访问的经历,参观过收藏大量中东古文物的罗浮宫博物馆、大英博物馆、埃及博物馆、以色列博物馆等,对研究个案有一定的理解与感知,并建立了一定的国际联系,为课题研究提供了扎实的资料储备与深厚的学术积累。

---

[1] 彭树智主编,黄民兴著:《中东国家通史·伊拉克卷》,商务印书馆2002年版,第392页。

《中东国家通史》各卷的理论线索是文明交往论，也就是说"以文明交往的历史主线来贯通中东各国的内部和外部诸多联系，来沟通中东各国社会各方面的联系，来汇通各种交往方式，力图勾勒出中东各国的历史面貌和国情特征"①。

其实，关于文明交往与国家史的关系，在马克思、恩格斯的论著中有过系统深入的论述。他们提出国家的产生是文明交往的结果，文明交往又以国家为基地向全世界扩展，进而打破封闭的民族和国家壁垒，使世界联结为一个整体，使孤立的历史转变为"世界历史"。自20世纪80年代以来，彭树智先生认真梳理、深入思考了经典作家关于历史交往的观点，结合国内外学术界对"交往"问题的讨论，通过对世界历史上一些贯通古今的重大事件的比较研究，揭示了社会发展与文明交往的互动关系，并逐渐归纳、厘定出"文明交往论"的具体内涵、本质属性与发展规律。② 长期以来，西北大学中东研究所形成了一支老、中、青相结合的充满活力的研究群体，从文明交往的角度审视历史个案，并从个案研究中进一步丰富、凝练"文明交往论"的内容已经成为该群体最为明显的个性化学术特点。中东地区的地理位置及其在人类发展史上的独特地位，使这块土地自古以来就是世界文明交往的大舞台。《中东国家通史》就是把中东国家置于世界文明交往的宏观背景之下，关注不同时间、不同空间、不同人群在物质文明、精神文明、制度文明和生态文明交往过程中所表现出的整体的、动态的历史进程。由于作者审视历史个案的角度不同，因而产生了一些新的认识。在此，仅以几个在文明交往中表现出明显特质的国家为例加以说明。

阿富汗是一个非常典型的中东国家，历史上曾经是游牧文明与农耕文明经常冲突、彼此涵化的临界地区，也是各大强邻和民族争夺的焦点地区。《阿富汗卷》与国内学术界现有相关研究成果的不同之处，就在于它完全从历史交往的角度来考察阿富汗历史的全过程，不仅描

---

① 彭树智：《〈中东史〉卷首叙意》，《中东研究》1999年第1期。
② 这一方面的代表作是彭树智先生40万字的学术著作《文明交往论》（陕西人民出版社2002年版）。

述了阿富汗特殊的地缘政治环境，分析其复杂的民族构成、人口分布、社会结构和经济形态，而且特别关注阿富汗在世界文明交往中的特殊地位，花费大量的篇幅研究原始宗教、祆教、希腊宗教、佛教、印度教、伊斯兰教等宗教在阿富汗的碰撞、交流与融合。阿富汗文明与东西方文明的交往充分体现了文明发展的多元共存的特点，在冲突与融合的过程中，本土文明吸收了新的血液，外来文明趋向于本土化。

埃及国家通史是一个时代久远、时空辽阔、富有文明特征的研究个案。《埃及卷》以"法老时代的历史变迁与文明交往"为切入点，展示了发生在埃及大地的文明撞击交融的一幅幅历史画面。埃及位于亚洲与非洲的交会点，通过巴勒斯坦和叙利亚环岛区把两大洲联系起来。便于交往的地理条件使埃及和美索不达米亚最先迈进了文明社会。文明时代的标志是国家的出现，国家作为制度文明的集中体现，"它的成熟程度、完备化、组织性、持续性以及主体与更新的关系，决定着文明的兴衰存亡"[①]。埃及法老专制的国家体制在与三大政治文明（波斯、希腊、罗马）的交往过程中发生了命运的改变，罗马文明使埃及变成了基督教的埃及。随着法老国家的消亡，辉煌一时的古埃及文明成了过眼烟云。从文明交往的内外驱动因素与影响力来考察文明兴衰，埃及也是一个难得的个案。因此，《埃及卷》从近代以来埃及与西方国家的不平等交往入手，分析埃及社会面临的种种困惑与挑战，尤其是"西方化"与"本土化"，"宗教性"与"世俗性"的悖论与对抗。

叙利亚在古代东西方交往中的重大作用已被历史学家们高度认可，汤因比在《历史研究》中就把叙利亚作为西亚国家的代表进行研究。《叙利亚和黎巴嫩卷》根据叙利亚（大叙利亚地区[②]）的历史

[①] 彭树智主编，雷钰、苏瑞林著：《中东国家通史·埃及卷》，商务印书馆2003年版，第421页。

[②] 1946年以前，"叙利亚"一词不是国家的称谓。历史上的"叙利亚"指的是亚洲西部南起西奈半岛，北到陶鲁斯山脉，西起地中海东岸，东到叙利亚沙漠的广袤地区。它包括今天的叙利亚、黎巴嫩、以色列、巴勒斯坦、约旦以及土耳其南部的伊斯坎德伦等地区。参见王新刚《中东国家通史·叙利亚和黎巴嫩卷》，第7页。

演变，关注商贸活动在文明交往过程中不容忽视的作用。叙利亚因其优越的地理位置与悠久的商业传统，商贸活动异常活跃，并吸引了来自中亚、东亚等地的商贾。来自各地的商品通过叙利亚被转运到希腊、罗马，甚至遥远的欧洲，"在叙利亚地区，随着时代的发展，我们看到的环海和沿草原与欧亚大陆地带的贸易，已越来越成为跨地区的文明交往"[1]。交往的结果是不同文明之间的互动与交融。

《伊朗卷》突出了伊朗文明发展过程中的两个重要因素：宗教与文化的关联性。从古至今，宗教一直是伊朗文化的价值核心与内在精神的体现。伊朗民族文化的各个门类无不体现着各自的宗教精神。"伊朗各时期各宗教的具体表现形式，又与文化的各种表现形式并列，从而成为文化的一个部分。伊朗的文明可以说是宗教文明。伊朗在历史交往过程中，不仅离不开宗教价值系统带来的强烈文化政治归属性，而且宗教因素也深深渗入社会生活底层之中，凝结为群众社会心理。"[2] 在人类文明交往的大舞台上，任何特质的精神财富都有其独特的影响力，具有宗教特质的伊朗文明也不例外，伊朗伊斯兰教苏菲派的伟大诗人贾拉鲁丁·鲁米（1207—1273）就是一个明证。由于鲁米的作品诗化了苏菲派的神秘教义，阐释了人类文明相知相通的哲理，因而吸引了成千上万陷入信仰空虚的现代人。这位生活在700年前的异域作家，在20世纪90年代成为美国最受欢迎的"心灵诗人"，他的诗作在美国的发行量达到50万册，让所有的当代作家望尘莫及。这位神秘诗人的影响力甚至超越文学界，产生了巨大的社会效应，与同时期盛行于美国的"文明冲突论"弹出了不和谐的音符。

《中东国家通史》中，《塞浦路斯卷》比较系统地把文明交往论贯穿于各个不同的历史时期，尤其是比较深入地分析了民族和宗教问题在文明交往中的重要地位，探讨了不同历史时期民族与宗教关系的特殊内涵与发展态势，最后指出："塞浦路斯问题的由来和发展，特别是

---

[1] 彭树智主编，王新刚著：《中东国家通史·叙利亚和黎巴嫩卷》，第422页。
[2] 彭树智主编，王新中、冀开运著：《中东国家通史·伊朗卷》，商务印书馆2002年版，第432页。

民族和宗教之间的交往，在时间段上往往超出了一般人思维想象力所能达到的漫长程度，从而持续活在一代又一代人的心灵中。民族和宗教作为人类文明交往的主要因素，是历史上异乎寻常的创造物。它如此古老而年轻，又如此强大而持久，过程既曲折又复杂，或直接，或间接，或明显，或隐蔽地把过去、现在和未来联结成一个统一的整体。"[1] 民族和宗教之间的复杂关系仍然是当今塞浦路斯动荡不安的根源，因缺乏国籍认同而演化出来的民族主义的极端性成为悲剧的诱因。

自古以来，海湾五国一直是人类文明交往的中心地区之一。在早期的文明交往活动中，海湾就同两河流域文明、希腊文明、罗马文明、波斯文明、印度文明、中华文明及非洲文明之间存在着政治、商贸、文化等方面的联系。在阿拉伯帝国时期，海湾的伊斯兰文化使该地区发生了历史性巨变。由于内部和外部的复杂交往，海湾五国形成了阿拉伯性、伊斯兰性和海湾地缘性相统一的文明特征。《海湾五国卷》以文明交往为视角，不仅追述了古代时期发生在海湾地区的重大历史事件，而且比较详细地回顾了在奥斯曼帝国统治及英国殖民统治时期，阿拉伯—伊斯兰文明和西方文明之间的交往关系、交往特征以及交往活动对双方的影响。作者还特别阐述了第二次世界大战以后，海湾五国在英国殖民体系崩溃的形势下，如何获得独立、建立民族独立国家体系，并以新的文明姿态，在现代化、全球化的趋势下进行新的内外文明交往。

早在汉代，中国就是东西方交往的重要地区，"丝绸之路"成为联结东西方的纽带。盛唐时期，中国与阿拉伯帝国、伊斯兰教文明之间频繁的官方和民间往来构成了国际关系史上的重要篇章。《中东国家通史》在关注中东国家内部文明交往活动的同时，也注重研究中国与中东国家的交往活动，在每卷的最后都设有专章来集中叙述中国与不同中东国家的全方位的联系。内容既包括历史上的文化往来、商业贸易、宗教之旅，也探讨当代的政治、经济及外交关系的演变。对相

---

[1] 彭树智主编，何志龙著：《中东国家通史·塞浦路斯卷》，商务印书馆 2005 年版，第 398 页。

关内容的探讨与研究是一项拓荒性的工作，尤其是对古代中国与中东国家关系的梳理，需要花费大量的时间与精力，从浩如烟海的中外史料中寻找蛛丝马迹，并进行大量的考证、分析与推理。《中东国家通史》不仅较为系统地一一展示了中国与不同中东国家友好交往的历史事实，而且宏观分析了古代中华文明的"华夷一统"秩序与"阿拉伯—伊斯兰"秩序在营造各自国际体系的过程中产生的冲突、对抗以及力量的此消彼长。13卷里有关中国与中东国家关系的内容累计约有20万字，实际上形成了我国学者首次推出的较为系统的有关中国与中东各国关系的学术专著，不仅体现了这套《中东国家通史》的本土特色，也体现了中国中东史学者的历史使命感和社会责任感。

二

《中东国家通史》比较全面地反映了中东各国历史的发展进程，是考察和分析扑朔迷离的中东问题和中东政局变化的极有价值的参考书，为我国制定对中东国家的政策和进一步发展同中东国家的交往提供了有益的借鉴。同时，《中东国家通史》立足学术前沿，探求"自得之见"，在学术创新方面颇有建树，反映了目前国内中东国家通史研究的最高水平。

第一，《中东国家通史》对中东古代史进行了比较深入的探索，尤其对上古历史与伊斯兰历史的贯通研究，具有十分重要的价值。中东国家通史有一个研究上的难点，即本地区在古代出现过许多国家，其领土相互重叠，如何确定各卷的写作内容，使之彼此关联而又不相互重复是作者们不得不面对的难题。不仅如此，中东地区是人类文明的摇篮，在两河流域、叙利亚地区、海湾地区、尼罗河流域先后出现了一系列零零碎碎的王国、公国及相互间的军事文化交往事件，而国内的相关研究又十分薄弱，留下了许多学术盲区，再加上资料极度缺乏，因此，判断早期国家的领土范围与制度特征，并为此寻找有说服力的史料依据，都需要作者潜心研究，付出大量的心血。

《中东国家通史》所作的一个极好尝试是：它把中东地区的上古历史与中古时期以来伊斯兰教历史融合在一个宏观视野之下，探讨上古历史对伊斯兰历史的影响,关注政治、经济、军事、文化的历史变迁与宗教思想的关联性、互动性。由于宗教学与历史学被划分在不同的学科门类之下,再加上思想认识上的偏差,长期以来,我国学术界在一定程度上存在着把中东上古史与伊斯兰教历史割裂开来的现象,未能对两个时期的历史进行完整的分析,继而从深层次上研究上古历史与伊斯兰历史的关系,这就给历史研究与宗教研究带来一定的缺憾。因此,《中东国家通史》的研究思路对我国今后的学科建设以及学术体系的建立,具有重要的借鉴意义。

第二,为研究中东民族主义与民族国家体系问题奠定了必要的学术基础。民族主义作为一支相对独立的政治思想成为影响中东历史的最持久、最深刻的因素之一,是改变中东格局的主要力量。民族主义在不同国家、不同政治环境中有独特的历史根源与现实表现。民族主义的发展导致现代民族国家的出现。20世纪中东历史上的最大事件当数民族独立国家体系的形成。《中东国家通史》注重从宏观角度解析民族国家体系形成的阶段、特征、政治内涵以及时代挑战,梳理阿拉伯民族主义、土耳其民族主义、波斯民族主义和犹太复国主义在争取民族独立、构建民族认同方面的共同点,同时也深入挖掘了不同国家在民族国家的建设过程中所处的不同背景、所面临的不同问题。

从时间上看,中东民族独立国家体系的建立先后经历了两个阶段:第一阶段为1906—1941年,即从"中东觉醒"到第二次世界大战期间,先后有8个国家获得独立;第二阶段1941—1988年,中东地区先后出现了10个国家。

从国别角度看,《伊拉克卷》特别分析了伊拉克民族国家的建构问题,指出其面临的最大困难是社会的多元化。伊拉克位于阿拉伯世界的边缘,民族多元化与教派多元化的现象十分明显;定居人口与游牧人口的矛盾也是十分突出的问题,"曾经是古代文明摇篮的伊拉克,自中世纪以来继续遭到大量游牧民族的入侵,如突厥人和蒙古人,而近代仍有来自阿拉伯半岛的游牧民的大规模移入,从而对定居人口的经济给予沉重打击,延缓了经济发展和社会整合,阻碍了民族国家的发展"①。海湾五国建立现代民族国家的历史相对比较短暂，有的还正在建构之中。为此，《海湾五国卷》主要深入考察了在国家认同、民族认同、部落意识和宗教信仰等观念相互重叠、彼此冲突的情况下，该地区民族国家建构历程的复杂性与多变性。

另外，《中东国家通史》还分析了曾在建立中东民族独立国家体系的过程中起了前导作用的民族主义，在国家独立以后却向大民族主义、地区霸权主义的方向发展，表现出非理性的民族情绪。宗教的极端化和民族冲突相结合，为外来干涉留下了政治空间，致使问题复杂化、国际化。新建立的中东民族独立国家体系在诸多因素的影响下，特别是在全球化浪潮的冲击下，成为一个不稳定的、脆弱的体系。对它的走向进行深入研究，是当代亚非拉民族独立国家体系发展中的重大课题之一。

第三，《中东国家通史》深入探讨中东国家的现代化历程、总结其经验教训，为发展中国家的现代化建设提供了有益的借鉴。本书从社会形态史观的社会学取向出发，以传统社会向现代社会的转变为视角，一一考察了现代化进程中的国家个案，聚焦了政治、社会、人口、文化、国际交往以及经济、资源、技术等诸多层面，重点描述了不同国家政治模式的确立与演变，经济现代化的曲折历程以及国民文化建设的不同道路，突出了以色列、埃及、约旦、伊朗、伊拉克、阿富汗、也门等国的现代化特征。

《中东国家通史》特别关注了伊斯兰教与社会变革之间极其微妙的依存关系。在中东国家由传统社会向现代社会的转变过程中，伊斯兰教与世俗主义在政教关系、法律与宗教的关系以及民众世俗教育与宗教教育的关系等方面产生了一系列难以调和的矛盾。但伊斯兰教并非一味墨守成规，而是自觉不自觉地卷入现代化、世俗化大潮，在政治建设、社会事务、道德准则以及生活方式等方面表现出更多的折中性与兼容性。可见，伊斯兰教伴随着中东国家的现代化事业在交往之中曲折演进。沙特阿拉伯、苏丹、土耳其和埃及等国在处理伊斯兰性

---

① 彭树智主编，黄民兴著：《中东国家通史·伊拉克卷》，第6页。

与现代性的关系方面积累了一些经验。特别是沙特阿拉伯在"现代化之父"费萨尔的带领下实现了"科学地、文明地发展沙特社会"的目标,又保留了伊斯兰社会固有的精神基础与文化传统。"沙特阿拉伯的现代化改革既立足本国的传统根基,又着力解决伊斯兰经典有限性与世俗事务发展无限性之间的圣俗矛盾。它的政策的出发点是伊斯兰精神和原则,但又能从世界眼光看待民族性,在当代世界的坐标上寻觅传统宗教与现代世俗之间的适应点。"[1]

《伊朗卷》重点突出了中东民族国家如何艰难地在传统与现代之间寻找平衡点。从巴列维王朝的两次"西化"改革到伊斯兰共和国的政治变革,无不处于"传统"或"现代"的困惑之中,"经验和教训都集中在传统性与现代性的相互契合线和选择的适合度上。所谓契合线和适合度,是指谨慎寻觅传统性与现代性的深层联系,使之适合于市场经济和民主政治的发展阶段"[2]。《以色列卷》《埃及卷》《巴勒斯坦卷》则重点强调了宗教极端主义派别及恐怖主义势力对现代化成果造成的严重危害。

第四,《中东国家通史》论证了战争与文化交流之间的关联性。中东地区历来是冲突与战争的策源地,当和平与发展成为 20 世纪的世界主旋律的时候,中东地区仍然战火不断。战争并不总是和文明对立,而是国家与国家、民族与民族之间政治交往的形式之一,或者说战争是"以军事语言表达了政治需要"。战争无疑会给人类带来灾难与痛苦,但是战争的作用是多重的。正如彭树智先生所言:"战争在深远地影响着历史,它是历史季节的标志,它时而在打开,又时而在关闭着历史时间的大门。它和人类的历史进程如影随形,表面上好像消失但实际上依然存在。"[3] 在中东历史上,我们会反复看到战争的结果与过程无不与文化交往密切相关。在相当长的历史时期内,阿富

---

[1] 彭树智主编,王铁铮、林松业著:《中东国家通史·沙特阿拉伯卷》,商务印书馆 2000 年版,第 336 页。

[2] 彭树智主编,王新中、冀开运著:《中东国家通史·伊朗卷》,第 433 页。

[3] 彭树智:《松榆斋百记——人类文明交往散论》,西北大学出版社 2005 年版,第 200 页。

汗作为东西方陆路交通的大动脉——"丝绸之路"的枢纽,战争作为一种政治交往形式往往与文化交往交织在一起。在周边大国的争夺中,阿富汗是战场,同时又是文化交往的舞台。"早期的祆教化、希腊化、佛教化、伊斯兰化,以及近现代以来的欧化、苏化和当前的伊斯兰复兴,都反复说明了文化交往是伴随政治交往而来的深远变化。"[①] 伊拉克自文明初现即成为各方逐鹿的场所,肥沃的两河流域曾经吸引了无数的入侵者,阿摩利人、亚述人、迦勒底人、埃兰人、米底人、波斯人、马其顿人、帕提亚人、萨珊人、阿拉伯人一次次互相征战,"金戈铁马,狼烟滚滚,古老的文明遭受蹂躏。但是,在征服之后令人惊奇的现象是,侵略者却最终为两河文明所同化,波斯居鲁士大帝陵墓的金字塔形结构所反映的是两河塔庙的风格"[②]。

发生于天宝十年(751)的怛罗斯之战是中国与阿拉伯关系史上规模最大的一次战争,其结果是唐军大败。其后,中华帝国的历代王朝(除元代以外)基本对中东地区处于防御性的守势状态;但也正是在怛罗斯之战后,中国的造纸术传到了中亚、西亚,后来又传到欧洲;同时,中国也出现了第一本记载伊斯兰教与穆斯林生活的汉文书籍《经行记》,成为后人研究中国伊斯兰教发展史的重要原始文献。

当今世界,战争与社会进步、和平发展的关系仍然是一个热门话题。也门不仅在历史上屡遭战乱,而且在当代也很少有持久的和平。独立战争、边界冲突、内战迭起,战火烟云似乎掩盖了南北方的历史、文化与民族基础。"也门的统一虽历经曲折、冲突以至战争,虽具有内外诸多因素的错综交织,但它只能是曲折迂回地走向统一,而不是相反。也门统一过程中的政治交往方向是政治统一。社会冲突的一条基本原理,是一致基础上的冲突,有助于双方关系更趋于完善。战争在也门统一事业中,也有其客观上的催化作用。"[③] 在1973年10月,埃及发动了对以色列的"十月战争",战争打破了美苏两国极力

[①] 彭树智、黄杨文:《中东国家通史·阿富汗卷》,第352页。
[②] 彭树智主编,黄民兴著:《中东国家通史·伊拉克卷》,第5页。
[③] 彭树智主编,郭宝华著:《中东国家通史·也门卷》,商务印书馆2004年版,第357页。

维持的"不战不和"的局面,继而又有萨达特的耶城之行、戴维营协议等历史景观的出现。

第五,《中东国家通史》强调和平对话是解决巴以冲突的根本途径。《中东国家通史》认为,巴以和平进程是当代历史交往中最复杂、最漫长的典型案例,它涉及地区政治、经济形势,又涉及巴以双方以及外部势力的利益、意愿、信任程度及干预力度,在各方和解条件不具备的情况下,协议与备忘录的签署并不说明最终和平的到来。中东和平是一个逐步实现的目标,进程本身比最终目标更为现实,因而,应该从历史交往的长河中估量其发展的阶段性。《以色列卷》高度赞赏犹太哲学家布伯的对话主义哲学与社会本体论,称之为"希伯来精神在交往理论上的再现"①。布伯的理论对当代文明交往的理论与政治秩序建设提供了有益的思考。《巴勒斯坦卷》指出,巴以冲突不仅是领土之争、民族之争、宗教之争、文明之争,而且是工业文明和工具理性的演变结果,是一场现代化之争。2006年3月6日的《纽约时报》发表了美国学者托马斯·弗里德曼的文章,称巴以冲突"是一个成功实现现代化的发达社会和一个没有实现现代化、并想归咎于他人的不发达社会之间的紧张关系"②。针对托马斯·弗里德曼的观点,《巴勒斯坦卷》指出,考察现代化问题确实为研究巴以关系提供了新的视角。在过去的半个多世纪内,中东的冲突与战争,在一定程度上掩盖了社会演进与经济变革,"和平、发展与现代化在中东呈现出隐隐约约的缓进状态"。但是,以色列与巴勒斯坦在现代化程度上的巨大差异不能仅仅归咎于巴勒斯坦领导人的短视。问题在于现代化的政治前提是民族独立国家的建立。"没有独立的巴勒斯坦国家,哪里谈得上实现现代化这条道路的机会!……巴勒斯坦人的民族主义目标,正是为了建立一个独立的巴勒斯坦国,而以色列恰恰是不允许巴勒斯坦实现现代化的

---

① 彭树智主编,肖宪著:《中东国家通史·以色列卷》,商务印书馆2000年版,第349页。
② 转引自彭树智主编,杨辉著《中东国家通史·巴勒斯坦卷》,商务印书馆2002年版,第367页。

这一政治前提。这正是巴以冲突的症结所在。"①《巴勒斯坦卷》强调解决巴以冲突的唯一抉择是和解,这也是"巴勒斯坦阿拉伯人和犹太人历经苦难和用鲜血生命代价换取的现实结论"②。和解是一个文明理性化的自觉过程,需要以"理解和宽容取代敌视和仇恨,用对话和合作代替对抗和排斥"③,需要国际社会的通力合作。

此外,阅读《中东国家通史》时常会被彭树智先生那种浓厚的学术情怀所感染。作为新中国培养出来的第一代中东史专家,先生具有很强的使命感与责任感,他在"卷首叙意"中描述了编写该丛书的目的:"我相信,中国学者撰写的系列《中东国家通史》,必将和外国作者的同类书籍并列在我国图书馆的书架上,供莘莘学子普及历史知识、培养历史意识、获取历史智慧、探索历史启示和提高历史素质之用。"当《中东国家通史》被西北大学列入"211"课题之时,彭先生已到了"坐六望七"的高龄,也充分认识到了承担这一课题的困难与艰辛,但先生学志犹在,追求未了,给自己立下了"入地狱,写中东史"的誓言。当本书的最后一卷《海湾五国卷》付梓出版之际,先生洋洋洒洒,反复修改写成了两万多字的"卷终六记",欣慰之情、释然之感,溢于言表,感人肺腑。在当今中国学术界,徒有虚名的"主编"并不少见,而彭先生的风格一向是名副其实,勇挑重担。他不仅仔细审阅了整套丛书,亲笔完成《阿富汗卷》,而且撰写了《中东国家通史》"卷首叙意"与13篇"编后记",累计字数达13.5万字。这些"编后记"实际上是一系列形散而神不散的编后体学术论文,每篇除了补充本卷内容的不足、提炼学术精华以引导学人之外,还就某一主题展开思路,抒发己见。他尊重集体智慧,称"一书之成,端赖众力"。所有这些都充分体现了编者认真负责的态度与高瞻远瞩的学术境界。

当然,作为一套卷帙浩繁的学术著作,《中东国家通史》也不可避免存在一些不足与遗憾。如个别卷目存在观点陈旧的问题,《伊朗

---

① 彭树智主编,杨辉:《中东国家通史·巴勒斯坦卷》,第368页。
② 彭树智主编,杨辉:《中东国家通史·巴勒斯坦卷》,第368—369页。
③ 彭树智主编,杨辉:《中东国家通史·巴勒斯坦卷》,第369页。

卷》在"史前伊朗"一章中,作者仍沿用了美国学者莫维斯的理论。但事实上,20世纪50年代以来,莫维斯的观点已引起很大的争议,贾兰坡、裴文中等中国学者对莫维斯的理论进行了有力的反驳。近年来东亚地区也不断有新的考古发现证实他们的观点。另外,各卷体例与风格上不尽一致。由于是多人合作,水平不一,各卷对体例的理解与把握,对文明交往论的领会与贯通等也存在差异。例如,《土耳其卷》缺少前伊斯兰时期的内容,与其他分卷不一致,而这一时期土耳其恰恰有着十分辉煌的历史。《伊朗卷》中对古代中伊关系的内容论述太少,没有展现出两国交往史上一段高峰时期的丰富内涵与特色。《叙利亚和黎巴嫩卷》对当代黎巴嫩历史的记述偏于简单,对一些重大问题的根源挖掘不够。各卷的专有名词还有不统一的地方。期望在修订或再版的时候能够加以完善。

(作者张倩红,河南大学犹太研究所教授)

六　全球化背景下伊斯兰文明与中华文明的交往

——以彭树智先生"文明交往论"为思路[1]

马明良

文明交往论　应时而生

"文明冲突论"和"文明对话论"代表了当今世界有关文明问题上的两种不同声音。但笔者认为,用"文明交往论"来阐释和研究文明问题更具有穿透力。"冲突"也好,"对话"也罢,都是"交

---

[1] 我于2002—2005年师从彭先生攻读博士学位,其间先生在做学问和做人方面给了我许多启发,使我终生受益。每每想到那三年,总是感受良多,似乎有说不完的话,现就以先生的"文明交往论"为思路,谈谈全球化背景下伊斯兰文明与中华文明的交往,以此表达对先生的敬意和怀念。本文原载《西北民族大学学报》2005年第5期,收入本文集时作了修改。

往"。冲突是消极的文明交往；对话是积极的文明交往。"文明交往论"的意义"在于它重视人类各个文明之间的相互联系，在于它关注这种相互联系和影响在不同时代、不同地区和不同国家中所达到的程度与发挥的作用"①。

在当前全球化背景下，用"文明交往论"研究伊斯兰文明和中华文明的交往历程和交往前景，具有特殊的重要理论意义。

随着经济全球化进程的加速和扩展，各种文明之间的互动也不断加强，并正以前所未有的速度和规模向前发展。全球化是相对于以往民族隔绝，各自在不同空间孤立发展的历史阶段而言的，是世界市场形成和各民族、各种文明广泛交往的时代，是以各个民族国家经济的相互联系、相互依存为基础而达致全球范围的资源合理配置、文化交流、信息共享、民族国家通过合作共同处理人类面临的全球性问题的历史潮流。在全球化浪潮的冲击下，文明和文化的发展呈现出一种平行而又相对的趋势。一方面，一些大众文化和流行文化确实已经袭卷世界，并且带有很浓厚的西方文明的色彩，反映着西方文明的核心价值。互联网的出现，在某种程度上也强化和扩展了这种趋势。西方国家特别是美国也试图借全球化的东风在全球范围内推广其文化和价值观。美国五角大楼一位官员曾直言不讳地说："我们将进入一个新时期，没有人是前线士兵，但每个人都是战士。我们的目的不只是消灭对手，而是瓦解对方人民的目标、意志、信仰和理解能力。"②《德国明镜》周刊1997年10月的一期封面文章是这样形容美国文化在全球的影响的："在现代历史上没有一个国家像美国这样完全控制着地球。从加德满都到金沙萨、从开罗到加拉加斯，美国偶像影响着全世界。"总之，在全球化背景下，"美国制定了相应的文化战略，试图以'美国化'来代替全球化，以美国的文化价值观来'重塑'整个世界"③。另一方面，与此相对应，保护和发展本土文化（文明）的趋势也在

---

① 彭树智：《文明交往和通史研究问题的思考——〈中东国家通史·叙利亚和黎巴嫩卷〉编后记》，载《书路鸿踪录》，三秦出版社2004年版，第340页。
② 《亚洲周刊》编辑部：《信息保护伞与美国霸权》，《编辑参考》1997年第3期。
③ 王晓德：《美国文化与外交》，世界知识出版社2000年版，第535页。

加强。许多国家已经将文化安全问题提上议事日程，并采取种种措施来保护民族文化遗产，弘扬民族文化传统。不要说发展中国家是这样，就是发达国家如法国也非常注重保护本国的文化，比如它禁止商店使用英语标志，甚至禁止法国的互联网上出现"只使用英语"的网页。

总之，全球化对于文化交流和文明交往而言，祸福相依，利害参半，关键看如何引导，如何推动。在全球化背景下，如何正确认识和恰当地处理不同文明之间的关系，是摆在人类学家、文化学家、历史学家、哲学家、伦理学家面前的一个重大课题。在这方面，目前主要有三种倾向或观点值得注意，即文化霸权主义、文化极端主义和文化多元主义。

尊重文明多样性

文化霸权主义[①]主要是指一国或国家集团将其传统价值观传播或强加给其他国家，以达到"不战而屈人之兵"的目的。文化霸权主义迷信自身文化的优越性和先进性，奉行"己所欲，施于人"的理念，试图将自己的文化和价值观凭借科技、军事、经济的优势强加给其他民族国家，尤其是第三世界发展中国家，并以自身文化为标准，"改造"和"重塑"与自身文化不同的国家，使这些国家按照它所设计好的道路发展，从而以自己的文化价值观来确定整个世界的发展方向。

文化极端主义是指不但反对文化（文明）间的相互交流、相互借鉴、相互吸收，而且奉行唯我独尊、唯我独好的理念，极力排斥甚至消灭异质文化。"文化极端主义也是文化霸权主义的产物……世界历史上充满了西方基督教文明灭绝土著文化的血腥篇章……在人类文明高度发达的今天，文化极端主义的阴影始终还存在，这可以从世界各地的民族宗教极端分子和欧洲街头新纳粹的追随者和煽动者身上得到

---

① 郭洁敏：《论国际关系中的文化冲突》，《现代国际关系》2003年第9期。

明证。"[1]

　　文化多元主义[2]是相对于霸权主义和文化极端主义而言的，它强调世界上的每一种文化（文明）不论其影响大小，都有其独特的价值，理应受到相应的尊重。各种文化（文明）之间应该相互交流、相互了解、相互学习，取长补短，共存共荣。而这一切应该从文明对话开始。文化多元主义者认为，如果不进行积极的文明对话，那么文明间的差异、矛盾，在文化霸权主义和文化极端主义的相互刺激下，有可能转化为文明的冲突，若是那样，对全人类都是灾难性的。因此，文明对话势在必行。1994年10月，由二十多个国家的知名人士组成的全球治理委员会通过《天涯若比邻》报告，呼吁"建立一种新的文明对话"。1995年10月，当时的德国总统赫尔佐克发表了"以文化对话代替全球文化战争"的重要讲话。1997年12月，第八届伊斯兰国家首脑会聚伊朗首都德黑兰，针对文化霸权主义和文化极端主义的危害，共商文明对话大计。会议最后发表《德黑兰宣言》，"强调不同文明、宗教间积极互动、对话和理解的必要性，拒绝各种滋生相互不信任和削弱国家间和平交往基础的冲突理论"。1998年9月，伊朗总统哈塔米在第53届联合国大会上正式倡议将2001年定为"全球文明对话年"，获得了普遍赞赏与响应。2000年9月，在联合国千年首脑会议前夕，许多国家元首、外交部部长和著名学者、思想家参加了不同文明对话圆桌会议，探讨如何在承认普遍价值的同时，保持和尊重文化的多样性，并在此基础上建立一种文明对话的崭新国际关系范式。同年9月8日通过的《联合国千年宣言》指出："人类有不同的信仰、文化和语言，人与人之间必须相互尊重。不应害怕也不应压制各个社会内部和社会之间的差异，而应将其作为人类宝贵遗产加以爱护。应积极促进所有文明之间的和平与对话。"[3]

　　由世界各国的许多有识之士倡导，由联合国推动的文明对话以及

---

[1] 参见欧阳志远《上帝的"陶杯"——文化多样性与生物多样性》，人民出版社2003年版。
[2] 王键：《经济全球化视野中的文明对话》，《社会科学》2004年第1期。
[3] 文件原文见联合国中文网站，http://www.un.org/chinese/ga/55/res/a55r2.htm。

由此而来的文化多元主义，是人类文明史和国际关系史上的一种健康的、积极的和建设性的呼声，受到世界上越来越多的国家和各阶层人士的赞同。中国政府一贯主张，世界是丰富多彩的。文明的多样性，犹如自然界中生物的多样性一样，使人类社会充满生机与活力，是人类文明不断进步的动力。江泽民同志在党的十五大的报告中精辟阐述了文明的多样性及其意义。他于 2002 年 4 月访问伊朗时高度评价和支持哈塔米总统关于文明对话的倡议。他说："在人类几千年的历史上，不同文明相互借鉴、交流、融合，始终是人类文明进步的主流，也是推动文明发展的重要动力。只要世界各国在相互尊重与平等相待的基础上加强合作，扩大交流，彼此借鉴，取长补短，就能增进信任，求同存异，人类文明就能不断发展和前进，中国愿与伊朗及世界各国一道，为推动不同文明的对话、合作和交流，为建立公正合理的国际政治经济新秩序，促进人类的和平与发展做出努力。"① 2004 年 1 月 30 日，中国国家主席胡锦涛访问位于开罗的阿拉伯国家联盟总部期间，正式宣布成立"中阿合作论坛"，并提出建立中阿新型伙伴关系的四项原则：①以相互尊重为基础，增进政治关系；②以共同发展为目标，密切经贸往来；③以相互借鉴为内容，扩大文化交流；④以维护世界和平、促进共同发展为宗旨，加强在国际事务中的合作。②

2009 年 11 月 7 日，温家宝总理在开罗阿拉伯联盟总部发表题为《尊重文明的多样性》的演讲，指出："文明具有多样性，就如同自然界物种具有多样性一样。当今世界，有 200 多个国家和地区，2500 多个民族，6000 多种语言。正是这些不同民族、不同肤色、不同历史文化背景的人们，共同创造了丰富多彩的世界，就如同有了七音八调的差异，才能演奏出美妙动听的音乐。不同文明之间的对话、交流、融合，汇成了人类文明奔流不息的长河。伊斯兰文明和中华文明都是人类文明的瑰宝，都对人类社会的进步和发展有着不可磨灭的

---

① 《江泽民主席与哈塔米总统举行会谈》，外交部网站，http://www.fmprc.gov.cn.chn/pds/ziliao/zt/ywzt/zt2002/2333/2338/t10947.htm.

② 拉吉卜·苏凯里（阿拉伯驻华使团团长）：《阿中合作论坛：阿拉伯世界与中国全方位合作的平台》，《阿拉伯世界》2004 年第 4 期。

贡献。"

中国的学术界对文明对话和文化多元主义也表现出浓厚的兴趣，不但有相关成果问世，而且还召开了一系列的学术研讨会。如，2003年11月6日，中国社会科学院世界文明比较研究中心与南京大学和澳门基金会联合主办"世界文明国际论坛"第一次国际学术研讨会，有美国、加拿大、意大利、伊朗、俄罗斯、印度等十多个国家的80多位专家、学者与会，会议主题就是"文明间的对话"。2004年8月23—25日，以"文明的和谐与共同繁荣"为主题的首届"北京论坛"在北京人民大会堂隆重举行。有来自五大洲32个国家的200多位著名学者和中国内地、港澳台地区的225位著名专家参加。联合国秘书长安南发来的贺电指出："北京论坛的主题与联合国的任务是一致的，我们都坚信：对话能够克服争端，多样共存是普遍真理，事实上，由于我们共同的命运，世界人民是联系在一起的。"①

和而不同：文明交往的最高境界

在全球化趋势进一步强化的新形势下，"文明冲突论"和"文明对话论"都不绝于耳。虽然"文明对话论"的呼声一浪高过一浪，但是"文明冲突论"在美国2003年4月对伊拉克的开战中，以及同年5月布什宣布伊拉克主要战事结束后此起彼伏的伊拉克反美武装力量的抵抗中，似乎得到了验证。而"文明对话论"至今大多停留在一般性的呼吁、倡导和泛泛宣传上，停留在宏观研究上，很少能见到各种文明间对话的具体形式和内容，因而给人留下"文明对话"是一种一厢情愿式的美好愿景或是言不由衷的策略性口号而已的印象，从而显得苍白无力，不像"文明冲突论"所展示的那样让人看得"真真切切"。这一现象一方面虽然反映了"文明对话"是一项长期的艰巨的战略任务，不可能产生立竿见影的效果，但另一方面也说明"文明对话"需要进一步增强内在动力，尤其需要具体的形式和内容，而文化自觉是文明对话的基础和前提。所谓文化自觉，概言之，

---

① 《北京大学学报》2004年第5期封底。

是指生活在一定文化中的人对其文化（明）有"自知之明"，了解其长处和优势，明白其短处和不足，并具有一种超越自身的边界，主动学习异质文明的长处，从而拓展自身，完善自身，发展自身的强烈愿望和非凡勇气，这种愿望和勇气从感性到理性，从表层到深层，逐渐形成一种文化自觉。"普遍的文化自觉，强烈的文化自觉，来自现代意识和传统意识的综合力，这种力量将催生人文精神。人文精神来自文化自觉，而人文精神是一种内生力，是文明交往的灵魂。"①

有鉴于此，笔者认为，本着先易后难、先近后远的原则，首先应该加强同为东方文明的伊斯兰文明与中华文明之间的对话（即积极交往），探讨二者之间有没有对话的基础、对话的条件、对话的意义。如果有，在哪些领域以何种方式展开对话。

表面看来，伊斯兰文明与中华文明似乎风马牛不相及，且格格不入。前者是一种刚性文明（当然它也有柔的一面，如提倡仁慈、宽容等），后者是一种柔性文明（当然它也有刚的一面，如讲人格、气节等）；前者是融沙漠游牧文明与绿洲农耕文明和海洋商业文明于一体的文明，后者是一种农耕文明；前者强调公正、公平、权利，后者强调身份、情理、义务；②前者强调信仰、意志、奋斗、勇往直前，后者讲究天时、地利、机缘、迂回前进；前者直截了当，开门见山，后者委婉含蓄，含而不露；前者率真透明，清澈见底，后者韬光养晦，葱茂氤氲；如此等等，二者的个性、气质确有许多不同。然而，只要两大文明之间进行积极主动、心平气和的对话与交往，改变彼此疏远，相互隔膜状态，那么，就会发现，二者有许多共同点、交会点和契合点，有许多虽不完全相同却能够相通的地方。

伊斯兰文明与中华文明，同中有异，异中有同，二者的交往、对话，有着现实的可能性。如中华文化宣扬"敬天法祖""天人合一""中庸和谐"等人文精神和"忠孝仁爱""礼义廉耻""温良恭俭让"

---

① 彭树智：《松榆斋百记——人类文明交往散论》，西北大学出版社 2005 年版，第 97 页。
② 翟学伟：《人情、面子与权力的再生产》，《社会学研究》2004 年第 5 期。

等伦理思想；而伊斯兰文化宣扬"认主独一""敬主爱人""和平中正"的人文精神和"惩恶扬善""诚信忠厚""平等公正"等伦理思想，二者在基本人文精神和一系列伦理思想方面有着惊人的相似性和广泛的一致性。这就为二者对话与交流打下厚实的思想基础。

伊斯兰世界各国与中国没有利害冲突，没有悬而未决的历史遗留问题，有的只是相似的历史遭遇（如近代都受到列强侵略蹂躏）和相同的现实任务（如发展民族经济、改善民生、建设政治文明、构建和谐社会等），因此，彼此间更能相互理解、相互沟通。

中国与伊斯兰世界的友好交往，源远流长，最早可追溯到唐代（其实早在伊斯兰文明兴起之前的汉代中国的张骞就出使过西域），举世闻名的"丝绸之路""郑和下西洋""万隆会议"等都是双方交往史上的佳话。今天，在全球化背景下，在建立国际政治经济新秩序，实现国际关系的民主化方面，双方互相理解、互相支持，共识越来越多。这一切为伊斯兰文明与中华文明的进一步交往创造了有利条件。

诚然，伊斯兰文明与中华文明之间有差异，某些方面差异比较大，这是毋庸讳言的。如中华文明强调入世，强调建功立业，而伊斯兰文明主张出世与入世结合；中华文明注重现实，淡漠来世（后世），伊斯兰文明讲究"两世兼顾""两世吉庆"；中华文明属宗教多元主义，祖先崇拜、多神崇拜并存，而伊斯兰文明强调"认主独一""唯主独拜"等，二者各有侧重，在相同或相似的同时，又表现出差异性。文明之间没有交会点，无法沟通，也就失去了交往的基础和条件；文明之间没有差异，无法互补，也就失去了交往的动力和意义。这是矛盾的对立统一规律在文明交往领域的反映。世界是多样性与统一性的结合，多样性中包含着统一性，统一性寓于多样性之中，客观世界既是丰富多彩的，又是内在统一的。亚里士多德说："所有的东西都或者是相反者，或者是由相反者构成的，而'一'和'多'乃是一切相反者的起点。"[①] 只讲"一"，而不讲"多"，就否定了世界

[①] 北京大学哲学系外国哲学史教研室编译：《古希腊罗马哲学》，商务印书馆1982年版，第239—240页。

的丰富性和多样性；只讲"多"而不讲"一"，就否定了世界的普遍性和统一性。辩证法大师黑格尔既提出了事物的同一性原则，又强调事物本身即包含着差别，凡物莫不本质上不同，差别就是矛盾，矛盾是推动整个世界的原则。[①] 求同存异是一种哲学思维；存异求同也是一种哲学思维。求同存异是在追求"同"的过程中承认差异，承认多样性；而存异求同是在承认多样性的前提下，寻找共同点。"和谐"不一定非要以"相同"为前提条件，只有不同"音符"的有机结合才能演奏出美妙的"交响乐"——"和而不同"才是文明交往的至高境界。

伊斯兰文明与中华文明交往，促进人类文明发展

伊斯兰文明与中华文明之间的对话和交往不但有理论意义，而且有着多方面的现实意义：

第一，两大文明的交往有助于解决当今世界面临的一系列全球性的问题，如生态环境问题、世界和平问题、恐怖主义问题、新的疾病（如艾滋病）蔓延问题、跨国犯罪问题等。世界面临的全球性问题，不是单靠一国之力就能够解决的，需要世界各国政府以及民间组织在内的全社会力量，超越民族主义的立场，从人类主体的高度和人类价值的视野，通力合作，密切配合，共同应对。

两大文明通过对话、交往、整合，可以为治理全球问题提供某些哲学智慧和精神文化资源，如伊斯兰文明关于人与自然和谐相处、相依为命的理念与中华文明"天人合一"的思想，经过融合，推陈出新，将有助于解决生态环境问题。伊斯兰文明和中华文明都注重家庭伦理，提倡夫妻互敬互爱互忠，这将有利于促进人类的健康，维护家庭的和睦与稳定。伊斯兰文明与中华文明都强调尊重生命，提倡仁爱、宽容，反对践踏生命，伤害无辜，这将有助于防止恐怖主义。

第二，两大文明的交往有利于维护世界和平。当今世界，和平与发展已成为时代的主题。求安宁、促和平、谋发展是全世界人民的普

[①] 参见黑格尔《小逻辑》，贺麟译，商务印书馆1980年版，第251—259页。

遍愿望和共同诉求，然而，世界上的一些地区仍然为战争的阴影所笼罩，核扩散和核威胁的问题依然存在。伊斯兰文明内在的和平精神与中华文明"和为贵"的思想，相互交融，相得益彰，一旦为更多的人所领悟、所接受，将会成为维护世界和平的巨大精神动力和价值支撑。

第三，两大文明的交往，有助于构建多元共存，"和而不同"的世界文明新秩序。在当前全球化趋势不断强化的形势下，文化霸权主义和文化极端主义已经成为威胁人类文明健康和谐发展的严重障碍，也是对文化多样性的严峻挑战。以世界十多亿人口为载体，影响遍及西亚、中亚、北非、东南亚乃至欧美许多国家的伊斯兰文明与以十多亿人口为载体影响中国、东亚、东南亚乃至世界各地华人圈的中华文明的密切交往，相互尊重，求同存异，和谐相处，是对文化多样性的最有力的支持和保护，是对文化霸权主义和文化极端主义最有力的回击，是对建立"美美与共，和而不同"的人类文明秩序的最大贡献。

第四，两大文明的交往，有助于寻求和建立全球普世伦理。1993年8月28日，来自世界各地的6500名宗教界领袖、宗教神学学者以及一些有着个人宗教背景或没有宗教背景的学术界和新闻界人士会聚美国芝加哥，召开了"第二届世界宗教议会"。大会公开发表了《走向全球伦理宣言》，并得到了绝大多数与会者的签名认可。该宣言指出，当代人类的道德危机呼唤着"新的全球伦理"，"新的全球伦理"是指寻找不同文明、不同宗教在某些伦理观念上的"最低限度的共识"①。那么，伊斯兰文明与中华文明通过对话、交往，可以达成许多"最低限度的共识"，如孝敬父母，尊老爱幼，睦邻、亲邻，保护弱者，"己所不欲，勿施于人"等。

第五，伊斯兰文明与中华文明的交往，有利于双方自身的发展和繁荣。伊斯兰文明与中华文明博大精深、影响深远，但这两种文明也都各有所长，各有所短，各有所能，各有所不能。"文明的生命在交

---

① ［德］孔汉思、库舍尔编：《全球伦理——世界宗教议会宣言》，何光沪译，四川人民出版社1997年版，第9页。

往，交往的价值在文明、文明交往的真谛在人文精神本质。"[①] 人类通过文明交往，可以实现提高各自的文明自觉的程度，可以相互借鉴、相互吸收、取长补短、优势互补，从而能够超越自己、提升自己、完善自己，进而走向创新、发展和繁荣。

（作者马明良，西北民族大学伊斯兰文化研究所教授）

[①] 彭树智：《文明交往论》，陕西人民出版社2002年版，第3页。

卷 终 跋 语

一

欲明大道,必先知史。
欲明自然人类、古今、中外之史道,
必先知人类文明交往自觉之大理。
文明的生命在交往,
交往的价值在文明,
文明交往的真谛在人文精神的本质。
分斗合和为对立统一之历史大智,
知物知人自知为知史之"三知",
回归文明交往史,获得自觉通识。

二

历史是记忆,
学习历史是让人们多长点记性,
以免少蹈覆辙而浴火重生。
诗人把记忆写成史曲,
这中间有弦上的歌声,
还有弦外的余音。
有人把历史比作老师,
也有人把老师比作燃烧自己、照亮别人的红烛,
但历史老师却不能这样比喻。
历史老师应当是手中暂时高举的火炬,
把它燃烧得灿烂光辉,
然后一代接一代地传递下去!

《京隐述作集》第一、第二集
后　记

　　时间过得真快，我在写完《京隐述作集》第一、第二集之时，不知不觉距九秩老龄只有一岁之遥了。

　　的确，老人不能不服老。在进入八秩最后这几年，我越来越感到力不从心了。《京隐述作集》第三集草稿早已写成。本来计划在坐八望九的最后三年中，一年完成一集，以第三集迎接九秩的到来。第三集《哲以论道》涉及斗分哲理与和合哲理这样的大难题，从人类文明交往自觉思考，需要大智慧。另外，我的《中东国家通史》、《二十世纪中东史》、《人类文明交往的历史观念》都要再版或第三、四版。现在看来，要完成修改的繁重任务，尚须待以时日。"坐与万物观虚盈"，经再三考虑，我接受了韩志斌和耿晓明同志的建议，第一、第二集先行出版，以飨读者。值此出版之际，我衷心感谢为本书尽心尽力的所有同志，谨向他们致以敬意。学人书路漫长，书谊情深，一书之成，端赖众力，我对他们的劳动铭记在心。

　　生命诚可贵，贵在诚实劳动。劳动创造劳绩，劳绩就是文明成果。劳动是人类创造自己文明的根本动力。人类因为从事劳动而在创造自身的同时也在创造着世界，从而成为万物之灵的"社会存在物"。马克思在青年时代就立下为人类事业而劳动的志向，并且为此终生践行。恩格斯曾高度赞扬歌德将劳动视为人生宗教的远见卓识。"乐在手脑互动间"，为人类工作是美好的。人就是因为脑力、体力劳动而诗意地栖息在大地上。对学人而言，书山有路，勤奋为径，学海无涯，劳动作舟，这就是说，勤奋劳动而为人类文明交往自觉化事业献身，乃是实践人文精神的具体行动。

我一生获得过许多奖，但最看重的还是 1986 年全国教师节获得的第一届"全国教育系统劳动模范"和"人民教师奖章"这两项。究其原因在于它对人类劳动的尊重和热爱，在于它集中体现了人类文明所蕴含的人文精神的本质。我进入八秩老龄阶段之后，干事不免缓慢，常想起某位全国农业劳动模范的口头禅："小车不倒只管推。"我想，老来诸事懒，独不废学习，学和习，都是劳动。对这句口头禅的补充是：小车倒了，扶起来接着再推。长期教书、写书、编书、读书的手脑互动习惯，坚定、坚持、坚守不改，只是放慢了速度，缩小了范围。我很欣赏关中一句民谣："不怕慢，单怕站。"这与古人劝学的积跬步、至千里，累积土，成丘山的精神是相通的。我曾自称为"三不停翁"，即学习不停，思考不停，写作不停。作为学界老人，我一定要尊重老龄规律，量力而行，见贤思齐，以韧性劳动，写好人类文明交往问题的更多体悟，一以贯之地走好人生最后一段路程。

杜甫在《宿江边阁》诗云："暝色延山径，高斋次水门。薄云岩际宿，孤月浪中翻。鹳鹤追飞静，豺狼得食喧。不眠忧战伐，无力正乾坤。"个人的力量是有限的。想到杜甫当年题诗于岳麓山赤壁时，感谢宋之问未把风景都写完尽的情景，诗意治学的我，自然也把许多问题分留给后来的贤哲们。仿照王羲之《兰亭诗集序》的名言："后之视今，亦犹今之视昔"，"后之览者，亦将有感于斯文。"

彭树智
2020 年 7 月 17 日于北京松榆斋